위기인가?
삼성하라!

위기인가?
삼성하라!

초판 1쇄 발행 2021년 12월 27일
    3쇄 발행 2022년 1월 13일

지은이 윤성혁

발행인 주은선
펴낸곳 봄빛서원
주 소 서울시 강남구 강남대로 364, 13층 1326호
전 화 02-556-6767
팩 스 02-6455-6768
이메일 jes@bomvit.com
홈페이지 www.bomvit.com
페이스북 www.facebook.com/bomvitbooks
인스타그램 www.instagram.com/bomvitbooks
등 록 제2016-000192호

ISBN 979-11-89325-10-7-03320

32년 삼성전자 영업맨의 생생한 글로벌 현장 스토리

위기인가?
삼성하라 !

윤성혁

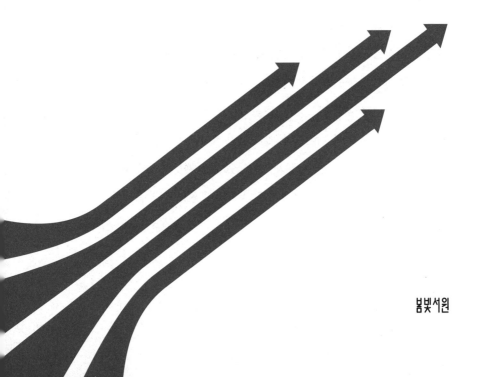

봄빛서원

추천사

삼성이 글로벌 초일류 브랜드가 될 수 있었던 것은 수십 년간 헌신적인 땀과 노력을 아끼지 않았던 우리 인생의 한 부분이 담겨 있어서다. 저자가 사원 시절부터 해외 총괄이 될 때까지, 거래선과 파트너십을 구축하고 위기를 돌파해가며 영업 현장을 헤쳐나가는 모습을 가까이서 지켜보았다. 『위기인가? 삼성하라!』는 수많은 난관을 헤치고 삼성전자 영업이 어떻게 성장해왔는지를 이해할 수 있는 값진 책이다. 삼성 제품이 미국 판매 매장에서 전시되지도 못하고 창고에 쌓여 있을 때부터 세계 최고의 브랜드로 성장하기까지 현장에서 발로 뛴 저자의 투혼을 느낄 수 있다.

윤부근 전 삼성전자 부회장

삼성전자의 비전은 끊임없는 기술 발전을 통해 사람들의 삶이 윤택해지도록 도와주는 것이다. 저자는 기술적 이해도를 높이기 위해 항상 공부하고 노력하는 영업맨이었다. 이 책은 글로벌 판매 현장에서 통신사업자나 유통사들과 전략적 파트너십을 구축해나가는 상세한 상황을 공유하고 있다. 늘 현장의 목소리에 귀 기울이며 삼성전자의 '현문현답' 경영 철학을 실천하는 영업의 경험을 잘 보여준다. 저자가 고군분투했던 미국 AT&T와의 협상 현장과 아프리카 나이지리아의 컴퓨터 빌리지로 출장 가서 겪었던 판매 현장의 상황은 내 기억 속에도 또렷이 남아 있는 부분이다.

고동진 삼성전자 모바일 사업부문 대표이사

가까이서 지켜본 저자는 아프리카 정세와 문화에 대해 깊이 이해하고 있을 뿐만 아니라 현지인들과 진심으로 소통하여 눈에 띄는 성과를 거두었다. 특히 '당신이 있어 내가 존재한다'는 '우분투Ubuntu' 정신을 실천하며 도움이 필요한 곳에 지원을 아끼지 않았다. 이로써 현지인들과 정부로부터 높은 평가를 받아 우리나라의 이미지를 드높이는 민간 외교관의 역할도 톡톡히 해냈다. 이 책은 저자가 아프리카 사람들과 친밀한 유대를 쌓으며 열정적으로 아프리카 시장을 개척한 생생한 기록이다.

최연호 전 주 남아프리카공화국 한국대사

저자는 삼성 아프리카 총괄 재임기간 동안 우분투 정신을 계승하고 꾸준히 실천한 우분투의 진정한 옹호자다. 그는 삼성의 투자형평성프로그램(EEIP) 출범에 중추적인 역할을 했는데 이는 남아공 흑인들의 어려운 사회·경제적 상황을 개선하기 위한 그의 열정을 잘 보여주는 것이다. 이 책은 매우 치열한 산업계에서 여러 지역을 관리하고 혁신을 주도하며 다국적기업을 이끌어간 그의 경력을 잘 반영한다. 이 책은 아프리카 대륙에서 사업 기회를 잡고자 하는 한국의 기업가들에게 귀한 가이드가 될 것이다.

제나니 들라미니 Zenani Dlamini 주한 남아공대사, 넬슨 만델라 전 남아공 대통령 딸

2017년 저자와 처음 만나자마자 우리는 곧바로 서로 통했다. 남아공의 변혁 과제에 관련한 저자의 의지는 매우 감동적이었으며, 타인에게도 동기를 부여했다. 그렇게 시작한 우리의 관계는 넬슨 만델라 100주년 기념으로 킬리만자로를 함께 등반하며 더욱 깊어졌다. 나는 저자에게서 업무를 잘하는 만큼 가정에서도 잘해야 한다는 점을 배웠다. 저자는 살인적인 업무 일정을 소화하면서도 가족 및 친구들과 함께할 시간을 만들었고 나는 아직도 그의 이러한 면을 교훈으로 삼고 있다. 그는 여러 다른 부문 간에 진정한 협력의 중요성을 믿고 실천했다. 이 차가운 세상에서 남에게 주려고 노력하는 사람을 만나는 일은 매우 특별한 경험이었다. 넬슨 만델라 재단과 나는 친구를 얻었다. 믿을 수 있는 친구를 말이다.

셀로 하탕 Sello Hatang 넬슨 만델라 재단 CEO

최지성 사업부장의 지시에 따라 베스트바이와의 사업을 성장시키기 위해 다시 미국으로 돌아온 저자와 함께 일할 기회가 있었다. 저자와 삼성 미국팀은 베스트바이와 함께 계획을 수립하고 신뢰를 쌓아가며 새로운 파트너십을 만들어갔다. 이는 베스트바이가 과거 겪어본 다른 파트너들과의 관계와는 완전히 다른 것이었다. 이러한 우호적인 관계는 한국 본사 경영진의 세계적 수준의 협력과 헌신으로 이어졌으며, 항상 고객을 최우선시했다. 결과적으로 삼성과 베스트바이의 파트너십은 엄청난 성공을 거두었고, 다른 회사들도 배우려고 하는 본보기가 되었다.

마이크 모한 Mike Mohan 전 베스트바이 President & COO

1989년 1월, 삼성그룹에 입사할 때는 2년 정도만 경험을 쌓은 후에 개인사업을 하려고 생각했었다. 당시에는 삼성그룹의 인사팀이 매년 그룹 차원에서 신입사원을 종합적으로 선발해서 한 달간 연수를 진행했다. 연수 기간 중에 신입사원들 각자가 희망하는 회사를 제출하고 배치 면담을 진행했다. 연수를 마치는 날 각자가 일하게 될 최종 회사를 배정받았다.

삼성에 들어오기 직전에 중소기업을 잠시 다니면서 천연 실크로 옷을 만들어 미국과 유럽 등지로 수출하는 업무를 했었다. 이런 경험 때문에 나는 삼성물산과 제일모직 등 섬유 관련 회사를 지원했다. 연수 마지막 날, 뜻밖에도 삼성전자 정보통신 사업부로 배정을 받았다. 전혀 예상하지 못했던 발령을 받고 보니, 2년 후가 아니라 지금 당장 그만두어야 하나 고민하게 됐다. 그동안 우리 신입사원 팀을 지도해준 선배에게 다가가 물어보았다.

"인문학을 전공한 제가 삼성전자에서 무슨 기여를 할 수 있을지 모르겠습니다. 이런 경우 어떻게 하는 것이 좋을까요? 혹시, 삼성에 이제 막 입사했는데 곧바로 퇴사를 해야 할까요?"

지도 선배가 말했다.

"저도 왜 이렇게 발령이 났는지 이해가 안 됩니다. 지난번 배치 면담 때 입사 성적도 좋고 연수원 생활도 잘하고 있으니 본인이 지원한 회사에 가서 잘 근무해보라는 덕담도 들었잖아요? 연수 성적도 3등으로 매우 우수했고요. 지금 당장 퇴사를 결정하지 말고 서울로 올라가서 인사팀을 찾아가 면담이라도 하고 난 후에 결정하는 것이 좋지 않겠습니까?"

그의 말대로 신입사원들을 태운 버스가 서울에 도착하자마자 바로 인사팀을 찾아갔다. 연수 중 배치 면담을 했던 인사 담당자는 "연수 과정에서 지켜본 태도, 능력 등을 종합적으로 고려하여 삼성전자로 발령했습니다. 삼성전자는 최근 몇 가지 신기술에 막대한 투자를 했어요. 그래서 적극적인 도전 의식과 어느 정도 경험 있는 사람이 필요한데, 중소기업에서 업무를 해보았기 때문에 삼성전자 신규 사업부에 더 적합하다는 판단을 내렸습니다. 그렇게 하는 것이 회사와 본인에게도 도움이 될 거라 믿습니다"라고 설명했다.

들고 보니 상당히 일리 있는 말이었다. 한편으로는 인문학 전공자이지만 이번 기회에 전자제품을 경험해보는 것도 나쁘지 않을 것 같다는 생각이 들었다.

그렇게 시작한 삼성전자 인생은 2년이 아니라 32년을 훌쩍 넘겨버렸다. 거의 매년 새로운 역할이 주어졌고 그 변화에 적응하느라 눈코 뜰 새 없이 바쁘게 지내다 보니 다른 생각을 할 겨를도 없이 지나갔다. 신입사원 시절부터 해외 거래선을 할당받아 많은 권한과 책임을 가지고 스스로 일 처리를 해나갔다. 힘든 점도 많았지만 회사 생활이 재미있었다. 매일매일 새로운 도전을 받고 그것을 해결하려는 과정에서 성취감을 느꼈다.

총 32년 재임 중 국내보다 해외에서 더 오랜 기간을 보냈다. 20년 동안 해외 주재원 생활을 하면서 넓은 세상을 보았고 다양한 나라의 사람들을 만났다. 그동안 미국과 아프리카 현장에서 위기를 만날 때마다 뚫고 나갈 수 있었던 것은 훌륭한 선배들의 가르침과 새로운 도전을 즐기며 돌파했기 때문인 것 같다.

매일같이 흥분과 도전 속에서 살았던 지난 삼성전자 인생이 어느 날 아침 받은 국제전화 한 통으로 대단원의 막을 내렸다. 이제 삼성에서의 인생을 접을 시점이 되었던 것이다. 나는 사랑했던 아프리카의 현장을 끝으로 회사를 떠났다. 그런 나의 모습을 지켜본 여러 지인들이 한 가지 제안을 했다. 해외 영업 최전선에서 어려운 상황을 돌파해나갔던 생생한 경험을 기록으로 남겨보라는 권유였다. 말하자면 이 책은 나의 커튼콜curtain call인 셈이다.

드라마는 막을 내렸지만 그냥 돌아가기 아쉬운 듯, 나를 도와 드라마를 함께 만든 많은 협력자들의 노력과 수고를 기리고 그들에게 적절한 공을 나누어주려는 것이다.

내가 책을 써야 하는 이유는 분명했다. 삼성이 지금의 글로벌 초일류 기업으로 성장하기까지의 과정을 설명하는 좋은 책들은 많지만, 해외 영업 현장 최전선의 기록들은 찾아보기 쉽지 않기 때문이다.

이 책에서 나는 해외 영업 최전선에서 실무 담당자로서 겪었던 사례들과 소중하게 배웠던 교훈들을 정리해보고자 노력했다.

　1부에서는 신입사원으로 시작해 좌충우돌하며 겪은 다양한 경험을 통해 내공을 쌓아가는 과정을 정리해보았다. 뛰어난 선배님들로부터 배운 가장 중요한 '팁'은 고객과 거래선의 신뢰를 받는 것이 최우선이라는 점이었다. 삼성 영업에는 현장에 가보아야 문제를 찾을 수 있고, 바로 그 현장에서 답을 찾아야 한다는 '현문현답'의 경영철학이 있다. 나는 그 가르침을 실천하려고 노력했고, 그 과정에서 경험한 새로운 도전들은 나에게 큰 자산이 되었다.

　2부에서는 내 인생 처음으로 미국 주재원으로 나가서 글로벌 영업에 눈뜨게 된 과정을 돌이켜보았다. 특히 IBM과 모니터 OEM 영업을 하며 글로벌 표준이던 IBM의 업무 방식과 프로세스를 통해 투명하고 공정하며 질서 있는 영업을 배울 수 있었다.

　3부에서는 삼성 TV가 세계 1등이 되는 상세한 과정을 다루었다. TV 사업을 시작한 후, 30년 이상을 넘보기조차 어려웠던 소니를 꺾고 1등이 될 수 있었던 것은 물론 삼성 TV의 뛰어난 제품력에 있다. 그와 함께 영업의 절대적인 기여도 무시할 수 없다. 특히, 유통사와 전략적인 파트너십을 구축한 것이 주효했다. 제대로 된 공급망 관리를 통해 매장에 우리 제품이 좀 더 많이 전시되고, 마침내 원-원 할 수 있었던 경험들을 돌아보았다.

4부에서는 스마트폰 후발 주자였던 삼성이 어떻게 혁신의 아이콘인 아이폰을 따라잡을 수 있었는지를 짚어보았다. AT&T는 아이폰을 4년간 독점 판매 해온 거대 통신사업자다. 그 호랑이 굴에 들어가 AT&T와 신기술을 토대로 파트너십을 구축했고 그로 인해 승리해나가는 짜릿한 과정을 정리했다.

5부에서는 미지의 대륙 아프리카에서 최고경영자의 위치인 총괄이 되어 어떻게 현지를 이해하며 미래를 개척했는지를 정리했다. 먼저 아프리카인의 특수성을 이해해야 했다. 그리고 시장이 무엇을 원하는지를 냉정하게 분석하여, 이들이 원하는 것을 제공했다. 어려운 환경에 놓여 있는 아프리카 국가들은 많은 관심과 적절한 지원이 필요한 곳이다. 뿐만 아니라 우리가 아프리카로부터 배워야 할 점도 있었다. 특히, 만델라 정신은 지금 우리 사회에도 꼭 필요하다고 생각되어 이 책에 소개했다.

6부에서는 내 인생의 최정상과 같았던 아프리카 최고봉인 킬리만자로를 등반하며 얻은 인생 진리를 나누고자 했다. 회사에서 승진하여 높은 자리로 가게 되면 점점 더 외로워진다고 한다. 그렇기 때문에 최정상은 혼자가 아니라 함께 가야 한다. 그리고 언젠가는 내려와 새로운 인생을 준비해야 한다. 그런 인생의 진리를 실감하고 그것을 함께 나누고자 했다.

10년이면 강산도 변한다는데 내가 32년간 겪었던 영업 경험들이 지금 그대로 재현될 가능성은 없다. 시시각각 변화하는 상황에 맞추어 영업도 유연하게 변해야만 살아남을 수 있다. 따라서 이 글은 후배들에게 업무 지식을 전달하려고 준비한 것은 아니다. 그러한 정보들은 요즘은 인터넷에서 훨씬 더 효율적으로 입맛대로 찾고 얻을 수 있기 때문이다.

이 책을 통해서 공유하고픈 것은, 우리는 미래에 대한 기대와 불확실성이 증폭되는 시대에 살고 있지만, 영업은 언제 어디서나 필요하다는 점이다. 하드웨어, 소프트웨어, 게임, 에너지, 또는 완전히 새로운 플랫폼과 솔루션 분야라고 하더라도 영업은 없어서는 안 되는 기능이다.

30여 년 전 그저 그런 중저가 브랜드였던 삼성전자는 이제 누가 뭐라고 해도 글로벌 초일류 기업이다. 지난 세월 넘을 수 있을까 싶었던 많은 경쟁사를 물리치고 어려운 도전을 돌파해온 삼성의 도약 과정에서 영업의 작은 한 축을 담당할 수 있었던 것은 나에겐 큰 행운이었다. 나의 영업 현장 기록이 글로벌 초일류로 성장한 삼성의 단면을 이해하는 데 조금이나마 도움이 될 수 있기를 바란다.

그리고 내가 아프리카를 떠나오던 마지막 날, 호텔까지 삼삼오오 찾아온 50여 명의 아프리카 현지 직원들이 이별의 아쉬움으로 눈물을 글썽이며 나에게 말했다. 아프리카에서의 아름다웠던 추억과 지난 4년간 함께 만들어온 삼성 아프리카의 변화, 특히 우리도 할 수 있다는 것을 책으로 꼭 남기고 알려달라는 부탁이었다. 나로서는 이들과의 약속은 어떤 일이 있어도 지켜야 한다.

차례

1부

삼성맨은 어떻게
단련되는가?

신뢰에 투자한다

불량과 타협하지 않는 책임경영

2003년 10월 어느 날 본사 디스플레이 사업부 모니터 수출 그룹장에게서 전화가 왔다. 그는 무척 흥분한 목소리로 말했다.

"이미 공급된 18인치 LCD 모니터 전량을 교체해주는 것으로 최종 결정됐습니다. 지금 바로 교체를 시작해서, 앞으로 불량이 더 발생되기 전에 미리 전량 교체하세요."

이는 당시 디스플레이 최고결정권자인 최지성 사업부장이 현 상황에 대한 원인분석 보고서를 검토한 후 내린 대담한 결정이었다. 이 결정사항을 거래선인 IBM에게도 곧바로 공유해서 잘 이해시켜

달라는 당부도 이어졌다.

듣고 있던 나도 많이 놀랐다. 당시 18인치 LCD 모니터 한 대 가격은 1만 달러 수준이어서 3천 대 전량을 교체하려면 최소 3천만 달러어치 손실을 각오해야 했다. 그런 점을 감안하면 고심에 찬 결정이었을 것이다. 이는 대중에게 잘 알려지지는 않았지만 내가 직접 겪었던 삼성 책임경영의 한 사례다.

일반인에게 널리 알려진 삼성 책임경영의 사례로는 애니콜 '화형식'을 들 수 있다. 1995년 3월 어느 날 삼성전자 구미 사업장의 운동장 한복판에 15만 대의 휴대폰이 산더미처럼 쌓여 있었다. 몇몇 직원들이 쌓인 휴대폰을 해머로 박살냈고 이어 불까지 붙였다. 이렇게 총 500억 원어치의 휴대폰이 잿더미가 됐다.

당시 애니콜 휴대폰의 불량률이 계속해서 치솟자, 분노한 고 이건희 회장이 '화형식'을 지시하며 품질에 대한 경각심을 일깨웠다. 이를 계기로 삼성의 품질에 대한 책임경영이 본격적으로 시작되었고, 삼성은 초일류로 성장했다.

삼성의 책임경영은 LCD 모니터 사례로도 이어졌다. 2003년 초, IBM은 미국의 대형 투자회사인 피델리티사에 18인치 삼성 LCD 모니터 3천 대를 독점 공급하는 사업권을 따냈다. 총 3천만 달러 이상의 초대형 기업간 거래B2B, Business to Business를 확보한 것이다. 미국 보스턴에 본사를 두고 있는 피델리티는 뮤추얼펀드나 퇴직연금 상품 등 다양한 금융서비스를 제공하는 세계에서 가장 큰 투자회사 중

하나다.

피델리티는 무엇보다도 IBM의 공신력과 삼성 모니터의 기술력을 높게 평가하여 최종 구매결정을 한 것으로 알려졌다. 삼성은 18인치 LCD 모니터 신제품을 주요 경쟁사보다 거의 1년 앞서 출시할 만큼 기술력에서 앞서 있었다. 공급권 결정이 최종 발표된 날은 IBM과 삼성 모두 축제 분위기였다.

그런데 신모델 공급 후 10개월이 지나면서 문제가 발생하기 시작했다. 피델리티는 일부 모니터 화면에 미세한 점과 얼룩이 보인다며 몇 대를 반품했다. 나는 반품된 제품들을 즉시 본사 서비스·개발팀에 송부하여 원인분석과 대책을 요청했다.

사안의 중대성을 감안해서 삼성과 IBM은 태스크포스를 구성하고 매일 컨퍼런스콜을 진행했다. IBM은 현장의 상황과 정보를 파악해서 전달해주었고, 삼성 본사는 이를 토대로 객관적으로 분석한 결과를 IBM과 실시간 공유했다.

검토 결과, 초기 공급된 LCD 패널에 사용된 몇 개의 부품에 문제가 있는 것으로 밝혀졌다. 아직 문제가 나타나지는 않았지만 동일한 부품을 사용한 다른 제품들도 시간이 지나면 같은 문제가 발생할 수도 있을 것으로 예상됐다. 이런 상황에서 삼성 본사 경영진은 이미 공급된 LCD 모니터 패널의 전량 교체를 지시했다. 지금 발생하지는 않았지만, 미래의 잠재적 불량 가능성이 있는 멀쩡한 제품까지 전부 교체하라는 지시였다.

삼성의 이런 결정에 IBM 최고경영진은 매우 놀라워하며 고맙다고 전해왔다. 사실 IBM은 삼성 모니터에 IBM 브랜드를 달고 판매했기 때문에, 삼성이 지원해주지 않으면 난감한 입장이 될 수도 있었다. 피델리티도 삼성의 전향적인 결정과 의사소통에 감동했다고 한다. 사실 그때까지 발생한 불량은 10여 대에 불과했고 큰 불편함을 못 느끼는 상태였다. 그러나 신속하고 투명하게 소통하는 삼성의 책임경영 자세를 보고, IBM과 피델리티는 오히려 삼성에 대해 더욱 신뢰하는 반전의 계기가 됐다.

사실 신경영 이전까지만 해도 삼성은 세계 시장에서 그저 그런 품질의 중저가 브랜드였다. 그러나 불량과 타협하지 않은 경영진의 신속하고 현명한 책임경영에 힘입어 우리는 순조롭게 3천만 달러에 달하는 모니터 교체작업을 완료할 수 있었다.

그리고 모든 임직원들도 남 탓하지 않고 어떻게 문제를 해결할 것인가에만 집중했다. 이렇게 함께 땀 흘린 결과로 삼성은 초일류로 성장할 수 있었다. 마침내 삼성 모니터 브랜드도 한 단계 더 높아져 구매하는 기업들이 늘어나기 시작했다. 책임경영으로 당장의 손실은 있었지만, 이를 통하여 삼성 모니터는 업계가 놀랄 정도의 최고 위치에 오르게 됐다. 미래의 더 큰 가치에 투자한 셈이다.

당시 과장 직함이었던 나는 이 경험을 통해서 중요한 교훈을 배웠다. 어려운 상황일수록 투명한 소통으로 문제의 핵심을 파악하고, 경영진이 신속하고 결단력 있게 판단하면 상황이 반전될 수 있다는 사실이다.

삼성 영업은 처음에 거래선과 충분한 신뢰를 쌓기 위한 노력에서 출발한다. 다양한 형태의 고객이 있지만, 항상 고객의 입장에서 고민하다 보면 신뢰를 쌓을 수 있다. 그 후 어떤 문제가 발생하더라도 투명하게 소통하고, 대안을 가지고 협의하면서 결론에 이르기 위해 노력하며, 도출한 결론을 신속히 실행에 옮기니 고객과의 관계는 더욱 두터워졌다. 무엇보다 상대방에게 어떤 문제가 있는지, 고객에게 무엇이 필요한지 정확히 파악하면 문제해결 가능성은 더 커지고 전화위복의 기회를 만들 수 있다.

나사로 웃음꽃을 피운 모니터 교체작업

피델리티가 사용 중인 LCD 모니터 패널 교체작업 임무가 나에게 주어졌다. 삼성 본사와 IBM, 피델리티 3개 회사 사이에서 중재를 해야 하는 역할이기도 했다. 피델리티는 보스턴과 뉴욕 등지의 사무실에서 사용 중이던 모니터를 주말 동안 순차적으로 교체해줄 것을 요청했다. 대부분의 모니터는 불량이 드러나기 전이라 사용하는 데 전혀 문제가 없었지만 주말에 교체작업을 진행해야 트레이더들의 업무에 지장을 주지 않을 수 있었다.

나는 피델리티·IBM·삼성 서비스 팀들과 협의해 최종 작업일정을 확정했다. 일의 중요성을 감안해 매주 주말 피델리티 사무실로 출장을 갔다.

내가 처음 본 피델리티의 근무환경은 당시로서는 신기함 그 자체였다. 각 트레이더가 7대의 모니터를 동시에 보면서 투자 업무를 했는데, 모든 책상과 의자가 개인의 체형에 따라 특별 맞춤 제작된다고 했다. 요즘은 인체공학적으로 설계된 의자가 당연시되는 시대지만 당시 나에게는 매우 놀라운 광경이었다.

책상 위에 있는 LCD 모니터 패널 교체작업을 하기 위해 앞에 있는 의자를 무심코 뒤로 밀쳤더니, 한 직원이 의자마다 트레이더의 이름이 부착되어 있다고 친절하게 알려주었다. 당시 한 명의 트레이더에게 할당된 사무기기 및 IT 제품 예산이 8만 달러가 넘는다고 했다. 개당 1만 달러인 LCD 모니터 7대와 PC, 맞춤 제작된 책상과 의자 등을 합치면 그 정도는 금세 넘길 것으로 보였다. 큰 액수에 내가 다소 놀라는 듯한 반응을 보이자, 피델리티 직원은 한 명의 트레이더가 매달 50만 달러 이상 순이익을 내지 못하면, 얼마 못 가 해고될 만큼 엄청난 스트레스를 받는다고 귀띔해주었다.

어느 추운 겨울 주말, 보스턴에 있는 피델리티 본사에서 교체작업을 할 때의 일이다. 영업 주재원인 나는 처음에는 의자를 조심스럽게 이동하면서 서비스 팀이 작업하는 것을 도와주기만 했다. 그러다 시간이 흐르면서 좀 더 적극적으로 교체작업을 지원해야겠다는 생각이 들었다. 나는 책상 아래로 들어가 모니터를 해체하기 위해 나사screw를 뽑는 작업을 했다. 그런데 처음에는 실수 없이 잘하다가, 나사 한 개를 바닥에 떨어뜨려 잃어버리고 말았다. 내가 미안해하며 나사를 하나 잃어버렸다고 말하자, IBM의 모니터 기술자이자 나의 절친이 된 고든이 "썽Sung, 당신은 이제 사고 치지 말고 가만히 지켜보면서 구경만 하는 게 정말 도와주는 거야"라고 해서 우리 모두 한바탕 웃었다.

외국인들에게 나는 썽으로 통했다. '성혁'이라는 내 이름이 발음하기 어렵고 기억하기도 힘들어 했기 때문에 처음부터 나를 '썽'으로 소개했었다.

주말마다 패널 교체작업을 마치면 나는 작업에 참가한 사람들에게 저녁을 대접했다. 고든은 "Screw Sung, Sung Screwed"라고 농담을 하여 우리를 웃게 만들었다. 'Screw'는 '나사'라는 뜻도 있지만 '일을 망친다'라는 의미도 있다. 고든의 말인즉슨 내가 나사 하나를 잘못 건드렸다가 일을 망쳤다는 뜻이다. 모니터 교체작업은 심각한 상황에서 짜증스러울 수도 있는 일이었지만, IBM 및 피델리티 직원들과 서로 도와가며 즐겁고 화기애애한 분위기 속에서 무사히 마칠 수 있었다.

발로 뛰고 현장에서
답을 찾는다

현장에 문제와 답이 있다

"나는 괜찮으니 걱정하지 말게. 뒤따라오던 에어리어 보이Area Boy 들이 시끄럽게 떠들어대는 통에 정신이 없었지만, 위험하다는 생각은 없었네. 오늘 컴퓨터 빌리지 방문은 아주 독특한 경험이었네. 이렇게 힘든 곳에서 우리 제품을 한 대라도 더 팔아보려고 애쓰는 여러분이 고마울 따름이네."

이는 자칫 위험에 처할 뻔했던 나이지리아의 컴퓨터 빌리지를 빠져나온 후 고동진 삼성전자 무선사업부장이 현지 직원들을 격려하며 한 말이었다.

2016년 5월 한국에서 근무하던 시절, 무선사업부의 최고경영진을 모시고 아프리카 주요 3개국 출장을 다녀왔다. 남아프리카공화국 일정을 마친 후, 두 번째 방문국인 나이지리아에 도착했다. 공항에 도착한 우리는 덜덜거리는 작은 미니버스를 타고 호텔로 이동했다. 이 미니버스에는 현지에서 고용한 무장 경찰이 함께 타고 있었다. 게다가 우리 버스 앞뒤로도 경찰이 탑승한 경호차량이 바짝 붙었다. 경찰들은 총알이 장전된 기관총을 들고 있었는데, 그야말로 이 지역의 치안이 얼마나 불안한지 여실히 보여주는 광경이었다. 호텔로 이동하는 한 시간 동안 차창 너머의 낙후된 모습을 보면서 우리는 모두 말문이 닫혀버렸다.

다음날 나이지리아 현지 임직원들과 미팅을 했다. 이 자리에서 본사 경영진으로부터 삼성전자의 글로벌 전략과 아프리카 미래 비전을 직접 들은 나이지리아 현지 임직원들은 큰 힘을 얻었다. 이어서 나이지리아 통신사업자들을 만나 그들의 요청을 먼저 경청하고 삼성이 적극 지원하는 새로운 프로젝트를 진행하기로 했다.

나이지리아 출장의 마지막 일정은 컴퓨터 빌리지 방문이었다. 컴퓨터 빌리지는 나이지리아뿐만 아니라 아프리카 전 대륙에서도 가장 큰 규모의 재래시장으로 전자제품도 판매한다. 하지만 매우 위험한 지역으로 알려져 있어서 아프리카를 조금이라도 이해하는 사람들 사이에서는 컴퓨터 빌리지를 다녀왔다고 하면 그보더 더 험한 곳은 없다고 말할 정도다.

이런 험지를 삼성전자 글로벌 CEO가 직접 방문하여 판매 현장을 둘러보고 소규모 소매상(딜러)들을 만나보는 것은 삼성이 그만큼 현장에서 발로 뛰는 영업을 중시한다는 증거였다. 삼성전자 영업에는 오래전부터 내려오는 현장 경영의 철학이 있다. '현문현답, 즉, 현장에 문제가 있고, 현장에 답이 있다'가 그것이다. 어느 부서에서 해외 출장을 가더라도 지위고하를 막론하고 그 지역의 주요 매장을 직접 방문하고 보고하는 것이 오래전부터 정례화되어 있다.

　우리 일행이 컴퓨터 빌리지에 도착하니 시장 입구에는 20여 명의 사람들이 이미 무리를 지어 있었다. 이들은 '에어리어 보이'라고 불리는 일종의 건달들이었다. 그 지역의 치안을 보호해준다는 명목으로 자영업자들로부터 돈을 뜯어간다고 했다.

　우리는 나이지리아에서 가장 큰 딜러를 만나기 위해 그들의 매장이 있는 건물로 들어갔다. 그 딜러는 삼성으로부터 연간 2천만 달러 정도 전자제품을 구매하고 있었다. 그는 삼성으로부터 연간 900억 달러 규모의 매출을 올리는 삼성 모바일의 글로벌 CEO가 직접 찾아준 것이 믿어지지 않는다고 했다. 딜러의 요청사항을 듣고 앞으로 삼성이 더 많이 지원해줄 것을 약속한 뒤 미팅을 마쳤다.

　건물 밖으로 나와보니, 햇볕은 찌는 듯했고 에어리어 보이들은 40여 명으로 불어 있었다. 우리 일행이 움직이자, 에어리어 보이들이 모두 큰 소리로 뭐라고 외치며 우리를 뒤따라왔다. 그들이 무리 지어 움직이자 시장 바닥에 흙먼지가 일었다.

두 번째로 큰 딜러의 매장에 도착했다. 간단한 미팅을 마치고 매장을 둘러보고 나왔더니, 70여 명 규모로 불어난 에어리어 보이들이 더 큰 소리로 함성을 지르며 우리를 뒤따라왔다. 더 이상 컴퓨터 빌리지에서 걸어다니는 것이 위험하게 느껴졌다. 우리 일행 중에는 본사에서 출장 온 여성 임원도 있었다. 네 명의 무장 경찰로 충분한 호위가 될지 걱정스러웠다. 모두 발길을 돌려 버스로 돌아가기로 결정했다. 무장 경찰들도 에어리어 보이들을 함부로 제지하지는 못한다고 했다. 그만큼 이들이 무시무시한 세력을 갖고 있었기 때문이다. 무장 경찰들의 도움을 받아가며 우리는 가까스로 버스에 올랐다. 우리 차 주변에는 어느새 군중이 100명 훨씬 넘게 불어나 있었다.

무장 경찰들이 차 앞으로 가서 차가 지나갈 수 있도록 길을 터주자, 차가 조금씩 이동하기 시작했다. 그러나 차는 10미터도 나아가지 못하고 이내 서버렸다. 우리 차 바로 앞으로 컴퓨터 빌리지에서 길거리 공연을 마치고 떠나려는 다른 일행의 무리가 오고 있었기 때문이었다. 나이지리아 래퍼 가수 일행이 탄 차 주변에는 100여 명의 에어리어 보이들이 가로막고 함성을 지르고 있었다. 시간은 계속 흐르고 에어리어 보이들은 점점 더 불어나고 차는 움직일 기미가 전혀 보이지 않았다. 에어리어 보이들이 차 안으로 뛰어들 것 같은 위기감마저 느껴졌다.

그때 갑자기 우리 차에 타고 있던 무장 경찰이 무슨 생각을 했는지 차 밖으로 나갔다. 그는 현지 직원들과 무언가 협의를 하더니 나이지리아 지폐 다발을 받아 주머니에 넣고는 가수의 지프차로 가서 건네주었다. 곧바로 가수 일행 중에서 누군가가 차 위로 뛰어올라가더니 좌우 양쪽으로 있는 힘껏 멀리 돈을 뿌렸다. 그 순간 군중이 홍해 갈리듯 좌우로 벌어지며 흩어졌다. 이때를 틈타 가수의 차가 잽싸게 자리를 빠져나갔고, 그제야 비로소 우리 차도 그 뒤를 따라 안전하게 나올 수 있었다. 군중 일부는 여전히 함성을 지르며 뒤에서 우리 차를 따라왔다.

한 번도 겪어보지 못했던 초긴장 상태의 현장 방문 경험이었다. 삼성 나이지리아의 현지 책임자는 위험한 순간이 발생한 것에 대해 사과했다. 그러나 고동진 사업부장은 오히려 아프리카의 험난한 환경과 생생한 어려움을 잘 이해하게 됐다며 현지 직원들의 고생과 수고를 위로해주었다. 우리가 방문했던 나이지리아의 라고스는 지금도 한국 식당이나 식료품점조차 전혀 없을 만큼 정말 영업하기 힘든 지역 중 하나다. 그런 곳에서 삼성의 브랜드와 제품을 팔기 위해 발로 뛰며 고생하는 현지 직원들을 생각하면, 마음속 깊이 존경의 마음이 솟아나지 않을 수 없다.

추억을 날치기 당할지라도
판매 현장 방문은 계속된다

2016년 한국 본사에서 근무하던 시절, 아프리카 서북부에 위치한 코트디부아르의 최대 도시 아비장으로 혼자 출장을 갔다. 코트디부아르에는 지점이 없었기 때문에 삼성 가나 지점 직원들이 아비장으로 출장을 와주었다. 첫날은 주요 거래선들을 만나 그들의 요청사항을 듣고 신제품을 소개했다. 거래선들은 삼성 본사 임원이 아비장까지 출장을 와준 것에 고마워하며, 앞으로 삼성의 전략적 파트너가 될 것을 약속했다.

그 다음날은 아비장의 유명한 재래시장인 '아자메Adjame'를 현지 직원 세 명과 방문했다. 이 시장은 거의 모든 수입 소비재가 판매되는 곳이다. 아침부터 눈이 부시고 살갗이 따가울 정도로 태양이 이글거렸다. 삼성 현지 직원 두 명이 내 앞에서 가는 길을 터주며 안내했고, 또 다른 직원 한 명이 내 뒤를 따라오면서 경호해주었다. 그때 거대한 몸집의 무리가 갑자기 내 앞을 겹겹이 가로막아 서는 것이 느껴졌다. 순간 이들 무리에 막혀 앞과 뒤에 있던 삼성 현지 직원들이 내 시야에서 사라졌다.

'이거 어쩌지'라고 생각하며 주위를 둘러보고 있는데, 갑자기 험악한 인상의 남자 두 명이 내 얼굴 바로 앞으로 훅 다가왔다. 움찔하며 내가 뒤로 물러서자 이들은 빠른 속도로 내 옆을 지나쳐 갔다. 그 순간 나는 바지 뒷주머니에서 휴대폰이 빠져나가는 것을 직감하고 뒤를 돌아보았으나, 그들은 이미 쏜살같이 도망간 뒤였다. 소리를 지를 겨를도 없이 눈 뜨고 당한 것이었다. 우리 현지 직원들이 나에게 급히 달려와 서로가 무사함에 안도했다. 그러나 우리 모두는 빼앗긴 휴대폰을 되찾을 방법이 없다는 사실을 받아들일 수밖에 없었다.

휴대폰을 빼앗긴 것도 억울했지만, 그 안에 보관되어 있는 아버님 구순을 축하하며 찍은 가족사진이 떠올라 정말 당혹스러웠다. 한국에서 코트디부아르로 출장을 떠나는 날 저녁, 우리 가족과 친척들이 모여서 아버님 구순을 축하하는 모임을 가졌다. 내가 최신의 갤럭시 스마트폰을 가지고 있었기 때문에 내 휴대폰으로 사진을 많이 찍었다. 사진을 찍자마자 클라우드에 올려두지 않은 것이 후회막심이었다. 최근 돌아가신 아버님을 생각하면 당시의 휴대폰 날치기 사건이 더욱 안타까울 따름이다.

강도를 당했지만, 다행히 아무도 다친 사람이 없다는 것을 위안 삼으며 우리는 그 자리를 떠날 수밖에 없었다. 한국에서는 상상조차 할 수 없을 만큼 안전이 보장되지 않는 곳, 이런 곳에서도 제품의 판매 확대를 위해 애쓰는 현지 영업인들이 있다. 그들의 노고 덕분에 삼성은 글로벌 어느 시장에서도 사랑받는 브랜드가 될 수 있다고 믿는다.

주말마다 우리 가족이 간 곳은?

삼성이 강조하는 현장 경영은 주재원도 예외일 수 없다. 그런데 해외에서 주재하다 보면 거래선 미팅과 본사와의 소통으로 정작 판매가 일어나는 현장인 매장을 방문할 시간이 태부족하다. 하지만 주재원이라면 현장을 몰라서는 안 된다. 그런 나의 생각은 미국 미니애폴리스 주재원 시절 동안 매주 일요일 두 아들을 데리고 매장을 방문하는 일로 이어졌다. 처음에는 투덜대던 아이들도 함께 시장조사를 잘하면 5달러에서 10달러씩 상금을 주었더니 나중에는 잘 따라다니게 되었다.

베스트바이와 월마트 등 유통업체마다 판매되는 모델이 다르기도 하고, 경쟁사 모델별 가격과 프로모션이 각기 달라 상세 내용을 체크했다. 소매 매장에서 제품을 전시하는 공간의 디자인과 배치도 배울 점이 많았다. TV와 오디오 등 경쟁사 제품의 가격까지 자세히 기록하다 보면 3~4시간 이상이 족히 소요되었다. 큰아들은 TV 중심으로, 둘째 아들은 오디오와 블루레이 같은 제품들 위주로 체크해주었다. 어떤 날은 아들이 갑자기 나에게 달려와 "아빠, 소니가 55인치 LCD TV 가격을 500달러 내렸어요. 이번주에는 삼성 TV가 잘 안 팔릴 것 같은데요" 하며 걱정했다. 아이들에게는 각자 맡은 시장조사를 마치고 나면 게임 섹션에 가서 게임을 즐길 수 있도록 특별한 당근도 주었다.

2000년대 초반에는 지금처럼 온라인 상에 올라온 유통업체들의 제품 및 판매 정보가 충분하지도 정확하지도 않았다. 미국의 대형 전자제품 유통점들은 일요일을 주기로 매주 판매가격이나 프로모션 가격을 조정했기 때문에 경쟁사 프로모션 정보를 가장 쉽고 정확하게 파악하는 방법은 일요일 매장에 나가서 가격표를 직접 확인하는 것이었다. 일요일 아침 신문과 함께 배달되는 광고지도 도움이 되지만, 광고지에 포함되지 않은 모델들도 프로모션을 하는 경우가 많기 때문에 매장을 방문해 확인하는 것이 가장 확실한 방법이었다.

추수감사절 다음날인 블랙프라이데이Black Friday, BF에 시작되는 세일은 미국 최대의 판매 이벤트다. 이 기간 동안에만 거의 두 달치 이상 판매가 되니 유통업체와 공급자들 모두 혈안이 되어 판매고를 끌어올리려고 준비한다. 11월 말 판매를 위해 늦어도 5월까지는 주요 프로모션 계획을 최종 확정한다.

블랙프라이데이 당일, 판매 상황을 파악하기 위해 나는 새벽 4시에 일어나 아이들과 함께 미니애폴리스의 매서운 11월 추위를 뚫고 매장으로 나갔다. 삼성 TV 제품들은 항상 초반에 날개 돋친 듯 팔리곤 했다. 다행히 그해에도 예전과 마찬가지로 많이 팔려나가는 것을 확인하며 매장에서 제공하는 따뜻한 커피를 마셨다. 매장을 다니다가 베스트바이의 구매팀원들을 만나 커피를 같이 마시며 블랙프라이데이 동향에 대해 의견을 나누었다. 이날만큼은 우리 아이들도 할인하는 게임기나 비디오 게임을 살 기대에 부풀어 동네 친구들과 함께 내 차를 타고 새벽 매장 투어를 다녔다.

나는 주말 저녁에는 매장에서 파악한 정보들을 엑셀에 표로 다시 정리했다. 매주 이런 과정을 되풀이하다 보니, 경쟁사들의 가격변동과 프로모션의 흐름을 자세히 이해할 수 있게 되어 영업에 큰 도움이 됐다. 경쟁사들도 매주 다양한 판매 프로모션을 벌이기 때문에, 삼성이 늘 판매 1등을 하기는 불가능하다. 그러나 매장에서 확인한 경쟁 상황에 기초해서 왜 우리의 판매가 뒤처졌는지 원인을 알 수 있기 때문에 대책도 쉽게 세울 수 있었다. 현장 경영은 어떤 경우에도 필요한 기본이라고 생각한다. 이제 성인이 된 우리 아이들에게도 그 시절 몸에 밴 시장조사의 경험이 회사 생활에 많은 도움을 주지 않을까 기대한다.

토요일 아침,
월마트의 글로벌 경영 현장을 확인하다

2009년 말 나는 상무로 승진되었다. 베스트바이 사업 성과도 좋았지만 운도 따라주었고 무엇보다 회사 선후배님들의 지원과 가족의 희생이 있었기에 가능했다. 임원이 되면서 뉴저지에 있는 미국 본부로 자리를 옮겼고, 베스트바이뿐만 아니라 월마트, 아마존, 코스트코 등 미국 주요 유통 거래선들을 담당하게 됐다. 각 거래선이 처한 사업 환경에 맞추어 함께 성장할 수 있는 파트너십을 발전시키는 것이 나의 역할이었다. 이런 새로운 도전으로 나의 하루하루는 긴장과 설렘으로 가득 찼다. 그중에서도 월마트에서의 어느 토요일은 큰 교훈과 충격을 주었다.

2010년 11월 어느 날 나는 삼성 뉴저지 팀 및 본사 임원과 함께 월마트 본사가 있는 아칸소주 벤턴빌로 출장을 갔다. 미팅 도중 월마트의 고위 임원이 다음날 아침에 열릴 '월마트 토요일 아침회의'에 우리를 초대했다. 우리는 당초 그날 저녁에 바로 뉴저지로 돌아올 계획이었으나, 말로만 전해 듣던 그 유명한 토요일 아침회의를 직접 참관할 수 있다는 기대감에 출장을 하루 더 연장했다.

회의는 아침 7시 30분에 시작되었다. 우리는 회의시간에 맞추어 7시가 조금 지나서 월마트 본사의 대형 강당에 도착했다. 토요일 아침 이른 시간임에도 강당에는 이미 300~400명이 자리를 잡고 앉아 있었다. 어린아이들과 청소년도 눈에 띄었다. 한 달에 한 번 토요일에 열리는 회의는 기본적으로 참여하고 싶은 임직원들만 자발적으로 나오는 미팅이라고 했다. CEO를 포함해서 대부분의 경영진이 참석하는 것처럼 보였다. 임직원 가족도 원하면 이 회의에 참석할 수 있다고 했다. 입장하면서 본 어린아이들과 청소년들은 바로 임직원 가족이었던 것이다.

회의가 시작되자 월마트 임원이 나와서 경영 현황을 발표했다. 내부 임직원들은 물론 그들의 가족에게까지 회사 사업 내용을 공유하는 것이 매우 놀라웠다. 그뿐만이 아니었다. 강당에 걸린 대형 스크린에 월마트의 해외 지사에서 근무하는 임원이 나타났다. 요즘에는 여러 국가의 사람들이 참석하는 글로벌 화상회의가 일상화되어 있지만, 2010년 당시만 해도 CNN 글로벌 뉴스 현장을 생중계하듯이 진행되던 월마트의 글로벌 경영의 모습은 매우 놀라웠다.

라이브 영상에 출연한 사람은 인도 지역의 판매를 맡고 있는 임원이었는데, 며칠 전 디왈리Diwali 기간 동안 진행한 특별 판매의 결과를 자세히 설명해주고 있었다. 빛의 축제로 불리는 디왈리는 인도에서 매년 벌어지는 가장 큰 축제 중 하나다.

"디왈리 축제 특별 판매의 성과는 아주 좋았어요. 특히 TV 같은 전자 제품 판매도 좋았고 식료품도 잘 팔려나가 당초 예상을 크게 초과했어요. 다만 추가 공급에 시간이 걸렸기 때문에 좀 더 많이 판매할 수 있는 기회를 놓친 것 같아 아쉽습니다. 내년에는 제품별로 수요 예측의 정확성을 좀 더 높일 수 있도록 사전 준비를 철저히 하겠습니다."

인도의 월마트 직원은 판매 실적과 제품별 판매 동향을 간략히 설명하면서 다른 국가에서도 참고할 수 있는 투명한 글로벌 현장을 공유했고 질의응답을 진행했다.

'토요일 아침회의'는 월마트 창업자인 샘 월턴Sam Walton에 의해 이미 오래전에 시작됐다고 한다. 토요일 아침에 모여 다가오는 월요일 아침에 고객에게 판매할 재고가 충분한지 미리 점검하고, 고객을 끌어들이기 위해 어떤 판매 전략을 펼칠 것인가를 협의했다. 경쟁사들이 월요일 아침에 출근해서 지난주 판매 실적을 확인하고 그 주의 판매 전략을 세우는 것에 비해, 월마트는 토요일에 미리 확인하여 남보다 한발 앞서서 준비했다. '토요 아침회의'는 세월이 흐르며 새로운 사업환경에 맞추어 계속 진화됐다고 한다.

평소 월마트에 대해 '초저가 정책Every Day Low Price'의 성공으로 글로벌 최고의 유통기업이 됐다는 정도로만 이해하고 있던 나에게 '토요일 아침회의'는 신선한 충격이었다. 월마트는 다양한 양질의 제품들을 항상 동일하게 낮은 가격에 판매하는 정책으로 소비자들로부터 큰 신뢰를 얻었다. 그리고 그러한 초저가 정책의 바탕에는 월마트의 검소한 기업문화가 있었다.

실제로 내가 들어가본 월마트 본사의 회의실은 5~6명이 겨우 들어갈 정도로 협소했고, 아주 간소한 테이블과 의자 몇 개만 있었다. 방문객에게 커피나 음료수를 제공하지 않기 때문에 필요하면 자판기에서 직접 사먹어야 한다.

마찬가지로 월마트 직원들도 공급자나 외부의 어느 누구로부터도 커피나 음료수를 대접받지 않는 것이 공식화되어 있다. 월마트 직원들이 한국에 출장을 왔을 때, 그들의 그런 기업문화를 직접 확인할 수 있었다. 심지어 회의실에 차려놓은 커피나 콜라를 목이 말라 어쩔 수 없이 마시게 되면 돈을 내밀거나 자기가 마신 컵 밑에 달러 몇 장을 반드시 놓고 나갔다.

임직원들이 그런 문화를 철저히 따르는 모습을 보며 월마트의 독특한 문화를 이해하는 것에서 더 나아가 존경심마저 들었다. 항상 남보다 한발 빠르게 움직이고 고객의 신뢰를 받으며 검소한 기업문화를 지켜나가는 것이 월마트의 영원한 승리 방정식인 것 같다.

경험으로
내공을 쌓는다

필요하면 사활을 걸어라

자정이 가까워지도록 거래선과의 마지막 담판은 합의점을 찾지 못하고 있었다. 오늘은 기필코 자정을 넘기지 말아야겠다는 각오로 조용히 회의실 자리에서 일어나 출입문 쪽으로 향했다. 그리고 일단 저질러보자는 심정으로 회의실 문을 걸어 잠그며 선언했다.

"최종 해결안을 찾을 때까지는 아무도 이 방에서 한 발짝도 나갈 수 없습니다!"

갑자기 분위기가 싸해졌다. 회의를 함께하던 거래선들의 눈이 휘둥그레지며 놀라는 표정이 역력했다. 그들은 대부분 키가 2미터 거구에다 얼마 전까지 구소련의 고위 공산당원들이었다고 했다. 솔직히 밤늦은 시간에 외딴 곳의 창고 같은 거래선 사무실에서 2미터의 거구들 틈에 둘러싸여 있다는 것만으로도 불안한 상황이었다. 하지만 나는 오랜 주재 경험이 있는 현지 주재원 은주상 선배에 대한 믿음이 있었다. 은 선배는 거래선들과의 관계가 돈독했을 뿐만 아니라 영업 능력도 뛰어났다.

1992년 초, 입사 4년차였던 나는 구소련의 올텍스라는 거래선을 넘겨받았다. 올텍스는 그동안 수입해간 전자제품 판매 대금 400만 달러가량을 지불하지 않아 문제 많은 거래선 리스트에 올라 있었다. 그해 6월까지도 수출 대금을 못 받자, 결국 나에게 현지에 가서 해결하고 오라는 지시가 떨어졌고 나름 막중한 임무를 맡은 나는 모스크바 출장길에 올라 그들의 사무실을 찾아갔다.

올텍스의 사무실은 모스크바 중심부에서 벗어난 외곽지역에 있었다. 창고를 개조한 그들의 사무실에 도착했을 때 느꼈던 첫인상은 마치 영화에나 나올 법한 마피아 소굴처럼 담배 연기 자욱한 으스스한 분위기였다. 내가 체류하는 호텔에서도 구소련 시절 비밀경찰인 KGB로 보이는 사람들이 며칠째 출입하는 나를 계속 곁눈질로 감시하고 있었다.

수출 대금 채권 문제는 1991년 말 구소련이 붕괴되는 전환기에 외환 위기에서 시작됐다. 당시 러시아와의 모든 거래는 중앙은행의 신용장을 통해서만 진행했다. 대부분의 러시아 거래선들은 수출 규모가 작았을 뿐만 아니라 거래한 경험이 없어서 신뢰하기 어려웠기 때문이었다. 이듬해 외환 위기로 인해 러시아 중앙은행의 해외 송금이 전면 금지됐다는 기사가 보도되었다.

국가 신용이 불안할 경우에는 중앙은행의 신용장도 믿을 수가 없게 된다. 나는 이 문제를 즉시 모든 관련 부서에 통보하고 공론화했다. 회사 외환팀은 우리에게도 400만 달러 정도 미수금 문제가 발생됐음을 확인해주었다. 즉시 부산 항구에서 대기 중이던 TV 등의 200만 달러어치 추가 선적 물량을 모두 취소시켰다.

당시 나는 개인적으로도 회사 일만큼 중요한 일을 앞두고 있었다. 첫아이를 임신한 아내가 제왕절개 수술일을 7월 1일로 정해놓은 상태였다. 망설임 끝에 그 사실을 상사에게 털어놓았다. 사안의 심각성과 출산 일정을 감안하여, 6월 21일 떠나 6월 27일 귀국하는 일정으로 급히 출장을 떠났다. 이런 사정이 있었던 터라 뚜렷한 해결책도 없이 며칠 동안 평행선만 달리는 협상을 더 이상 두고 볼 수만은 없었던 나는 호소하는 목소리로 외쳤다.

"7월 1일은 아내가 첫아이를 낳는 예정일입니다. 무슨 일이 있어도 내일 6월 27일에는 한국으로 떠나야만 합니다. 이번에 주어진 출장 임무는 수출 대금을 받아오는 일입니다. 그러나 밀린 수출 대금에 대한 대책 없이는 돌아갈 수가 없습니다. 당신들도 가정이 있고 아이들이 있을 텐데, 아빠도 없는 상황에서 자식이 태어나게 하고 싶으십니까?"

다소 격해져 호소 반 협박 반 조로 문제해결을 위해 도와줄 것을 진심으로 부탁했다. 이어서 주재원 은 선배가 나서며 차분하게 거래선들을 다독였고, 함께 상황을 풀어보자며 타협안을 제시했다. 나와 은 선배는 정말 장단이 잘 맞았다. 사전 각본도 없이 순간적으로 마음이 통해 역할 분담이 이뤄졌다. 내가 호소하고 은 선배가 중재안으로 최종 타협안을 제안했다. 최종 합의문에 구체적인 해결 방안들을 포함하고 같이 노력하자는 내용에 각각 서명했다. 덕분에 나는 바로 다음날 한국행 비행기에 몸을 실었고 7월 1일 아들을 품에 안아볼 수 있었다.

해외 영업을 하다 보면 예측이 어렵고 해결이 막막해 보이는 문제가 더러 발생한다. 경험을 통해 경쟁사나 거래선, 유통사의 움직임이 일부 예상 가능하기도 하다. 하지만 전혀 예측할 수 없는 국가적인 변수가 발생할 경우 영업의 역할이 무엇보다 중요해진다. 전후 사정을 가장 잘 이해하는 영업 부서가 책임감을 가지고 선두에 서서 관련 부서들의 도움을 받아 투명하고 신속하게 일을 처리할 수 있기 때문이다. 다행스럽게도 4년차 영업사원이었던 나는 당면한 문제해결을 위한 해외 출장 중에 이러한 사실을 몸소 경험함으로써 배울 수 있었고, 이는 내가 향후 해외 영업을 하는 데 큰 밑거름이 됐다.

일을 피하지 않고 맞서는 근성

해마다 봄이 다가오면 말단 영업사원으로 러시아에서 좌충우돌했던 추억이 떠오른다.

"썽, 내일 한국으로 돌아가지요? 헤어질 때 줄 선물을 찾아보았는데 마땅한 것이 없어 이것을 주기로 했어요." 보르네즈 공장장 세르게이는 나에게 작은 포켓 나이프를 내밀었다.

"오래전에 돌아가신 아버지가 내게 물려주신 건데, 아버지가 생각날 때면 꺼내보던 것입니다. 앞으로 내가 생각나면 이걸 보면 좋을 것 같아 선물로 드립니다."

가슴이 찡했다. 서로 만날 가능성이 없다는 것을 우리는 잘 알고 있었다. 나의 눈시울이 붉어졌다. 나도 즐겨 입던 겨울 셔츠를 벗어 그에게 주었다.

나는 1991년 초 러시아 모스크바 남쪽에 있는 보르네즈 공장에 출장가서 3개월간 체류했었다. 보르네즈는 우리나라 인천처럼 공업단지가 조성되어 있는 곳이다. 적대국이었던 한국과 소련은 1990년 9월에 역사적인 수교를 공식화했다. 이와 함께 민간기업들의 경제 교류도 활발해지기 시작했다. 소련이 보르네즈 공장에서 최초로 비디오 카세트 녹화기VCR를 생산하겠다고 발표하자, 삼성은 VCR 생산에 필요한 설비를 판매 설치하고 기술지원을 약속했다. 신속하게 최종 계약이 체결됐다. 보르네즈 프로젝트는 열쇠를 돌리기만 하면 모든 설비가 가동될 수 있는 턴키 방식으로 진행됐다.

보르네즈에서는 한국 음식을 전혀 먹을 수 없었다. 한국 식당은 커녕 한국 식료품을 파는 곳조차 없었기 때문이다. 이에 삼성은 생산 설비들과 함께 70~80명이 3개월 정도 먹을 식료품을 컨테이너에 실어 보냈다. 대규모 설치 기술자팀이 1991년 1월부터 보르네즈로 떠나기 시작했다. 영업의 역할은 미미하다고 판단됐기 때문에 단한 명의 영업사원만 출장단에 포함됐다. 말단이었던 나는 운좋게도 이렇게 러시아로 떠나게 됐다. 애초 옆에서 보며 배우겠다는 가벼운 마음으로 본 프로젝트에 참가했는데, 도착 후 현장 설치작업이 시작되면서 생각지도 못한 역할이 나를 기다리고 있음을 알게 됐다.

3개월 이내에 일을 완수하는 것이 목표였기 때문에 7개의 작업장에서 매일 쉴 틈 없이 VCR 생산시설 설치작업이 이루어졌다. 한국 출장자와 소련 노동자 사이에 통역이 필요했다. 한·러 통역사로 한인동포 아주머니들을 러시아의 동쪽 끝에 있는 사할린 지역에서 급히 모셔다 놓았는데 전혀 예상치 못한 문제가 발생했다. 전기·전력·가스 등 설치작업에 사용되는 용어는 영어였다. 사할린에서 온 통역사 아주머니들은 영어교육을 받은 적이 없었고, 전기 관련 전문용어에도 익숙지 못했다. 현지 공장의 지원장비가 제때 공급되지 않아 작업에 차질이 생길 때마다 소통이 문제가 됐다.

이역만리에서 날아간 우리 측 기술자 70여 명과 보르네즈 공장의 수많은 노동자들이 지원장비가 오기만을 애타게 기다리며 시간을 허비하는 경우가 이어졌다. 곳곳에서 불만이 터져나왔다.

공장장인 세르게이와 함께 비상 대책회의를 했다. 긴급 해결책으로 영어와 전기 용어에 익숙한 영어·러시아어 통역사를 채용했다. 설비 지원장비의 공급은 다소 순조로워졌지만, 영어소통이 여전히 답답하고 어렵다는 불평이 있었다. 그때 갑자기 나에게 불똥이 튀었다. 영업팀에서 출장 나온 사원은 뭐하고 있느냐는 지적이었다. 그 바람에 난생처음 팔자에도 없던 영어 통역을 하게 됐다. 내 영어 실력은 통역을 하기에는 많이 부족했지만 상부의 지시가 떨어진 마당에 하지 않을 수 없었다. 다음날 아침부터 나는 공장 내 작업장들을 계속 돌아다니며 눈코 뜰 새 없이 통역을 했다. 잘하기 위해 최선을 다했다. 부담은 컸지만 국가 간 주요 설비 프로젝트에 도움이 될 수 있다고 하니 말단 영업맨으로서 뿌듯함마저 느꼈다.

그때나 지금이나 내 앞에 과제가 주어지면 그것을 수행하기 위해 저돌적으로 접근한다. 어차피 해야 할 일이라면 즐기면서 하라고 하지 않던가? 돌이켜보니 워커홀릭이란 핀잔도 많이 받았지만 나는 주어진 모든 일을 정말 즐기면서 해냈다.

매일 이른 아침, 공장 내 7개 작업장을 방문하는 것으로 하루를 시작했다. 작업장별로 그날 어떤 장비와 지원이 필요한지 미리 점검했다. 먼저 내가 한국 기술팀의 요청을 통역사에게 영어로 설명했다. 그러면 통역사가 공장 측의 지원 계획을 확인하고 나에게 영어로 답해주었다. 나는 이를 다시 한국 기술팀에 설명해주는 식이었다. 통역을 하다 보니 알게 모르게 업무에 대해서도 많이 배우게 됐다. 일주일이 지나면서 단순 통역 외에 주도적인 업무 협의에도 자연스럽게 참여할 수 있게 됐다. 공장장으로서 훌륭한 리더십을 가진 세르게이는 문제해결을 위해 온종일 나와 함께 공장을 돌아다니며 설비지원을 도와주었다. 하루종일 둘이서 지내다보니 정말 친형제처럼 느껴졌고 그를 큰형이라 부를 정도로 가까워졌다.

다행히 일의 진척이 조금 빨라지긴 했지만 여전히 계획한 일정보다 늦어 차질이 생겼다. 영어를 아주 못하는 편은 아니었지만 통역은 엄청난 스트레스였다. 만약 약속된 지원장비들이 제때 공급되지 않으면, 나를 바라보는 시선이 싸늘했다. 내가 제대로 통역을 못한 탓이라고 여기는 듯했다. 이러한 중압감으로 나는 거의 매일 잠을 설쳤다.

우리 출장자들은 아주 오래된 건물에서 함께 지냈으며 두 명이한 방을 썼다. 어느 날 아침, 내 룸메이트로 아주 친하게 지내던 김성환 해외지원 팀원이 근심스럽게 말했다. "성혁이 형, 어젯밤 잠꼬대를 영어로 한참 동안 하던데요?" 영어로 뭐라 말은 잘하는 것 같은데, 몹시 괴로워 보였다고 했다. 내 머리카락이 급속히 빠지고 있었다. 그곳 사람들은 수돗물에 석회 성분이 많기 때문이라고 했지만 영어 통역으로 인한 스트레스로 머리가 사정없이 빠지고 있는 것 같았다.

어느 주말 세르게이는 나를 자기 집으로 초대했다. 그의 가족들과 저녁 식사를 하며 아름답고 정 많은 러시아 가정을 경험해볼 수 있었다. 그의 아내와 딸이 나를 다정하게 맞아주어 금세 가족처럼 느껴졌다. 세르게이 가족은 장기 체류하는 나를 세심하게 챙겨주며 많은 도움을 주었다.

먼저 내가 러시아 전통 댄스 프리샷카prisyádka를 배우고 싶다고 했더니, 동네 커뮤니티 센터의 주말 댄스 동아리를 소개해주었다. 실제 나는 스쿼트처럼 앉았다 일어섰다를 반복하는 러시아 댄스를 한동안 재미있게 배우러 다녔다. 덕분에 허벅지가 정말 튼튼해졌다. 그리고 내가 테니스를 치고 싶다고 했더니, 세르게이는 실내 테니스장과 같이 운동할 사람도 소개시켜주었다. 알고보니 소개받은 사람은 그 지역 출신으로 은퇴한 러시아 테니스 국가대표 선수였다. 그와 운동하는 한 시간가량 나는 공을 받아넘기려 허겁지겁 뛰어다니기만 했다. 그것도 이제는 평생 잊지 못할 추억으로 남아 있다.

보르네즈 프로젝트는 모두가 한 방향으로 일사분란하게 움직이면서 속도가 빨라졌고, 다행히 당초 일정에 맞춰 VCR 생산장비의 설치를 무사히 마칠 수 있었다. 3개월이라는 장기간의 보르네즈 출장은 자칫 따분하고 지루할 수도 있었다. 처음에 예상했던 대로 편하게 옆에서 구경만 하는 영업사원 역할만 했다면 분명 그랬을 것이다. 하지만 통역을 하며 코피가 터질 정도로 바쁘게 보낸 시간은 내게 그 무엇과도 바꿀 수 없는 소중하고 유익한 경험이었다.

무엇보다도 미지의 세계였던 구소련을 직접 경험했다는 점이 가장 뿌듯했다. 세르게이와 그의 가족을 통해 평범한 러시아 가정을 이해할 수 있었다. 거기에는 어떤 이념도 이데올로기도 없었다. 우리와 마찬가지로 사랑스러운 가족의 삶이 있을 뿐이었다. 러시아 전통 댄스를 배우러 다니며 그 지역 사람들과 어울렸던 경험도 빼놓을 수 없다. 비록 짧은 기간이었지만 내가 그들의 문화와 생활의 일부가 된 느낌이었다.

같은 일을 하더라도 즐기면서 하는 것이 나의 철칙이다. 그러다 보면 이색적인 경험을 통해 나의 인생이 더 풍성해질 수 있다고 믿는다. 한낱 사원에 불과했던 내가 주어진 역할을 피하지 않고 적극적으로 수행하며 다양한 경험을 한 덕분에 조금씩 내공이 쌓이는 것 같았다.

진정성은 소송에서도 통한다

2011년 상반기, 한여름에 아이스크림 팔리듯 미국에서 삼성 TV가 잘 팔리던 시절, 미국에 주재하는 나에게 본사 법무팀의 변호사로부터 연락이 왔다. 미국에서 집단소송이 접수되었는데, 소송을 제기한 측에서 LCD 패널 공급자들의 가격 담합으로 LCD TV 완제품 판매가격이 높아져 소비자들이 피해를 입었다고 주장한다는 내용이었다. 그러면서 내 의견을 물었다. 나는 TV 완제품 공급자들의 가격 담합은 불가능하고 유지될 수도 없다고 간략하게 답변했다.

변호사는 이번 집단소송의 대상은 LCD 패널을 공급하는 대부분의 업체이고 삼성도 포함되어 있다고 했다. 그래서 삼성도 어쩌면 미국 법정에서 증언을 해야 할 수도 있다고 말했다. 그는 미국 법원에 삼성 측 증언자를 사전 제시하고 승인을 받아야 하는데, 나를 추천해도 괜찮을지 물었다. 내가 미국 현지에서 TV를 판매하는 주재원이어서 쉽게 수용될 것 같다고 덧붙였다. 회사를 대변하는 일인만큼 나는 그의 제안을 기꺼이 허락했다. TV 완제품 가격 담합은 불가능하다는 점을 명확히 설명해줄 수 있을 것이라고 확신했다.

몇 주 후, 샌프란시스코로 가 본사 담당자와 이번 사건을 담당하게 된 미국 로펌의 변호사를 만났다. 그들은 내일 원고 측 변호사들이 나에게 무작위 질문을 하게 될 텐데, 당황하지 말고 침착하고 솔직하게 아는 대로만 답변하면 모든 게 잘될 거라고 말했다. 미국 법정 증언의 경험이 없는 나를 안심시키려고 한 말이었다. 하지만 어떤 질문이 있을지도 모른다니 사실 좀 긴장됐다.

다음날 증언 장소에 들어서니 이미 원고 측 변호사 몇 명이 앉아 있었다. 나는 피고 측 자리로 안내되었다. 원고 측 대리인이 계속 들어오더니 거의 스무 명 정도가 되었다. 그런데 우리 측 변호사들은 내 옆에 가까이 오지 않았다. 알고 보니 이들은 멀리 떨어진 좌석에서 참관만 할 수 있다고 했다. 나 홀로 건너편에 있는 벌떼 같은 변호사 무리의 질문에 응대해야 했다. 시작과 함께 한국어 통역사도 배치해두었다고 알려주었다. 하지만 통역사를 이용하면 혹시라도 무언가 숨기려 든다는 의심을 받을까 걱정되어 나는 3시간 증언하는 동안 통역사를 한 번도 활용하지 않았다.

나의 소개를 마치자마자 질문이 시작되었다. 나는 경험에 기초해서 성심성의껏 답변했다. "삼성은 서로 다른 많은 소매 유통업체들과 매주 TV 판촉 계획을 협의합니다. 그러나 소비자가 브랜드, 성능, 판매가격 등을 보고 최종적으로 TV 구매를 결정합니다. 즉, 소비자가 최종 판매가격을 결정하게 되는 것입니다. TV 공급사들은 경쟁사보다 더 많이 팔기 위해 매주 또는 매일 치열한 눈치싸움을 벌입니다. 따라서 판매가격과 시장점유율이 수시로 달라질 수밖에 없습니다. 결과적으로 가격 담합은 불가능하며 유지할 수도 없습니다."

나는 그 점을 구체적인 사례를 들어가며 설명했다. 그리고 시장조사 기관의 미국 TV 시장 보고서도 보여주었다. 지난 3년간 미국 TV 판매가격과 시장점유율을 분석한 자료였다. 모든 TV 브랜드의 판매가격은 아무런 관련 없이 매주 제각기 다른 방향으로 변동되었고 시장점유율도 매주 뒤바뀌는 것이 잘 나타나 있었다. 시장의 역동성이 잘 보여졌고, 가격 담합이 없었다는 것을 쉽게 증명할 수 있는 자료였다. 원고 측 변호사는 내가 행여 실수라도 하기를 바라는 듯 유사한 질문들을 계속 이어갔다. 나는 20여 년 동안의 영업 경험으로 누적된 여러 가지 다른 사례를 들어가며 성실히 답변했다.

원고 측 변호사들은 정말 많이 준비한 것 같았다. 그들은 내가 지난 5~6년간 거래선들과 만나 식사한 수많은 영수증을 가져와 큰 스크린에 띄웠다. 전혀 예상치 못한 상황이었다. 그들은 내가 사용한 경비가 TV 패널 가격 담합에 연루되었을 가능성을 의심하는 것 같았다. 영수증에는 언제 누구와 식사를 했는지가 표기되어 있었다. 나는 머리를 쥐어짜내며 누구와 무슨 일로 식사했는지 성실히 답변했다. 긴장해서인지 다행스럽게도 오래된 일들도 또렷이 기억이 되살아났다. 그런데 하나의 영수증이 스크린에 올라왔을 때, 나의 얼굴이 뜨거워졌다. 그것은 약 5년 전 후터스Hooters 라는 식당에서 끊은 영수증이었다. 당시 나는 처음으로 후터스 식당에 가보았는데, 핫팬츠를 입고 음식을 서빙하는 여성들의 모습에 상당히 민망해 했던 기억이 생생히 되살아났다. 나는 그날 거래선 누군가의 생일이었는데, 생일 당사자가 평소에 잘 가보지 않은 새로운 곳에 가자고 해서 그곳에서 식사를 하게 되었다고 설명했다.

바로 이 대목에서 원고 측 변호사들이 모두 웃음을 터뜨렸다는데 나는 그 사실을 나중에야 우리 측 변호사로부터 전해들었다. 정말이지 나는 진땀을 흘리면서 답변하느라 그들이 웃는 모습도 보지 못했다. 우리 측 변호사의 해석에 따르면, 사실 후터스는 못 갈 곳은 아니지만, 내가 당황하고 민망해 하는 표정과 그럼에도 불구하고 성실히 답변하는 모습을 보면서 상대방이 나의 진정성을 느끼게 된 것 같다고 했다. 오히려 그런 모습이 순수한 캐릭터로 받아들여져 이번 증언이 성공적으로 마무리될 것 같다는 느낌을 받았던 얘기였다. 질문과 증언은 그 이후에도 30분 이상 계속되었다.

나는 증언을 통해 TV 완제품 가격 담합은 불가능하다는 것을 설명했고, 더 이상 나를 찾는 일도 없었다. 나는 법정 증언이 이렇게 긴장되고 힘든 것인 줄 몰랐다. 만약 또다시 진실을 밝혀야 하는 증언이 필요하다면, 이제는 더 이상 두려워하지 않고 기꺼이 할 수 있을 것 같다. 그 경험을 통해 아무리 예상치 못한 당황스러운 상황이 닥치더라도 사실을 기반으로 침착하게 대응하면 진정성과 진실은 승리할 수 있다는 자신감을 얻었다.

새로운 도전은
자산이 된다

삼성의 첫 LCD 모니터를 들고
월가와 해군으로 진출하다

1997년 9월 어느 날, 나는 뉴욕 월가의 한 대형 금융사 회의실에 앉아서 미팅이 시작되기를 기다렸다. 과거 MBA 공부를 하던 시절에 현장학습으로 맨해튼의 뉴욕증권거래소를 견학한 적은 있었지만, 미팅을 하기 위해 월가의 건물 안에 들어간 것은 처음이었다.

일행도 나와 비슷한 처지였던 것 같았다. 이날 미팅에 참석하게 된 한 동료는 신기한 듯 고층 건물을 쳐다보고 있는 우리가 "시골에서 처음으로 도시에 온 '시골쥐' 같다"고 말했다. 우리 일행은 모두 멋쩍게 웃었다. JP 모건·모건 스탠리·골드만삭스와 같은 최고 금융회사의 사무실은 정말 근사했다. 잠시 후 최고정보관리책임자CIO, Chief Information Officer 와 함께 미팅에 들어온 참석자들은 하나같이 근사한 정장차림이었다. 매우 고급스럽고 품격 있어 보였다.

당시 일본 업체들은 14인치 LCD 모니터를 세계 최초로 출시하며 모니터 시장을 완전히 석권하고 있었다. 반면 삼성은 LCD 모니터 사업에 이제 막 진출하려던 참이었다. 삼성은 LCD 후발 주자로서 뒤처진 기술력을 극복하고 시장의 리더십을 확보하기 위해 처음부터 15인치 개발에 초점을 맞췄다. 쉽진 않았지만 이는 15인치의 주도권을 확보하기 위한 전략이었다. 이런 노력의 결실로 삼성은 1997년 세계 최초로 15인치 LCD 모니터를 출시하며 기술력을 인정받게 됐다.

제일 처음 제작된 15인치 LCD 모니터 샘플을 받자마자 나는 곧바로 뉴욕으로 출장을 떠났고, 이날 난생처음으로 월가의 대형 금융사들과 미팅을 하게 된 것이다.

대형 금융사의 CIO가 오늘과 같은 미팅에 직접 참여하는 것은 극히 드문 일이라고 했다. 당시 15인치 LCD 모니터 가격이 3천 달러 수준으로 100대만 구매해도 30만 달러를 넘는 대형 B2B거래가 되기 때문에 직접 참석한 것이라고 했다.

매우 긴장된 자리였지만 같이 출장 간 삼성 개발자와 호흡을 맞추며 최선을 다해 제품 소개와 시연을 진행하고 CIO와 구매팀원들의 질문에 답변했다. 다행히 우리가 새로 개발한 15인치 LCD 모니터를 수백 대 구매할 계획이 있다는 좋은 반응을 얻었다. CIO는 추가로 자신들의 사용환경을 설명하면서 그들에게 필요한 사양을 차기 모델에 포함시켜줄 수 있는지 제안했다. 대부분 수용이 가능한 것들이었다. 이들과 미팅을 하면서 삼성이 B2B 비즈니스도 직접 진행하면 시장의 흐름도 이해할 수 있고 큰 거래도 가능함을 알게 됐다.

월가에서의 미팅 다음날엔 워싱턴 DC로 가 미 해군과 미팅을 했다. 해군 제복을 입은 10여 명의 참석자 중에는 고위급 장교도 있었다. 이들의 설명에 따르면 해군은 많은 잠수함을 전 세계로 이동시키는데 이때 북반구와 남반구를 넘나들게 된다고 한다. 잠수함이 남반구에 내려가면 일명 '브라운관'이라고 불리는 아날로그 CRT 모니터가 지자계의 영향을 받아 화면 왜곡이 심하게 나타난다고 지적했다. 반면 디지털 LCD 모니터는 지자계의 영향을 받지 않기에 군사작전상 꼭 필요하다고 설명했다. 그러면서 잠수함의 공간에 맞추자면 17인치나 18인치의 대형 LCD 모니터가 절실하다고 덧붙였다. 삼성이 만들 수만 있다면 가격이 얼마든지 간에 대량을 구매할 의사가 있다고 했다. 이 미팅을 통해 삼성이 B2G Business to Government, 기업과 정부 간의 거래 사업도 직접 진행할 수 있다는 것을 처음으로 경험했다.

출장에서 돌아오자마자 미국에서 파악한 시장 정보를 본사의 핵심 부서에 공유했다. 금융사에서 실제로 사용하는 직원들이 요청한 기능에 대한 배경을 설명해주었다. 특히 대형 사이즈의 LCD 패널은 개발만 된다면 고가일지라도 시장의 수요가 충분하므로 서둘러 대형 패널 개발에 박차를 가할 것을 강조했다. 이와 같은 정보는 제품 개발의 방향을 잡는 데 큰 도움이 됐다. 이후 삼성은 17인치와 18인치의 대형 LCD 모니터를 세계 최초로 출시했고, 그 결과 세계 LCD 시장에서 주도권을 확보할 수 있게 됐다.

당시 과장이었던 나는 세계 최초로 개발된 15인치 LCD 모니터를 들고 미국의 월가 금융맨들과 해군 장교를 만나는 과정에서 매우 중요한 교훈 한 가지를 얻었다. 신규 사업일수록 영업의 역할이 특히 중요하다는 점이다. 기존에 없던 새로운 제품을 만드는 데에는 개발의 역할이 가장 중요하다. 그러나 개발에 성공했다고 하더라도 그 제품이 시장에서 성공할지 여부는 여전히 미지수다. 초기의 판매 불확실성을 해소하기 위해서는 영업이 시장의 반응을 시의적절하게 공유하는 것이 중요하다. 영업이 주요 고객들과 직접 미팅을 하고 그들의 의견을 정확히 공유해줄 수 있을 때, 개발과 관련 팀들은 영업팀을 믿고 최상의 팀워크로 함께 성과를 이루어낼 수 있다.

무에서 유를 창조하는 글로벌 공급계약

1998년 7월 삼성전자는 세계적인 통신사 로이터의 본사가 있는 스위스 제네바에서 로이터 통신 사무실에 사용할 3만 대 규모의 LCD 모니터를 공급하는 계약을 체결했다.

언론은 이에 대해 "세계적인 통신사 로이터와의 계약은 삼성 브랜드에 날개를 달아주었다"고 보도했다. 삼성 모니터는 이전까지는 주로 외국 IT회사의 이름을 붙여 공급했지만, 이번 로이터와의 계약에서는 삼성이라는 이름을 당당히 걸고 공급하게 된 것이다. 이는 삼성 LCD 모니터가 최고급 브랜드의 대열에 올라서는 계기가 됐다.

이 글로벌 계약은 연초에 로이터 통신의 본사로부터 받은 이메일 한 통에서 시작됐다. 전 세계에 흩어져 있는 로이터 통신 사무소에서 사용할 LCD 모니터를 대량 구매할 의사가 있다는 내용의 이메일이었다. 로이터와 같은 글로벌 대기업이 삼성에 직접 연락해서 자신들이 사용할 목적으로 모니터 구매를 제안해온 것은 이번이 처음이었다.

초기의 삼성 모니터는 주로 OEM 공급방식을 통하여 IBM이나 HP 등 이름난 IT 업체들의 브랜드로 공급해왔다. 그러다보니 대형 B2B 거래도 이들의 브랜드로 성사되는 경우가 대부분이었다. 비록 삼성 모니터의 기술력과 판매량이 많이 올라갔지만, 당시만 해도 시장에서 삼성 자체 브랜드가 제대로 인정받지 못하고 있었다. 나는 로이터와의 거래는 삼성 브랜드의 위상을 높일 수 있는 절호의 기회라고 생각했기에 글로벌 계약을 기필코 성사시키고 싶었다. 한번 협상해볼 만하다고 생각한 나는 일단 로이터에 전화부터 걸었다.

전화를 받은 마르셀은 지난 30년 동안 로이터 통신 스위스 본사에서 구매를 담당하고 있다고 자신을 소개했다. 그는 처음에 삼성 해외 법인들에 연락했으나 그들은 자신들이 담당하는 특정 국가의 판매와 서비스만 제공하고 있기 때문에 글로벌 계약은 할 수 없다는 답변을 들었다고 했다. 그래서 여러 경로를 통해 한국 본사에 있는 나에게 이메일을 보내게 됐다고 설명했다.

그러면서 마르셀은 구체적인 요구사항을 말했다. "썽, 삼성 LCD 모니터의 제품력은 믿지만, 중요한 점은 전 세계에 흩어져 있는 로이터 주요 15개국의 사무소로 모니터를 각각 공급하고 지역별로 애프터서비스를 제공하는 것입니다."

첫 통화에서 솔직하고 직설적이면서도 상대방을 존중하는 마르셀의 태도에 좋은 인상을 받았다. 그 이후로 우리는 거의 매주 이메일과 전화로 연락을 주고받으며 주요 거래조건과 쟁점사항들을 협의했다. 나도 이러한 글로벌 B2B 거래는 처음 겪는 일이라 여러 곳에 문의하며 알아보았지만 도움을 얻을 만한 사례는 찾기 힘들었다. 지금처럼 빠른 글로벌 공급망과 촘촘한 서비스망을 가지고 있지 않았던 당시로서는 어려운 과제였다. 처음부터 새롭게 만들자는 마음 자세로 출발할 수밖에 없었다.

삼성 해외 법인들은 국가별로 운영되고 있다. 이들을 하나로 묶어 글로벌 계약과 통일된 거래조건을 만들어낼 수 있어야 하는데 그렇게 해본 경험이 없었다. 세계 주요 국가에 진출해 있는 삼성 해외 판매법인과 서비스망에 직접 연락해보았다. 모두 흔쾌히 도와주겠다고 했다. 이들을 잘 엮어서 본사에서 조정만 해주면 공급과 서비스 문제는 해결될 것 같았다. 다만 남은 과제는 삼성과 로이터가 만족할 수 있는 글로벌 거래조건을 만드는 것이었다.

협상이 어느 정도 진척되자 마르셀과 로이터 글로벌 구매팀이 한국을 방문했다. 나는 공항으로 마중 나간 것은 물론이고, 호텔 도착 후에는 저녁 식사에도 초대했다. 마르셀은 한국 방문이 처음이고 삼성과의 미팅도 처음이라고 했다. 그는 내친김에 아예 이번에 최초의 합의안을 만들어보자며 나에게 건배를 제의했다.

식사 후에는 마르셀과 따로 만나 그동안 협의해오던 주요 쟁점들을 정리하며 내일 미팅의 어젠다를 같이 살펴보았다. 글로벌 계약 체결이라는 분명한 미팅 목적에 맞추어 쟁점 안건별로 최종 결론을 낼 수 있도록 어젠다를 수정했다. 이 과정을 통해 미팅의 목적과 상대방의 필요를 생각하며 효율적인 미팅 어젠다를 작성해가는 기술을 배울 수 있었다. 마르셀에게서 30년 이상 구매를 해온 노련한 협상가의 면모가 느껴졌다.

다음날 우리는 로이터 통신사가 진출해 있는 여러 주요 국가별로 공급가격, 물동의 흐름, 납기 조건, 애프터서비스 등 핵심 항목들을 협의하고 합의안을 도출할 수 있었다. 이번 미팅을 통해 나와 마르셀의 신뢰관계는 더욱 깊어졌다. 서로가 처음 해보는 글로벌 공급 계약이다 보니 그 이후로도 많은 어려움이 발생했다. 그러나 초기에 형성된 서로에 대한 신뢰 덕분에 투명한 자세로 때로는 서로 조금씩 양보하며 난관을 헤쳐나갈 수 있었다.

최종 계약은 로이터 본사가 있는 스위스 제네바에서 진행됐다. 최종 계약을 체결한 후, 마르셀은 우리 일행을 알프스산 중턱의 한 식당으로 초대했다. 손을 뻗으면 잡힐 듯 밤하늘에 뿌려진 별들을 감상하며 나는 태어나서 처음으로 퐁듀라는 낯선 음식을 먹어보았다.

처음은 늘 낯설다. 글로벌 공급계약도 거의 무에서 유를 창조하는 것이기에 그만큼 어려움이 많았다. 그러나 거래선과의 신뢰관계가 난관 극복의 큰 밑거름이 되었다. 나는 삼성의 기라성 같은 선배들로부터도 많이 배웠지만, 마르셀을 통해 거래선의 입장에서 전략적 파트너십을 만들어가는 과정에 눈뜰 수 있었다. 이때 배운 교훈은 나에게 소중한 자산이 되어 훗날 내가 더 큰 책임을 지고 글로벌 사업을 이끌어나가는 데 많은 도움을 주었다.

모든 만남에서 신뢰를 쌓는다

로이터 통신이 한국에 처음 출장 왔을 때, 나와 마르셀은 미팅 이외의 시간도 대부분 함께했다. 미팅을 마친 우리는 저녁 식사 전에 시간이 조금 남아 이태원으로 쇼핑을 갔다. 마르셀은 아내와 아들에게 줄 선물을 사고 싶다고 했다. 내가 같이 다니며 가게도 소개해주고 가격 흥정도 도와주었다. 그는 내가 동행해준 것에 정말 고마워하며 몇 번씩이나 감사 인사를 했다. 이처럼 공식적인 미팅 외의 상황에서 인간관계가 더욱 돈독해지는 것을 확인했다.

저녁 식사로는 주로 한식을 대접했는데 마르셀은 처음 먹어보는 갈비를 특히 좋아했다. 내가 갈비와 생마늘을 쌈장과 함께 쌈에 싸서 먹는 방법을 소개해주었더니 그는 입맛에 맞았는지 정말 맛있게 먹었다. 마지막 날 아침에 최종 정리 미팅을 하고 점심은 호텔에서 간단히 서양식으로 먹고 공항으로 가는 일정이었다. 그런데 마르셀이 점심도 가능하면 한식 갈비를 먹고 싶다고 했다. 비행기 시간을 확인해보니 그의 작은 소원을 들어줄 수 있을 듯했다. 그는 공항 가는 길에 또 한 번 갈비집에 들러 맛있게 K-푸드를 먹고 떠났다.

다음날 마르셀은 무사히 스위스에 도착했음을 알리는 전화 통화에서 배꼽 잡는 일화를 전해주었다. 그는 점심 식사 후 곧바로 비행기에 탑승했는데, 자기 입에서 지독한 마늘 냄새가 나는 바람에 승무원들에게 말을 할 때마다 계속 "익스큐즈미excuse me"라고 양해를 구해야 했다고 했다. 그뿐만이 아니다. 스위스에 도착하자마자 참석한 로이터 통신 본사 경영진 회의에서도 민망함을 벗어날 수 없었다고 한다. 회의에서 자신이 발표할 때 옆자리에 앉아 있던 경영진들의 표정이 일그러졌던 것이다.

그중 압권은 집에 돌아갔을 때 보였던 아내의 반응이었다. 오랜만에 대화를 나누던 중에 아내는 마르셀에게 도대체 뭘 먹었냐며 곁에 오지 않으려고 했다는 것이다. 어느 나라 남자건 가장 솔직한 피드백은 아내에게서 오는 것 같다. 이렇게 난감한 일을 겪었지만 마르셀은 한국을 또 방문하게 되면 생마늘에 갈비를 먹겠다고 했다.

언젠가 스위스를 방문할 기회가 있다면, 마르셀을 꼭 다시 만나보고 싶다. 알프스의 별을 배경 삼아 함께 퐁듀를 먹었던 추억이 그리워서이기도 하지만, 거래선과의 미팅에서 상대방을 존중하고 배려하는 그의 모습을 통해 큰 가르침을 얻는 것에 감사 인사를 전하고 싶기 때문이다.

막막해도 일단 해보면 경험 자산이 된다

"우선 미국에 출장 가서 컴퓨터 서비스망을 조직하고, 이어서 유럽 등 다른 지역으로 서비스망을 확대해보세요"라는 부서장의 지시를 받자마자 처음 머릿속에 떠오는 감정은 막막함이었다. 난생처음 해보는 업무였기 때문이다.

미래 사업으로 컴퓨터 사업부가 1989년에 출범됐다. 당시는 공대생들도 개인용 컴퓨터인 PC를 구경해보기 힘들던 시절이었지만, 유럽 수출부로 전배됐던 나는 매일 최신형 PC를 끼고 일할 수 있었다. 거래선과 미팅을 위해 난생처음 해외 출장도 몇 차례 다녀왔다.

30여 년 전, 컴퓨터 수출팀 구성은 정말 화려했다. 당시로서는 PC가 최첨단 제품이었기 때문에 해외에서 우수하고 경험 많은 경력자들이 다수 채용됐다. 하버드와 MIT 등 유명 대학 출신들도 여럿 포진해 있어 웬만한 경영대학교 교수진에 못지않았다.

그러나 신규 사업이 제대로 자리를 잡고 궤도에 오르려면 꽤 오랜 시간이 필요하다. 한동안 매출은 기대에 미치기도 어렵다. 컴퓨터도 초기에 많은 도전이 있었고 그때마다 '안 되면 되게 하라'는 정신으로 정면 돌파를 시도했다. 외부 컨설팅도 받아보고 해외 주요 경쟁사들을 벤치마킹 했다. 해외 판매가 성장하기 위해서는 소비자들을 안심시킬 수 있는 서비스망 구축이 필요하다는 점이 해결안으로 제시됐다.

초기 판매 규모가 작아 해외 서비스망에 대한 투자를 망설이고 있었으나, 더 이상 미룰 수는 없게 됐다. 해외 서비스망 조직을 위한 태스크포스가 구성됐다. 관련 부서에서 필요 인력들을 모았고 수출부에서는 나와 함께 몇 명이 차출되어 1년간 함께 근무했다.

막막해 보였던 해외 컴퓨터 서비스망을 구축하기 위해 나는 일단 미국으로 출장을 떠났다. 직접 몸으로 부딪혀서 찾다보면 길은 찾아진다. 삼성 미국 법인 선배들의 협조로 기존 TV 서비스업자들을 활용하여 각 지역별로 새로운 컴퓨터 서비스 네크워크를 구축했다. 이들과 계약을 체결하고 시행착오를 겪으며 운영이 안정화될 수 있도록 함께 노력했다. 이처럼 서비스망을 만들어 실제로 운영까지 해보는 것은 완전히 새로운 배움이었다.

전문 서비스센터의 역할은 소비자들이 평가하는 삼성 브랜드 가치에 큰 영향을 미친다. 그만큼 믿을 수 있고 실력 있는 좋은 파트너들을 찾는 것이 중요했지만 이들을 발굴해내는 것은 쉽지 않았다.

컴퓨터 사업의 초기에는 매출이 그지 않다 보니 기본적인 서비스 비용이 큰 부담이 될 수밖에 없었다. 이에 비용을 효과적으로 관리하는 시스템을 새롭게 갖추었다. 이런 과정을 거치며 나는 해외 서비스를 좀 더 구체적으로 이해할 수 있었다. 처음에는 막막해 보이던 도전을 마다하지 않고 일단 받아들이고 부딪히다 보니 훗날 나에게 중요한 배움의 기회가 됐던 것이다.

경영의 핵심은 인재 키우기

삼성전자 신입사원으로 시작해 대리를 거쳐 과장이 되기까지 10년이 걸렸다. 나는 신규 사업부 수출부에 배정되었는데, 매년 새로운 업무가 주어져 부서명이 바뀌다 보니 수시로 새 명함을 받았다. 다양한 업무를 경험하며 실전을 통한 맹훈련을 받았던 시기였다.

수출 영업을 했던 나는 유럽, 미국, 동남아 등 해외로 자주 출장을 다녔다. 해외 거래선을 만나 신제품을 소개하고 판매를 위한 상담을 진행한 후 주문까지 받은 날은 뿌듯함으로 가슴이 벅찼다. 그런 성과를 품에 안고 돌아오는 비행기 안에서 느꼈던 신나고 짜릿한 기분은 그 무엇과도 바꾸기 힘들다. 정말이지 일하는 재미에 푹 빠져서 사원 시절을 보냈다. 훌륭한 선배들의 가르침으로 나는 해외 영업의 기본기를 하나씩 다져나갔다.

삼성이 초일류가 된 중심에는 인재 제일의 삼성 경영철학이 있었다. 나는 그것이 가장 중요한 핵심요소 중 하나라고 생각한다. 한 달간 실시되는 신입사원 그룹 입문교육은 내가 태어나 받아본 교육 중 최고였다. 인재 제일의 삼성 경영철학을 제대로 파악하는 데 그 교육만한 것이 없다고 생각할 정도였다. 가까운 친구 하나는 그룹 입문교육을 받으면서 삼성 가족이 된 것에 큰 자부심을 갖게 됐다고 했다. 심지어 자기 피가 삼성 컬러인 파란색으로 거의 바뀐 것 같다 며 웃었다.

그 외에도 삼성에서는 다양한 교육 기회가 주어진다. 글로벌 감 각을 갖추어 변화의 주역이 될 수 있도록 잠재성 있는 직원들을 해 외로 보냈다. 1년간 특정 국가에 파견해 그 나라의 문화와 언어를 배 우도록 하는 지역전문가 제도가 바로 그것이다. 2년간의 해외 MBA 과정 역시 국제 경영감각을 익혀 향후 글로벌 초일류 삼성을 만드는 데 기여했다. 나도 미국에서 2년간 MBA 과정을 밟을 기회를 얻었 다. 업무에 대한 부담 없이 공부에 집중했고 영어에 대한 자신감도 생겼다. 그리고 학내 클럽활동과 친밀한 교류로 미국인들의 일상생 활과 문화도 꽤 알게 됐다. 다양한 훈련을 받으며 축적한 경험은 훗 날 해외에서 주재할 때 큰 도움이 됐다.

LCD 사업이 본격화 단계에 접어들자, 최지성 디스플레이 사업 부장은 처음으로 제품관리PM, product management팀을 만들라고 지시 했다. PM은 LCD 모니터 제품의 초기 상품 기획부터 개발·구매·생 산·판매·서비스와 손익 등 전 과정을 종합적으로 책임지고 관리했다. 하나의 업무에만 국한된 역할이 아니라 전체를 아우르며 부서와 부서 간의 장벽을 허물고 협력과 소통을 책임지고 풀어나가야 했다. PM이 되어 다양한 업무를 하다 보니 제품이라는 나무 외에도 사업이라는 숲까지 보게 되어 사업 전반에 걸쳐 제대로 훈련을 받을 수 있게 됐다.

1998년 사업부장의 지시로 삼성은 새로운 글로벌 공급망 관리SCM, Supply Chain Management 시스템을 구축하기 시작했다. 그 결과 고객으로부터의 수요 예측을 기반으로 삼성이 납기 약속을 지키기 위해 구매·생산·배송 전체를 통합된 하나의 프로세스로 만들고 모두가 한눈에 볼 수 있도록 했다. 나는 1년간 파워 유저로 공급망 관리 시스템 구축에 참여하며 그것을 제대로 배울 수 있었다. 내가 주재할 때, 거래선들이 가장 고마워한 것이 삼성의 효율적인 공급망 관리였다. 그들의 재고는 줄여주면서도 정확히 납기 약속을 잘 지켜 판매가 올라갔기 때문이다. 덕분에 삼성이 소니와 애플을 꺾을 수 있었으며 삼성전자가 글로벌 초일류가 되는 데도 크게 기여했다.

리더는 타고나는 것이
아니라 만들어진다

꼰대가 아닌 '리더'가 되기 위해

다행히 실적과 운이 따라주어 나는 대기업의 별이라는 임원도
되고 해외 영업의 꽃이라는 지역총괄도 맡을 수 있었다. 승진을 할
수록 업무의 강도가 높아지고 더 넓은 지역을 책임지게 되는 것은
당연하지만 해외에서 큰 조직을 관리한다는 것은 그리 간단치 않다.
언어뿐만 아니라 문화·역사적인 차이를 이해하고, 주어진 상황에 항
상 정확하고 신속하게 대응해야만 한다.

삼성은 훌륭한 리더를 만들기 위해 임원들에게 다양한 교육과
훈련의 기회를 제공한다. 좋은 리더가 되느냐 그렇지 못하느냐는

이런 기회들을 얼마나 잘 소화하고 활용하느냐에 달려 있다. 그런 의미에서 나에게 살이 되고 피가 되었던 두 가지 임원 코칭 프로그램은 지금도 잊지 못한다.

"썽Sung, 어떤 마음으로 임원 코칭 프로그램에 자원했어요? 그동안 내가 만나본 대부분의 한국 임원들은 임원 코칭을 받으라고 하면 '내가 뭘 잘못한 게 있냐'고 항변하며 거부하는데, 당신은 왜 자원했는지 궁금합니다."

2014년 미국 주재 중에 처음 만나게 된 이그제큐티브(임원) 코칭 전문가이자 멘토인 버타 뱅크스Berta Banks가 던진 질문이었다. 그러면서 적극적으로 배워보려는 나의 자세가 마음에 든다고도 했다.

"버타, 내가 임원이 되고 직위가 점점 높아지면서 부서원들과 미팅을 할 때 반대 의견이 점점 줄어드는 것이 느껴집니다. 이런 게 좋은 징조는 아니라는 것은 알겠는데 내가 무엇을 잘못하고 있는지, 어떻게 고쳐야 할지 모르겠어요. 임원 코칭 프로그램이 어떤 것인지 전혀 모르지만, 도움을 받을 수 있을 것이란 막연한 희망으로 신청했습니다."

임원이 되고 난 후 나에 대한 객관적인 평가를 받아보고 싶었다. 나는 하나라도 더 가르쳐주고 도와주고 싶은 마음이지만, 부서원들에게는 이런 나의 태도가 더욱 부담으로 느껴지고 요즘 말로 '꼰대'처럼 보이지는 않을까 걱정스럽기도 했다.

5개월간 이어진 코칭 프로그램은 나를 돌아보게 하는 계기가 되었다. 버타는 내 주위의 많은 사람들과 상담하고 이를 여러 다른 기법으로 분석했다. 나의 장점과 개선점에 대해 토의하며 내가 좀 더 나은 리더가 될 수 있도록 도움을 주었다. 예를 들어 버타는 많은 거래선이 나를 최고의 파트너로 평가한다고 했다. 그러면서 내가 어떻게 거래선을 상대하는지 질문했다. 나는 미팅을 하기 전에, 거래선이 원하는 것이 무엇인지를 미리 파악하고 우리가 무엇을 해줄 수 있는지를 철저히 준비해서 생산적이고 효율적인 미팅을 한다고 답변했다. 그리고 그 이전의 미팅에서 약속한 내용이 있다면 이것의 진행 현황도 간단히 정리해서 공유한다고 답했다.

버타는 내가 외부 거래선과 미팅을 준비하는 방식을 내부 직원들과 만날 때도 그대로 적용하면, 절대 꼰대 소리는 듣지 않을 수 있다고 했다. 내 안에 해결책이 있었던 것이다. 생각할수록 정말 똑 부러지는 지적이었다.

사람은 변하기 힘들다고 하지만, 자신에게 보완이 필요한 부분이 무엇인지 자각하고 전문가의 도움을 받아 개선하려 노력하다 보면 최소한 습관적인 행태는 고칠 수 있다.

리더십은 자신의 강점을 최대한 발휘해 조직에 영향력을 미치고 성과를 내는 것이다. 그런 리더십에는 편안한 일터가 될 수 있도록 조직 내 소통문화를 정착시키는 능력도 포함된다. 지금도 버타와 가끔 연락하며, 그때의 교훈들을 잊지 않고 실천해보려 노력 중이다.

나를 숨김 없이 보여준 몰래카메라

2016년 한국 본사에서 근무할 때의 일이다. 어느 날, 전 임직원이 매일 아침 시청하는 삼성전자 사내방송 게시판에 올라온 기사가 눈에 확 들어왔다. 리더십 코칭의 일환으로 실시하는 회의문화 개선 코칭 프로그램이었다. 평소 나는 스스로 리더십이 좀 부족하고 회의를 비효율적으로 운영하는 것은 아닐까 걱정이 많았다.

게시물을 보자마자 부족한 점을 채워주고 개선에 도움이 된다면 그보다 더 좋을 수 없겠다 싶어 한순간의 주저함도 없이 프로그램에 즉시 신청했다.

얼마 후 PD로부터 연락이 왔다. 먼저 내가 진행하는 회의를 몰래카메라로 몇 차례 취재하고 이를 토대로 외부 패널들이 효율적인 회의 진행과 리더십 향상을 위해 조언해주는 프로그램이라고 설명했다. 몰카에 잡힌 내용은 사내방송으로 내보내지 않을 것이라고 했다. 내가 매일 주관하는 회의 일정을 알려주었더니 그중에서 두 개 회의를 촬영하겠다고 했다. 원래는 몰카이지만, 언제 찍을 것인지를 미리 알려주었다. 그럼에도 불구하고 나는 카메라를 전혀 의식하지 않고 평상시처럼 회의를 진행했다.

몰카 촬영 2주일 후에 외부 패널들 앞에서 피드백을 받는 날이 됐다. 나는 몰카에 잡힌 내용을 보지 못했고 사전에 어떤 정보도 듣지 못한 채 미팅 장소에 갔다. 참석한 패널들은 이미 여러 차례 삼성 직원들을 상대로 회의문화 코칭을 해본 경험이 있다고 했다.

이전에 코칭 프로그램에 참여했던 사람들은 몰카를 찍을 때 카메라를 의식하며 평소와 전혀 다르게 행동했기 때문에 외부 전문가들이 크게 도움을 줄 수 없었다고 했다. 예를 들어, 임원이 부서 직원들에게 갑자기 존댓말을 쓰는 등 부자연스러운 행동을 하는 것이 눈에 띄었고, 이러다 보니 피드백을 주기가 어려웠다는 것이다.

그런데 카메라 앞에서 전혀 꾸밈없이 행동하는 나를 보고는 특이한 사람이라고 생각했다고 했다. 평소처럼 직원들을 야단치고 혼자만 떠드는 등의 모습을 가감없이 보여준 것에 대해 패널들은 긍정적으로 평가했다.

그만큼 진지하게 개선하려는 의지가 있다고 본 것이다. 그들은 내가 스스로 개선할 수 있도록 최대한 많은 피드백을 통해 내게 맞는 제안을 성의껏 해주기로 의견 일치를 보았다고 했다.

네 명의 패널은 먼저 내가 회의를 주재하는 모습이 녹화된 동영상 중에서 개선해야 할 사항들을 모아놓은 하이라이트 장면을 보여주었다. 모두 문제 있는 장면만 잘라서 모아 보여주니 정말 부끄러워서 나도 모르게 얼굴이 화끈거렸다. 물론 내 말의 전후 상황은 있지만, 패널 앞에서 객관적인 입장이 되어 지켜본 나의 모습은 많은 부분에서 도저히 나라고 생각되지 않았다.

미팅 중에 앉아 있는 자세도 삐딱한 듯 보였고 직원들에게 실수하거나 잘못한 점을 지적할 때도 "왜 이런 것도 모르고 똑같은 실수를 반복하느냐"고 구박하는 모습이 잡혔다. 같은 말이라도 상대방의 마음을 헤아리며 그가 이해할 수 있도록 차근차근 설명하는 것이 아니고 내가 하고 싶은 말만 바쁘게 쏟아놓으며 신중하지 못하게 의사소통하는 모습으로 보였다. 카메라에 비친 나의 모습을 보고는 "와우! 내가 저 정도인 줄 몰랐습니다. 심각한 수준으로 보이는데, 어떻게 고쳐나가야 할지 당혹스럽습니다"라고 솔직하게 털어놓았다.

패널들은 친절하게도 코칭을 받은 다른 사람들도 대부분 나와 비슷했거나 훨씬 심각한 경우도 많았다며 나를 위로해주었다. 20~30년 동안 목표만 보고 달려왔을 테니 이해할 수 있는 현상이라고 했다. 많은 임원이 결과와 효율성에 집중한 나머지 직원들의 감정을 배려하거나 동기부여를 주거나 지혜롭게 의사소통하는 데에는 소홀한 모습을 보인다는 지적이었다.

다행히 나의 경우는 후배들에게 하나라도 더 가르쳐주려는 열정적인 모습이 엿보인 점을 높이 평가했다. 별도의 무기명 설문조사에서도 이런 열정과 진정성에 대해 직원들이 잘 인지하고 존경하는 것으로 파악됐다고 했다. 하지만 지금은 세대가 많이 바뀌었고 신세대들은 우리가 자라올 때와는 전혀 다르다고 보면 된다고 설명했다. 이에 맞추어 리더십과 회의 운영도 이전과는 다르게 접근해야 한다는 조언이었다.

나는 그들의 조언에 전적으로 공감했고 그때 받은 조언을 늘 소중히 간직하며 실천하려고 노력해왔다. 예를 들면 모든 회의는 30분

이내로, 불가피하더라도 최대 한 시간 안에 마칠 것, 회의 중에 나 혼자만 말하지 말고 모두 참여할 수 있도록 유도할 것, 직원의 잘못을 질책할 때는 개인적으로 불러서 할 것 등이었다.

전문가들의 코칭을 받고 난 후, 2주간 해외 출장을 다녀왔다. 출장에서 돌아오자 PD가 나를 찾아왔다. 나의 모습이 담긴 몰래 카메라의 내용이 교육용으로 정말 좋다는 평가에 따라 당초 약속과 달리 사내방송에 방영키로 결정했다고 말했다.

그 말에 몹시 당황한 나는 "나의 부족함을 코칭 받기로만 하고 찍은 건데 아침 사내방송에 내보내면, 내 꼴이 뭐가 되냐"고 항변했다. PD는 그렇지 않다며, 내가 자발적으로 참여하고 개선해나가는 모습이 대단한 용기와 정면돌파로 보일 것이라고 설득했다.

나아가 나보다 더 심한 경우의 사람들에게 긍정적인 영향을 줄 수 있고 이렇게라도 문제를 해결해보려는 접근법을 반기는 후배들도 분명 많을 것이라고 설명했다. 결국 부족하면서도 솔직한 내 모습이 담긴 동영상이 사내방송을 통해 삼성전자의 전체 사원에게 공개되고 말았다.

다행스럽게도 평소 잘 알던 선후배들은 용기가 대단하다며 연락해왔다. 전혀 일면식도 없고 이름도 모르는 직원들에게 많은 격려도 받았고 개선을 위해 노력하는 존경스러운 선배라는 메시지도 받았다. 나는 이때의 교훈을 이후에도 꾸준히 지키고 실천하려고 나름 엄청 노력했다.

하지만 이미 몸에 밴 습관과 행동패턴을 바꾼다는 것은 말처럼 쉬운 일이 아니다. 부단한 자기 반성과 의식적인 노력이 있어야만, 미약하나마 조금씩 개선할 수 있게 되는 것 같다.

2부

미국 주재원으로
글로벌 영업을 깨우치다

영업의 기를
살려주는 조직

후배의 두려움을 떨쳐준 대선배의 한 수

2000년 당시 최지성 디스플레이 사업부장은 IBM의 고위 임원인 케빈과 조찬 미팅이 끝나갈 무렵 나에게 전화를 걸어 조찬 회의장으로 잠시 들어오라고 했다. 내가 들어가자 최 사업부장은 나를 케빈에게 소개했다.

"케빈, 이 친구는 내가 이번에 IBM 담당 주재원으로 보내는 썽 Sung입니다. 만약 당신이 궁금하거나 잘 안 풀리는 것이 있을 때 도움을 요청하면 이 친구가 즉시 해결해줄 겁니다. 그리고 혹시라도 나에게 연락할 일이 있으면 썽에게 알려주세요. 그러면 그가 나에게 즉시 보고할 것이고 내가 신속히 해결해주겠습니다."

그리고 이렇게 덧붙였다.

"케빈, 일주일에 한 번씩 썽을 불러 따로 보고받는 것도 좋을 겁니다. 썽은 삼성 본사에서 IBM 업무도 담당했지만, 오랫동안 LCD 모니터 PM을 했기 때문에, 최근의 LCD 시장과 기술 정보, 삼성과 IBM 간의 공급망 관리 상황도 잘 알고 있어 도움이 될 겁니다."

케빈은 흔쾌히 수락하며 매주 편한 시간에 나를 불러 별도의 단독 미팅을 하겠다고 약속했다.

2000년 4월, 나는 IBM에 모니터를 판매하는 현지 책임자로 주재 발령을 받고, IBM 구매 본부가 있는 미국 노스캐롤라이나 롤리로 곧바로 날아갔다. 내가 도착한 지 이틀째 되는 날 저녁, 최 사업부장이 혼자서 롤리를 방문했다. 그는 당시 주요 거래선들과의 미팅을 위해 미국 출장 중이었는데, 한국으로 귀국하기 전 긴급하게 케빈과 조찬 일정을 추가했다.

당시 나는 과장으로 초임 주재원이었다. 그래서 좀 어리바리한 편이었다. 그런데 최고경영자인 사업부장이 직접 현지로 출장을 와서 나를 IBM 고위 임원에게 소개시키며 나의 존재를 부각시키기 위해 특별히 배려했던 것이다. 삼성의 대선배가 초보 주재원인 영업 후배를 위해 이렇게 사려깊은 지원을 해주리라고는 전혀 예상하지 못했다.

그런데 정말 궁금한 것이 하나 있었다. 케빈이 자리를 뜬 후 사업부장에게 물어보았다.

"케빈은 IBM의 고위 임원인데 제가 단독으로 자주 만나 보고하는 것이 격에 맞는지요? 그리고 IBM도 많은 시장 정보를 가지고 있을 텐데 과장인 제가 아는 사항들이 과연 케빈에게 새로운 내용일지, 정말 도움이 될지 솔직히 걱정됩니다."

그때 사업부장의 친절한 설명은 나의 걱정을 크게 덜어주었다.

"IBM처럼 큰 회사도 공급 관련 업계의 시장 정보는 우리처럼 실시간으로 업데이트받지 못할 것이네. 그리고 자네는 LCD 모니터 PM을 오래했기 때문에 누구보다도 LCD 패널 관련 산업 정보를 많이 알고 있지 않나. 앞으로도 계속해서 본사에서 시장 정보를 보내줄 테니 그걸 받아서 공부하고 주요 사항들을 요약해서 공유해주면 케빈이 아주 좋아할 걸세. 또 자네는 주재원으로서의 경험이 처음이고 IBM은 긴 역사와 경험이 많은 파트너이지만 자네가 IBM 고위 임원을 주기적으로 만나서 보고하게 되면 그 아래 구매 담당자들이 자네를 함부로 대하거나 무시하기 힘들 거야."

마지막으로 "위축되지 말고 자신감을 가지라"는 격려도 잊지 않았다.

바로 다음날부터 나는 IBM 실무진들과 매일 하루에도 두세 번 이상 미팅을 했다. 미팅 안건들은 모니터 공급 상황, 가격 협상, 신제품 개발과 시장 품질 정보 등으로 모두 사전 준비를 철저히 해야 하는 쉽지 않은 것들이었다. 미팅 때마다 IBM에서 나오는 사람들은 부서별로 3~5명 정도였고, 그들은 모두 IBM에서 20년 이상 근무한 베테랑들이었다. 해외 주재가 처음이었던 나는 미팅 때마다 주눅이 들었다. 매일매일이 등에 진땀이 흐르는 숨가쁜 긴장감의 연속이었다. 스트레스 때문이었는지 아까운 머리숱만 눈에 띄게 줄어들었다.

사실, 삼성의 해외 영업은 거래선들과 만나 직접 딜^{deal}을 엮어 나가야 하고 워낙 큰 규모의 비즈니스이다 보니 매일 본사로 변동상황을 보고해야 한다. 따라서 대형 거래선들을 상대하는 주재원의 중압감이 클 수밖에 없다. 사업부장이 나를 거래선의 고위 임원에게 직접 소개한 행동은 당시 나로서는 도저히 예상치 못한 사려 깊고 전략적인 한 수였다. 나는 당시 많이 부족하지만 대선배의 기막힌 한 수에 힘입어 한 걸음씩 앞으로 나아갈 수 있었다.

기술과 판매의 발판을 제공해준 IBM

삼성은 1975년부터 모니터 사업을 시작했다. 당시 후발 주자로서 세계 시장에서 인지도가 거의 없었고 초기 기술력 확보와 판로 개척에 큰 어려움을 겪고 있었다. 따라서 초기의 삼성 모니터는 OEM 공급을 기반으로 하여 기술력을 높이고 마케팅도 배워나갈 수 있는 발판을 만드는 작업이 필요했다. 당시 세계 시장을 주름잡던 IT회사로는 IBM·HP·애플·델 등이 있었다. 즉, 삼성이 생산한 모니터에 이들 회사의 브랜드를 붙여 공급하는 OEM 전략은 불가피한 선택이었다. 그러나 초기에는 이런 전략마저도 진척이 느렸고 많은 어려움을 겪고 있었다.

마침내 1980년대 후반이 되어서야 IBM으로부터 대형 OEM 프로젝트를 확보하면서 돌파구를 마련할 수 있었다. IBM은 기술과 품질관리 등 세계 최고의 엄격한 기준을 적용하는 것으로 유명하다. 때문에 그때까지 시장에서 잘 알려진 일본 업체인 소니와 NEC 등으로부터 모니터를 주로 공급받아오고 있었다. 그런 IBM이 놀랍게도 처음으로 삼성 모니터의 가능성에 모험을 걸어보겠다는 결정을 한 것이다. 삼성의 시급한 과제는 당장 IBM의 눈높이에 맞출 수 있도록 모니터의 기술력과 품질을 끌어올리는 것이었다.

고맙게도 IBM은 자신의 기술자와 전문가 30명 이상을 한 달가량 한국으로 출장 보내 생산기술과 품질관리 기법 등을 상세히 지도해주었다. 이들의 출장비용마저도 IBM이 모두 지불하면서 말이다. 이런 까닭에 삼성 모니터 경영진들에게 IBM은 거의 멘토이자 '큰형님' 같은 존재로 여겨졌다. 초기의 OEM 사업모델을 통해 삼성은 IBM의 선진적인 기술을 습득함과 동시에 매출 확대로 사업의 기반을 확보하게 되었다. 이를 바탕으로 삼성 모니터 자체 브랜드에 투자할 수 있는 경험과 재원도 쌓아나갈 수 있었다.

위기를 직시하면 기회가 찾아온다

1990년대 후반부에 접어들며 HP·델·애플 등 주요 IT 업체들이 더욱 발빠르게 움직이며 시장 경쟁이 심화되었다. 초기 IT업계의 강자였던 IBM도 하루가 다르게 급변하는 경쟁에서 조금이라도 뒤처지면 곧바로 판매부진과 손익압박 등 위기를 맞이하게 되었다. 우리와는 오랜 기간 형제지간처럼 서로 밀어주고 끌어주며 긴밀했던 IBM 모니터도 위기 극복을 위한 자구책을 마련했다.

먼저 스코틀랜드 글래스고에 있던 IBM 모니터 공장은 폐쇄하고 모니터 구매 본부를 미국 노스캐롤라이나 롤리로 옮기도록 결정했다. 그리고 고급 모델은 줄이는 대신 중저가 모니터의 판매 비중을 올리겠다고 했다.

IBM이 기술력보다는 가격 중심으로 운영하게 되면서 공급권 확보를 위해 예측 불허의 초저가를 제안하는 경쟁사들 때문에 삼성의 상황도 매우 위험해졌다. 경우에 따라서는 삼성이 공급자에서 배제될 수도 있는 위험이 커졌다. 당시 삼성 모니터는 기술력과 품질 면에서는 많이 앞서 있었지만, 가격 경쟁력은 중국 후발 업체들의 초저가 공세에 밀리고 있었기 때문이다. 중국 업체들은 낙후된 기술력을 만회하기 위해 때로는 재료비 수준도 안 되는 정말 믿기 어려운 저가 공세를 펼치고 있었다.

IBM 모니터 사업의 주력인 중저가 모델에서 살아남기 위해 삼성은 신속히 가격 경쟁력을 갖추어야 하는 급박한 상황에 처하게 되었다. 내가 IBM 담당 주재원 발령을 받고 롤리로 갔던 때가 바로 삼성이 이런 어려운 국면에 처했던 시기였다.

롤리는 한 번도 가본 적도 없고 연고도 없는 곳이었다. 이 낯선 동네에서 나는 신규 지점을 서둘러 설립해야 했다. 무엇보다도 모니터 중저가 제품군에서 경쟁력을 갖추지 못하면 하반기에는 IBM 거래가 종료될 수도 있다는 압박감 속에서 거의 맨땅에 헤딩하는 심정으로 미국에서 첫 주재원의 발을 내디뎠던 것이다.

나는 현지에서 파악된 문제점을 본사로 보고했다. 본사는 곧바로 모니터 가격 경쟁력 대책 수립에 착수했다. 개발·품질·구매 등 관련 부서들이 밤낮없이 노력하여 3개월 만에 가격 경쟁력을 충분히 갖춘 중저가 모니터 신모델을 출시할 수 있었다. 우리의 대응전략 수립 단계부터 최종 결과가 나올 때까지의 전 과정을 나는 수시로 IBM과 공유했다. IBM도 결과에 크게 만족했다. 삼성의 안정된 기술과 품질, 그리고 가격 경쟁력까지 갖춘 모델을 공급받을 수 있게 되었기 때문이다.

문제해결에 집중하는 세계 1등 조직문화

"썽, 내가 보기에 삼성 모니터 사업부에는 정말 독특한 조직문화가 있는 것 같아." IBM의 모니터 기술자 고든이 말했다.

"삼성 모니터의 가격 경쟁력이 문제가 되었을 때, 최고경영진부터 사원에 이르기까지 모두가 새로운 대책 수립에 집중했지, 누가 잘못했는지는 따지지 않았거든? 그리고 대책을 수립해나가는 과정을 IBM에 투명하게 공유해주는 것은 정말 다른 공급업체들에서 볼 수 없는 모습이야."

곰곰이 생각해보니 고든의 말이 맞는 것 같았다. 삼성 모니터 사업부의 조직문화는 누가 무엇을 잘못했는지 등의 귀책사유와 귀책부서를 찾는 데에는 단 1초도 허비하지 않았다. 어떻게 해결책을 찾을 수 있는가에 주력하는 것이 오랫동안 체질화되어 있었다. 이런 미래지향적 조직문화로 1990년대에 초일류 브랜드가 된 것이다. 세계 1등을 해본 조직은 무언가 다른 조직문화가 있다고들 한다. 삼성 모니터 사업부는 그들만의 독특한 조직문화로 심각한 가격 경쟁력 위기를 극복해냈다.

나는 평소 영업이나 기획과 관련된 업무를 하면서 관련 부서들과 교류하는 업무를 주로 했다. 그런데 주재원은 한국에 있으면서 가끔씩 해외 출장을 나가 거래선과 미팅하는 것과는 완전히 차원이 달라 눈코 뜰 새 없이 바쁘게 하루하루를 보냈다. 새로운 도전에 적응하고 어려움을 돌파해나갈 수 있었던 것은 무엇보다도 세계 1등의 조직문화 덕분이었다고 생각한다.

급변하는 글로벌 시대에 대응하며 삼성전자의 조직문화도 많은 변화를 겪었다. 삼성전자는 사업부도 많지만 그 아래 부서들까지 감안하면 정말 다양성이 클 수밖에 없다.

　내가 직접 겪은 삼성전자의 조직문화는 어떤 업무를 하는 부서이든 저마다 현실을 직시하여 신속하고 투명한 소통으로 문제를 풀어나가려 노력한다는 점이다. 그리고 어느 한 사업부가 세계 1등이 되고 나면, 그들의 DNA를 다른 사업부 혹은 다른 부서로 전파시킬 수 있도록 업무 전배를 수시로 진행하며 시너지 효과를 높였다.

초보의 두려움은
당연한 것,
일단 부딪쳐라

미국인들의 언어장벽을
내가 해결해주다니

IBM 구매팀이 스코틀랜드에서 미국 롤리로 이동하면서 두 지역 사이의 업무 인수인계가 롤리에서 2주간 진행되었다. 주요 공급자인 삼성도 인수인계 미팅에 참여했다. 주로 IBM 스코틀랜드 팀이 현황과 문제점을 소개하고 앞으로 어떻게 진행할지 IBM 롤리 팀에게 설명하는 형식으로 진행되었다. 나는 중간중간 답변도 하고 추가 설명도 하면서 회의에 참여했다.

첫 미팅에서 두어 시간 협의 후 잠시 휴식시간을 가지게 되었다. 스코틀랜드 팀이 잠시 자리를 비우자, IBM 롤리 팀의 스티브가 나에게 다가오더니 황당하다는 표정을 지었다.

"썽, 당신은 저 친구들이 말하는 영어를 어떻게 알아들어요? 나는 무슨 말인지 도통 알아듣지 못하겠는데…."

그는 회의에 참석한 스코틀랜드 사람들의 강한 억양에 무척 당황한 것 같았다. 무슨 말인지 거의 알아듣지 못하니 말도 못하고 아주 갑갑한 상황이었다고 했다.

나는 그의 질문을 매우 의아하게 생각했다. 속으로 '당신은 내 콩글리시도 잘 알아들으면서, 영어를 모국어로 쓰는 스코틀랜드 사람들의 영어를 못 알아듣다니'라고 생각했다.

인수인계를 받고 있던 롤리 팀의 스티브와는 달리, 나는 당시 진행 중이던 IBM의 모니터 사업 현황을 이미 자세히 파악하고 있었다. 따라서 그날 회의시간에 무엇이 논의되는지 이미 반 이상은 알고 있었다. 그리고 그간 스코틀랜드의 IBM에 자주 출장을 갔었기 때문에 그들의 억양에 상당히 익숙해져 있었다.

사실 나는 IBM 사람들과 미팅을 할 때마다 영어에 대한 걱정이 많았다. 미국에서 MBA를 하며 생활한 경험이 있긴 하지만, 미국인들이 듣기에는 어색한 표현을 많이 썼을 것이다. 게다가 IBM에 공급하는 다른 모든 경쟁사들은 미국 현지인을 판매 책임자로 두었고 나만 유일한 한국인이었다.

미국 주재 초기에는 나의 부족한 영어 때문에 혹시라도 소통에 문제가 생길까봐 IBM 사람들에게 양해를 구하곤 했다. 그럴 때마다 그들은 크게 웃고는 스코틀랜드 팀과의 회의를 거론하며 나를 격려해주었다.

"썽, 당신은 초기에 스코틀랜드 억양을 알아듣고 우리를 도와주었어요. 영국 사람들은 영어를 자기네 것이라고 하는데, 썽 당신이 그들이 말하는 영어로 우리를 도와주어서 오히려 우리가 고마워요."

이처럼 미국인들이 대서양 건너편에서 온 스코틀랜드 영어에 언어장벽을 느꼈던 상황이 내가 영어에 대해서 가졌을 두려움과 위축감을 이해하고 풀어주는 계기가 되었다. 미국인들은 상당히 실용적이다. 자기에게 도움이 된다고 판단하고 신뢰가 생기면 마음을 터놓고 농담도 자주 하며 가까운 친구처럼 다가온다.

식당에서 만난 낯선 여자들

2000년 4월, 지점을 설립하기 위해 노스캐롤라이나 롤리에 도착하자마자 당장 사무실이 필요했다. 마침 그 지역에서 이미 사업을 하고 있던 삼성전자 반도체의 사무실 한쪽 구석을 쓸 수 있게 되었다. 그리고 빈 책상 2개를 빌려 나의 첫 미국 주재 업무를 시작했다. 내가 담당해야 할 거래선인 IBM 본부로부터 거리가 다소 멀었지만, 하루도 지체하지 않고 일을 시작해야 했기 때문에 찬밥 더운밥 가릴 신세가 아니었다.

사무실은 빌릴 수 있었으나 없는 경험을 빌릴 도리는 없었다. 처음 지점을 열고 경험이 부족한 상태에서 어렵사리 업무를 처리하느라 거의 매일 밤 10시가 넘어서야 퇴근했다. 매일 변하는 생산물량과 선적 및 도착에 관한 정보를 제공하고, IBM 주문내역을 본사와 소통하는 데 많은 시간이 소요되었다. 게다가 IBM 모니터 구매 실무팀과는 매일 최소 3~4차례 미팅을 했다. 미팅에서 어떤 요구사항이 생기면 삼성 본사와 밤사이 협의하여 다음날까지 해결책을 제시해주어야 했다. 하루하루가 긴박함의 연속이었다.

나의 업무를 도와줄 현지 직원을 채용하는 일이 절실했다. 롤리는 작은 지점이어서 채용을 지원해줄 수 있는 인사 기능이 없었기에 채용도 내가 알아서 진행해야만 했다. 한때 지역 신문에 채용 공고를 내보려고 했으나 신문사와 협의하는 것도 변호사의 자문을 받아야 하는 등 여러모로 쉽지 않았다. 고래 심줄같이 질긴 체력이라고 칭찬받던 나도 점차 지쳐가고 있었지만, 도무지 채용 업무는 어떻게 해야 할지 몰라 차일피일 미루고 있었다. 어느새 3개월이 후딱 지나가버렸다.

그러던 차에 모처럼 같은 사무실을 쓰는 삼성전자 반도체 직원들과 점심 식사를 하러 한국 식당을 갔다. 음식을 주문하고 기다리며 식당을 둘러보니 옆 테이블에서 동양계로 보이는 여성 두 명이 식사를 하고 있었다.

순간 머릿속에 아이디어가 스치고 지나갔다. 그리고 나와 같이 식사하는 반도체 직원들에게 조심스럽게 물어보았다. "혹시 저 여자분들에게 나랑 같이 일할 생각이 있는지 물어볼까?" 그러자 그들은 "식사하는 자리에 불쑥 찾아가 이야기를 꺼내면 실례가 될 수도 있으니 조심스럽게 해야 한다"고 했다. 나는 잠시 망설였지만 "나쁜 뜻이 아니니 한번 물어보고 오겠다"며 이내 자리에서 일어났다. 나와 함께 온 미국인 친구들의 얼굴에는 걱정스러운 표정이 떠올랐다.

다행스럽게도 두 여자는 불편한 기색 없이 나와 짧은 대화를 나누었다. 간단히 내 소개를 하고 명함을 주며 자초지종을 설명했다. 삼성 지점을 설립했는데 같이 일할 사람을 3개월째 찾고 있으며, 주위에 괜찮은 사람이 있으면 추천해달라고 부탁했다. 그들은 한국말은 전혀 하지 못하는 한국계 미국인들이었다. 내 명함을 보면서 생각해보고 나중에 연락을 주겠다고 했다.

테이블로 돌아오자 친구들은 안도의 표정을 지었다. "썽, 너의 진실된 모습을 보고 저 사람들이 아마도 도와줄 것 같다"고 했다.

다음날 어제 만났던 두 사람 중 제이Joy에게서 전화가 왔다. 그녀는 삼성에서 같이 일하고 싶다고 했다. 롤리 최고의 사립 중고등학교에서 수학을 가르쳤던 제이는 10년 이상 교사로 일하다 보니 좀 지루했던 모양이었다. 인터뷰를 하고 곧바로 뉴저지 인사팀의 채용 절차를 통해 일주일 만에 그녀를 채용했다. 제이는 내가 초기 IBM에서 정착하는 데 있는 큰 힘이 되어주었다. 나는 정말 운이 좋았다.

제이는 3년간 열심히 일하더니, 어느 날 갑자기 퇴직하고 다시 전에 근무하던 사립 고등학교로 돌아가겠다고 했다. 지점 설립 초기에 현지 직원 채용에 큰 어려움을 겪었던 나로서는 그녀가 2주 후에 그만둔다고 하니 망연자실할 수밖에 없었다. 미국에서는 퇴직 시 2주 전에만 통보를 하면 언제든지 퇴직이 가능하다는 것을 나는 그때 처음 알았다.

제이는 삼성과 내가 싫어서 퇴직하는 것이 아니고, 시간이 지나고 보니 교사가 자신의 천직임을 깨닫게 되어 떠난다고 했다. 그러면서 자기 친언니를 소개시켜도 좋겠냐고 제안했다. 그녀의 언니인 한Hyan을 당장 만나보았다. 대학에서 회계를 전공했고 다른 회사에서 경리 업무 경험도 있었던 데다 충분한 능력이 있어 보여 즉시 채용했다.

다행스럽게도 제이의 퇴직으로 인한 업무 공백이 최소화되었고, 한은 투지가 넘치는 전사처럼 일을 잘했다. 자기에게 주어진 업무만 깔끔하게 처리하는 것이 아니라, 관련된 다른 일들도 스스로 자원해서 항상 적극적으로 자기 일처럼 해주었다. 당시 한과의 좋은 인연으로 8년이 지난 2012년 내가 AT&T 비즈니스를 위해 애틀랜타 지점으로 세 번째 주재원 발령을 받아 나왔을 때, 그녀를 애틀랜타 지점에서 다시 채용해 다시 함께 즐겁게 일할 기회를 가졌다.

아들아, 내가 지켜줄게

2000년 내가 롤리에 도착하고 3개월 정도 지났을 때 가족도 마침내 미국으로 들어왔다. 그로부터 한 달여 후 아이들은 공립 초등학교를 다니게 되었다. 학교를 다니기 시작한 첫 주 목요일, 아이들의 학교 교장에게서 전화가 걸려왔다.

"미스터 윤, 당신 아들 제이슨이 학교에서 폭력을 행사하여 정학되었으니 빨리 학교로 와서 아이를 집으로 데리고 가세요."

강한 펀치를 맞은 듯 나는 정신을 차릴 수 없었다. 정신을 차리고 아내와 함께 바로 학교에 가보니 아이는 무슨 큰 죄라도 지은 것처럼 빈방에 혼자 격리되어 있었다. 한국에서 겨우 알파벳만 익히고 와서 영어도 제대로 못하는 아이는 무슨 영문인지도 모르는 채 불안한 눈빛으로 가엾게 앉아 있었다. 억장이 무너졌다.

"수업시간에 교사가 학생들의 숙제를 발표하도록 했는데, 제이슨은 노트를 자기 가슴에 움켜쥐고 머리만 옆으로 저었습니다. 그래서 교사가 노트를 가져가 읽으려고 하자 제이슨이 노트를 놓지 않으려고 하다가 교사의 가슴에 손이 닿았습니다. 미국의 경우 학교 교실에서의 폭력은 절대 용납되지 않습니다. 특히 교사에 대한 폭력은 무관용입니다. 따라서 2주간 정학을 결정했습니다"라고 교장은 설명했다.

나와 아내는 일단 "우리가 아이를 잘못 가르친 것 같습니다. 앞으로 절대 이런 일이 발생하지 않도록 아이를 잘 가르치도록 하겠습니다"라고 그들 앞에서 다짐했다. 그런데 나는 아들의 온순한 성향을 잘 알고 있었기에 교장에게 한 가지 질문을 했다.

"조금 전 설명하실 때, 제이슨이 교사를 때린 것이 아니라 노트를 돌려받으려는 과정에서 교사에게 손이 닿은 것이라고 하셨나요?"

교장은 대답 대신 담임교사를 쳐다보았다. 그러자 교사는 "제이슨이 주먹으로 때린 것은 아니고, 자기 노트를 움켜잡으려다 제 가슴에 가볍게 손이 닿았어요"라고 답변했다.

우리 부부는 무슨 죄인이 된 듯한 무거운 마음으로 아이를 데리고 집으로 향했다. 풀이 죽은 아들과 아내를 집에 두고 나는 산적한 업무를 처리하기 위해 다시 사무실로 돌아왔다. 당시 함께 일하던 제이가 나에게 다가오더니 무슨 일로 학교에 갔었는지 물었다. 큰아들이 정학당한 사실이 부끄러웠지만 나는 일어난 일을 그대로 설명했다. 그러자 제이는 부르르 떨면서 "미스터 윤, 이건 명백한 차별입니다. 절대 참고 넘어갈 일이 아닙니다"라고 말했다.

나는 깜짝 놀라서 "우리 아이가 노트를 돌려받으려는 과정에서 교사의 가슴에 손이 닿은 것을 폭력이라고 주장하며 징계하는 것이 상당히 과도해 보입니다. 하지만 이걸 차별이라고 하는 것도 지나친 게 아닐까요?" 하고 물어보았다.

제이는 "두 살 때 가족과 미국에 이민 와서 자랐고 최근까지 10

년간 이 지역에서 최고 수준의 사립 중고등학교 교사를 한 경험으로 보건대, 이건 명백한 차별입니다"라고 했다. 곧바로 교장에게 전화해서 학교 내 위원회를 개최해줄 것을 요청하라고 하더니 자신도 그 회의에 같이 참석하겠다고 했다.

내가 망설이고 있자 제이가 단호하게 설명했다.

"학생이 숙제를 제출하지 않거나 발표를 하지 않으면 성적을 0점 처리하면 됩니다. 교사는 절대로 학생의 노트를 뺏을 권한이 없습니다. 이것은 교사가 명백히 잘못된 행위를 한 것입니다. 노트를 돌려받으려던 제이슨이 약간의 신체 접촉을 한 것은 잘못되었다고 할 수 있지만, 정학 처분까지 내릴 일은 아닙니다. 이번 사건을 그냥 넘기면 아이는 학교에서 외톨이가 되고 미국 생활을 제대로 못하게 될 우려가 크므로 당장 이 상황을 바르게 고쳐야 합니다. 만약 백인 부모였다면 절대 정학을 당할 사안이 아니기 때문에 이번 일은 명백한 차별로 보아야 합니다."

듣고 보니 일리가 있다는 생각이 들었다. 특히 아이의 장래를 위해서도 그대로 두어서는 안 될 것 같다는 판단이 서자, 곧바로 교장에게 전화를 걸었다. 그리고 정식으로 이번 사안과 관련해 학교 내 위원회 소집을 요청했고, 나의 요청이 받아들여져 바로 다음날 아침에 학교에서 만나기로 했다. 나는 아내 그리고 든든한 우군인 제이와 함께 학교 위원회에 참석했다.

위원회에서 나는 가장 먼저 나서서 발언을 했다.

"제이슨은 영어를 처음 배우는 단계라 읽기와 쓰기를 제대로 못합니다. 영어 수업을 제대로 못 알아듣다 보니 선생님이 칠판에 써 준 숙제도 그림을 그리듯이 겨우 자기 노트에 베껴 오는 정도입니다. 특히나 이번에 교사가 준 숙제는 미래에 어떤 사람이 되고 싶은지 써오는 것이었습니다. 아이가 엄마랑 숙제를 준비하면서 '나중에 과학자가 되고 싶고 대학을 졸업하면 좋은 여자와 결혼하겠다' 등 그 나이에 남에게 보여주기 쑥스러운 내용도 포함되어 있었습니다. 영어 읽기도 매우 서툰데, 다른 미국 학생들이 유창하게 발표한 직후에 아들에게 읽으라고 했으니 아들이 부끄러워서 노트를 가슴에 움켜쥐고 '노No'라는 표시로 머리를 가로저었습니다. 그런데 교사가 노트를 뺏아가니 당황해서 자연스럽게 되돌려받으려 했던 것이지, 폭력을 행사할 의도는 전혀 없었습니다."

이러한 나의 설명에도 불구하고 담임교사는 굽히지 않았다. "제이슨은 내 말을 잘 듣지 않고 반항하며 태도가 나쁩니다."

나는 억울해서 가만히 듣고만 있을 수 없었다. "그게 아닙니다. 무슨 말을 하는지 전혀 이해를 못 하는데 어떻게 선생님의 지시를 따라할 수 있겠습니까? 제이슨은 절대로 반항하고 문제를 일으키는 아이가 아닙니다."

그제야 교사의 태도가 바뀌었다. 자기도 10년 넘게 아이들을 가르쳐오고 있는데 중남미에서 온 아이들은 영어를 아주 잘하지는 못해도 어느 정도 이해하는 아이들이 많았다, 그런데 내 아들이 영어를 전혀 알아듣지 못했다면 그의 행동을 이해할 수 있다고 했다. 영어를 전혀 못 하는 아이를 지금까지 경험해본 적이 없었기 때문에 오해가 있었던 것 같다는 말도 덧붙였다.

일이 잘 해결된 듯 보였다. 그러나 교장과 학교위원회는 2주 정학을 철회하지 않겠다고 했다. 바로 이때 제이가 나섰다. 얼굴에 미소를 띠며 전문가답게 질문을 던졌다.

"학생이 숙제를 제출하지 않으면 교사는 성적을 0점 처리하면 되지 왜 굳이 숙제를 빼앗는 행동을 하셨습니까?"

갑자기 10여 명 위원들의 얼굴이 굳어졌다. 그리고 한 위원이 "당신은 누구십니까?"라고 물었다. 기다렸다는 듯이 제이는 당당하게 자신을 소개했다. "저는 미스터 윤의 비서입니다. 바로 2주 전까지 캐리아카데미에서 수학 교사로 근무했습니다."

캐리아카데미는 그 지역 최고의 사립 중고등학교로서, 인근에 본부를 두고 있는 사스^{SAS}라는 초우량 소프트웨어 기업이 재단을 맡고 있었다. 명문 사립 중고등학교 전직 교사의 권위와 적절한 비판에 눌린 위원들은 할 수 없이 내 아들의 정학을 그날로 취소하기로 결정했다.

영어를 전혀 못 하는 학생을 한 번도 접해보지 못한 미국 시골 학교에서 벌어진 어처구니없는 사건이었다. 그 사건 이후 두 달 정도가 지난 후 담임교사를 만나게 되었다. 그 교사는 이제 우리 아들이 자기가 가장 좋아하는 학생이라고 했다. 제이슨이 공부도 잘하고 그림도 잘 그려 학교 대표로 뽑히고 항상 미소 띤 얼굴로 친구들과 잘 지낸다며 거듭 "Jason is my favorite boy"라고 했다. 그러면서 자신은 3학년만 전담하는 교사로 나의 둘째 아들이 3학년이 되었을 때에도 자기가 담임이 되겠다고 자원했다.

그렇게 미국 생활의 초기에 오해로 어려움을 겪었던 큰 아들은 잘 성장해주었고, 나중에 시카고의 명문인 노스웨스턴 대학교로 진학했다. 미국 생활 초기에 정학이라는 어려움을 정면으로 돌파하지 않았다면 불가능했을 수도 있었을 것이다. 지금도 나는 제이와 가끔 연락한다. 나와 우리 가족의 초기 미국 생활 정착에 도움을 준 제이에게 내내 고마운 마음을 간직하고 있다.

주눅들지 말고 잘 버텨다오

당시 8세와 6세였던 우리 아이들은 영어를 배울 기회가 전혀 없었다. 미국행이 결정되자 아이들을 영어학원에 등록시키고 두 달간 겨우 알파벳 정도를 익히게 했다. 그리고 미국에 도착해서 곧바로 공립 초등학교 3학년과 1학년으로 입학시켰다. 규모가 꽤 큰 학교였지만, 전교생 중에서 아시아계 학생은 모두 합쳐 10명도 안 되었고 한국계 학생은 우리 아이들밖에 없었다.

미국 생활 초기에는 언어소통의 어려움과 문화 충격 등으로 아이들이 매우 힘들어했다. 학교를 다녀와서는 다시는 학교에 가지 않겠다고 울기도 했다. 낯선 언어로 해야 하는 숙제도 문제였다. 결국 아이들의 숙제는 엄마의 숙제이기도 했다. 아내가 먼저 숙제를 하고 아이들로 하여금 그리듯이 베끼게 하여 겨우 숙제를 완성했다. 그러다 보니 예전보다 숫기도 많이 없어진 것 같아 안타까웠지만 시간이 해결해주리라 기대했다.

다행히 아이들은 미국 생활 초기의 스트레스를 풀어줄 만한 다양한 활동을 했다. 아이들은 주말이 되면 컵스카우트 Cub Scout에서 캠핑을 가거나 동네의 어린이 축구 클럽 간 경기에 참여하거나 태권도 강습과 음악 레슨 등으로 바빠졌다. 컵스카우트는 초등학교 5학년까지 소속되는 어린이 조직으로 이곳을 거친 후 6학년부터 보이스카우트로 올라가게 된다. 이런 다양한 활동에 참여하면서 아이들은 미국 생활에 서서히 적응해나갈 수 있었다.

아이들이 미국 생활에 익숙해져가면서 흥미로운 현상이 나타났다. 미국 정착 초기에 식당에 가서 음식 주문을 할 때면 아이들은 한국에서와 달리 항상 아빠인 나에게 부탁했다. 그럴 때마다 주저 없이 영어로 주문하는 아빠를 다소 존경스러운 눈빛으로 바라보곤 했다. 그러나 자랑스러운 대변인으로서의 내 역할은 그리 오래가지 못했다. 미국 생활 1년쯤이 지난 어느 날, 식당에서 내가 음식 주문을 하니 둘째 아들 덕현이가 대뜸 이렇게 말했다. "아빠 영어 억양이 조금 이상해요." 순간 나는 당황했지만 내심 기뻤다. 드디어 아이의 귀가 뚫리기 시작한 것이었다. 하지만 이 순간을 그냥 지나칠 수 없었다.

나는 "아빠는 한국에서 나고 자라서 영어를 원어민처럼 발음하기는 어렵단다. 하지만 전혀 주눅들지 않았다. 아빠가 하고픈 말을 전달할 수만 있으면 되니까. 발음의 차이를 인정하고 당당히 자기 의사를 표현하는 것이 중요하다고 생각한다"라고 아이들에게 말해 주었다.

우리 아이들이 미국에서 학교를 다니면서 많은 어려움이 있었을 텐데, 이런 자연스러운 차이점 때문에 절대로 불필요하게 주눅들지 않기를 마음속으로 바라면서 말이다.

글로벌 감각과
경쟁력을 키워준
IBM 사관학교

피를 말리는 사활을 건 승부

IBM 모니터 구매팀은 철저한 시장분석을 기초로 향후 2~3년 간 운영전략을 확정한다. 이 전략의 핵심요소는 미래 제품의 로드맵, 예상가격 및 구매량 등이다. 모든 OEM 공급자들은 제품 로드맵을 참고하여 주요 모델의 공급권을 확보하기 위해 피를 말리는 경쟁에 돌입한다. 만약 특정 모니터 모델의 공급권을 2년간 100만 대가량 확보하는 경우, 모니터 한 대 가격을 100달러로 잡아도 하나의 모델만으로 1억 달러 안팎의 매출이 생길 수 있기 때문이다.

IBM은 오래전부터 철저하고 투명한 구매 과정을 제도화하고 공정하게 운영하는 것으로 유명했다. 1년에 수 차례 공시되는 입찰 견적 요청서RFQ는 모니터 공급자들에게는 입찰을 따기 위한 전투의 시작을 알리는 신호탄이었다. 입찰을 따내기 위한 1차 관문은 제품과 기술평가다. 이를 위해 본사의 여러 부서들이 거의 1천 쪽에 달하는 입찰 제안서를 준비하여 미국에 있는 나에게 전달해주었다. 나는 수없이 반복해서 읽어보며 혹시 수정할 부분은 없는지 점검했다. 그래서 최종 제출할 무렵에는 내용을 거의 외울 정도가 되었다.

제품과 기술평가 단계를 통과한다고 하더라도 입찰의 최대 변수는 결국 가격 경쟁력이었다. 삼성이 비록 제품과 기술력에서 우위를 차지하더라도 가격이 비싸면 입찰에서 탈락될 위험이 있었다. 기술력이 떨어지는 중국 공급자는 재료비 이하로 가격을 제안했기 때문이다.

공개입찰의 마지막 단계인 가격 제안은 극도의 보안 속에서 진행되었다. 공급자들은 최종 가격 제안을 이메일로 제출했는데, 마감 시간인 자정 12시에서 1초라도 늦으면 탈락되도록 엄격한 기준이 적용되었다. IBM은 가격노출 가능성을 방지하기 위해 한밤중에 이메일로만 입찰을 진행했다.

나는 시장 정보에 기반해 경쟁사의 예상 가격을 추정한 후, 삼성의 기술력 우위를 감안한 프리미엄을 더해 몇 가지 가격 시나리오를 만들고 각 시나리오에 따른 리스크와 예상 결과, 최종 가격 제안 등을 본사에 보고했다. 이렇게 협의를 하기 위해서 입찰 전에는 항상 며칠씩 밤을 새우다시피 했다.

제품과 기술력에서는 우리가 높은 점수를 받을 수 있지만, 경쟁사들의 초저가 공세를 감안해 종합적으로 판단해야 하므로 결정이 간단하지 않았다. 긴 협의 끝에 제출 마감 두 시간 전 즈음에 본사로부터 제출할 수 있는 가격의 범위를 제시받긴 하지만, 결국 최종 가격 결정은 현지에 있는 나의 판단에 맡겨졌다.

당시 사업부장은 경쟁 상황은 수시로 변할 수 있으니 미국 현지에서 상황을 더 잘 파악할 수 있는 내가 책임감과 권한을 갖고 판단하라고 했다. 즉, 본사의 가이드라인은 참고하되, 마지막 가격 제안은 현지에서 수집한 정보를 토대로 융통성을 가지고 진행하라는 의미였다. 나는 종합적인 경쟁 상황을 분석하여 본사 제시 가격 범위 내에서 몇 센트라도 더 올려받을 수 있을지를 자정 무렵까지 고심했다. 그리고 비로소 최종 제안서를 제출한 뒤에도 입찰 결과가 나오는 순간까지 한 열흘간은 또 가슴을 졸여야 했다. 이렇듯 현장에 대한 신뢰는 나에게 말할 수 없이 든든한 동기부여가 되었다. 이렇게 가격 입찰을 마치고 결과를 기다리는 시간의 짜릿했던 긴장감이 아직도 기억에 생생하다.

다행히 내가 주재하는 동안 삼성은 대부분의 입찰에서 공급권을 받는 행운이 있었다. 모두가 하나된 팀워크 덕으로 IBM에서 한때 소수 공급자가 될 뻔한 위기에서 벗어나 삼성이 주요 대량 모델과 최고급 모델 공급권을 확보하며 최대 공급자가 될 수 있었다.

조직의 힘 = 팀워크 × 속도

당시 삼성 모니터는 전 세계 최강 수준이었다. 세계 시장 점유율 1위였으며 경쟁사 대비 앞선 제품 개발력을 가지고 있었다. 삼성이 신모델을 출시하면 경쟁사들이 이를 구매하여 분석하고 4~5개월 후에는 복제품을 출시하는 것이 업계에 알려진 비밀이었다.

이렇듯 삼성 모니터 기술력이 최고 수준으로 평가받고 있었으나 입찰과정에서 기술력만 믿고 자만할 수는 없었다. 경쟁사에 비해 우리가 제안한 사양이 낮거나 가격이 너무 높으면 입찰에서 탈락할 리스크도 항상 존재했다. 그래서 우리는 사소해 보이는 것 하나하나까지 꼼꼼히 점검하며 최선을 다해서 제안서를 준비했다.

삼성 모니터가 IBM 비즈니스에서 성공할 수 있었던 것은 잘 짜인 조직의 뒷받침이 있었기에 가능했다. 삼성 본사의 모니터 사업부 IBM 전담팀은 오랜 실무 경험으로 IBM이 원하는 요구사항을 어느 누구보다도 잘 이해하고 있었다. 본사 영업, 개발 그리고 현지 팀은 문제가 생기면 곧바로 관련 부서들과 관련 임원 및 사업부장에게까지 거의 실시간으로 보고하고 함께 해결책을 찾았다. 우리는 단독 플레이가 아니라 팀워크로 재빠르게 미래 불확실성을 뛰어넘는 전략적 판단을 했다. 경쟁사들은 모니터를 복제할 수는 있어도 삼성의 이러한 조직문화를 따라오기는 힘들었을 것이다.

IBM의 공개입찰 과정은 다른 비즈니스에서도 모범이 될 만한 프로세스였다. 신박하게 돌아간 5년의 미국 주재기간 동안 내가 언었던 공개입찰 경험은 그 후 오랜 기간 삼성 영업맨으로서 수많은 도전과 어려움을 돌파할 수 있도록 내공을 길러주는 기초적인 훈련이 되었다.

공개입찰 성공을 위한 출발점은 거래선이 원하는 것이 무엇인지를 정확하게 파악하는 것이다. 가끔 IBM이 새로운 기준을 적용하면 불확실한 사항이 올 수도 있다. 이럴 때 만약 공급자가 자의적으로 해석하고 엉뚱한 방향으로 제안하면 탈락한다. 애매한 경우에는 확인과 재확인을 하는 것이 반드시 필요하다. 무엇보다 거래선이 처한 현재의 문제점과 어떠한 해결책을 원하는지를 최우선적으로 파악하는 것이 중요하다는 것을 수없이 많은 공개입찰을 통해 배울 수 있었다.

그리고 IBM과 같은 대형 IT 거래선과의 영업은 항상 기술에 기반을 두어야 하며 우리가 가진 특장점을 거래선이 이해할 수 있도록 제안서를 쉽게 작성하는 것이 무엇보다 중요했다. 공개입찰을 진행 중일 때는 매일 IBM으로부터 삼성 제품의 사양 및 기술과 관련된 문의를 받았다. 제대로 답변하기 위해서는 본사에서 관련 자료를 받아 자세히 이해하고 있어야 했다. 나는 대학에서 인문학을 전공한 사람으로서 기술적인 배경에 대한 이해도가 원래 높은 편은 아니었다. 그런데 본사에서 보내준 공개입찰 제안서를 암기할 정도로 준비하다 보니 저절로 많은 공부가 되었다.

IBM 사관학교는 나의 부족한 점들을 극복하기에 충분할 만큼 엄격한 훈련 무대였다. 1년에 서너 차례의 공개입찰을 5년간 치르면서 어디에서도 배우기 힘든 소중한 경험을 할 수 있었다.

초일류 브랜드로 키워준
분기별 성적표

IBM 모니터 팀은 매분기 성과가 나올 때마다 주요 공급자들과 미팅을 진행한다. 이를 분기별 사업 리뷰QBR, Quarterly Business Review 미팅이라고 불렀다. IBM은 지난 분기의 최종 실적을 기준으로 해당 공급자의 주요 성과를 평가하고, 향후 개선 대책 중심으로 미팅을 진행했다. 모든 공급자들은 분기별 사업 리뷰에서 좋은 평가를 받기 위해 최선을 다한다. IBM으로부터 받는 평가는 향후 신규 프로젝트를 확보하는 데 큰 영향을 미치기도 하지만, 그 평가내용이 각 공급사별 최고경영진에도 보고되었기 때문이다. IBM 평가는 공급사 실무진들에게는 가장 큰 업적평가 요인으로, 때로는 평가 결과에 따라 공급사 주요 임직원에게 살생부처럼 작용하기도 했다.

IBM 분기별 사업 리뷰 미팅의 주요 안건들은 먼저 공급자가 IBM 성장을 위한 매출 및 손익에 얼마나 기여했는지, 공급자의 신기술 리더십과 미래의 경쟁력 있는 제품 로드맵이 준비되어 있는지, 마지막으로 품질의 안정성과 공급망 관리 적확도는 적절했는지 등

이있다. IBM은 표준화된 기준에 따라 아주 엄격한 분기 실적 평가표를 제공했으며, 평가 배경에 대해 간략하게 설명해주며 항상 투명하게 공급자와 소통했다.

IBM은 공급자별로 최종 평가표를 분기별 사업 리뷰 미팅 당일에 발표하지만, 예상 평가가 저조한 항목들에 대해서는 사전에 미리 공유해주었다. 이는 공급자들에게 자신의 어떤 부분이 문제이고 어떤 개선점이 필요한지를 미리 준비할 수 있도록 한 IBM의 배려였다. 나는 마치 최종 시험 성적표를 기다리는 학생처럼 항상 긴장된 마음으로 분기별 사업 리뷰 미팅 당일을 맞이했다. 비록 좋은 성적을 받는다 하더라도, 우리가 전체 공급자 중에서 1위가 되는지가 초미의 관심사였다. 성적이 부진한 항목들은 앞으로 어떻게 구체적으로 개선할 것인지 준비하고, IBM으로부터 최종 승인을 받을 때까지 개선안의 완성도를 갖추어야만 했다.

삼성도 좋은 평가를 받은 부서는 "그동안 죽어라 고생한 보람이 있구나" 하며 자랑스러워했다. 반면에 낮은 평가를 받은 곳은 대책을 준비하면서 "일부 오해한 부분이 있는 것 같다. 이게 무슨 날벼락이냐? 무심코 던진 돌에 맞은 개구리는 죽을 수도 있다"고 하소연할 만큼 IBM의 분기별 사업 리뷰는 중요하게 간주되었고 비중있게 다루어졌다.

왜 하나 싶었던 '컨틴전시 플랜',
나중에 보니 탁월한 전략

IBM의 여러 프로젝트와 표준 프로세스를 따라하다 보니 학교에서는 배우기 힘든 것들도 직접 체험하며 배울 수 있었다. 가장 특이하고 큰 도움이 되었던 것 중 하나는 컨틴전시 플랜contingency plan, 긴급사태 대책 을 준비하고 승인받는 과정이었다.

대만에 홍수가 났으니 삼성도 컨틴전시 플랜을 제출하라는 요청을 받았을 때 처음 든 느낌은 황당함 그 자체였다. 그리고 일본에 지진이 발생했을 때도 동일한 요청을 받았다. 사실 대만과 일본에서 발생하는 대부분의 자연재해들의 경우, 삼성 모니터 사업에 직접적인 영향은 거의 없었다. 솔직히 컨틴전시 플랜을 준비하는 과정이 그다지 간단치도 않았다. 관련 부서들이 가상의 시나리오를 토대로 어떤 의미있는 개선책을 수립해야 하므로 실무 경험뿐만 아니라 상상력도 동원되어야만 했다. 처음에는 나도 자료 준비를 하면서 불필요한 작업이 아닌가 생각했었다.

공급망에 문제를 일으킬 수 있는 사항이 발생되거나 예상되는 즉시 IBM은 삼성이 그 영향을 평가하고 공급 대책을 수립하도록 항상 요청했다. 대만과 일본에 자연재해가 발생하면 삼성이 이들 국가에서 구매하는 부품 중에서 직간접적으로 영향을 받는 것이 있는가를 먼저 확인했다. 아주 자세한 부품별 공급망 구조를 미리 분석해누고, 혹시라도 공급에 문제가 생기면 다른 공급자로 즉시 대체할 수 있도록 준비했다. 아울러 다른 모니터 공급자의 제품 공급이 어려워지면 삼성이 추가로 얼마나 더 많은 물량을 공급해줄 수 있는지도 검토해두었다.

나는 자연스럽게 예상치 못한 비상사태에 대처하는 여러 가지 방법을 배우게 되었다. 이때의 소중한 경험은 추후 내가 보다 큰 임무를 수행할 때 많은 도움을 주었다.

2020년 코로나19가 팬데믹 상황으로 걷잡을 수 없는 지경에 이르렀을 때, 나는 삼성전자 아프리카 지역총괄로서 남아공에 주재하고 있었다. 당시 남아공을 비롯한 여러 아프리카 국가들은 봉쇄조치lockdown를 한 달 이상 시행했다. 이때 나는 IBM에서 배웠던 컨틴전시 플랜을 아프리카 자체적으로 준비해보기로 했다.

예를 들어, 팬데믹 초기에는 중국으로부터 제품 공급이 불확실했기에 글로벌 공장들 중에서 가능한 다른 국가들로 공급지 변경을 추진했다. 그리고 중국에 기반을 둔 경쟁사들의 공급이 어려워질 것이 예상되어 우리는 거래선별로 적정 재고를 유지하도록 했다. 아니나 다를까, 아프리카에서도 봉쇄조치가 완화되기 시작하자 거래선들은 삼성에게 추가 물량 공급의 가능성을 문의해왔다. 우리는 컨틴전시 플랜 덕분에 거래선들에게 충분한 재고를 제공해줄 수 있었다.

아프리카 대부분의 거래선들뿐만 아니라 삼성 직원들도 코로나19 팬데믹으로 경제가 '폭망'할지도 모른다고 우려하고 있던 차였다. 나는 컨틴전시 플랜이 필요함을 설명해주고 거래선들의 모델별 적정재고를 준비할 수 있도록 각 담당자에게 직접 도움을 주었다. 불확실한 앞날에 대한 불안감에 사로잡혔던 많은 사람이 이때 혹시 총괄이 상황 판단을 잘못하는 것은 아닌가 걱정했다고 나중에 털어놓았다.

한 달 후, 봉쇄조치가 완화되어 휴대폰과 가전제품 매장들이 다시 문을 열게 되었을 때, 삼성 제품의 판매는 그야말로 하늘을 찔렀다. 시장이 어려운 시기에 소비자들의 억압된 수요pent-up demand를 만족시켜주는 것은 항상 믿을 수 있는 고급 브랜드다. 또한 팔 수 있는 재고가 확보되어 있어야 한다. 아프리카의 삼성은 이 두 가지를 모두 만족시켜주는 해결책으로 작용했고, 역대 최고의 시장점유율을 기록할 수 있었다.

거래선들은 코로나19로 판매 중단 및 감소를 겪으며 어려웠던 상황에서 삼성의 도움을 받아 사업이 많이 회복되었다고 탄복했다. 이는 거래선과의 파트너십이 한 단계 더 높아지는 계기가 되었다. 이 모든 것은 IBM과 일하면서 배운 컨틴전시 플랜을 팬데믹으로 인한 사업 위기 상황에서 적절히 대응해 활용할 수 있었던 덕분이다.

미국 시골 식당에 울려퍼진
"대~한민국"

2002년 어느 날, 연달아 진행된 미팅 때문에 나는 거의 온종일 IBM 빌딩에 머물러 있었다. 그리고 우연히 경쟁사의 CEO가 그곳을 방문하는 것을 보게 되었다. 내가 미국에 주재한 지 2년이나 되었지만 경쟁사의 최고경영진이 IBM 롤리 사옥을 방문하는 것은 이날 처음 보았다. 아마도 그동안의 저가 공세에도 불구하고 비즈니스가 계획만큼 확대되지 않자 최고경영진이 직접 나서는 것으로 보였다. 앞으로 비즈니스 상황이 어떻게 바뀔지 짐작할 수 없는 위기감이 느껴졌다. 나는 곧바로 이날 관찰한 내용을 본사에 알렸다.

그로부터 사흘 만에 본사에서 모니터 OEM 영업의 이태직 그룹장이 롤리로 출장을 왔다. 삼성 모니터가 앞으로 어떻게 추가로 경쟁력을 개선할 것인지 협의하기 위해 예정에도 없던 긴급 출장을 온 것이다. 당시 한국에서는 2002년 월드컵이 한창 열리고 있었다. 마침 이 그룹장이 도착한 날은 우리나라 축구팀이 최초로 8강 진출을 위해 이탈리아와의 경기를 하루 앞둔 날이었다. 당시 한국은 월드컵 열기에 빠져 있었지만, 비즈니스는 그와 상관없이 항상 긴박한 상황에 대응해야만 했다.

IBM과 회의가 있던 날 나는 아침 일찍 그룹장이 투숙한 호텔로 가서 마지막으로 회의 자료를 점검했다. 우리가 호텔을 나올 무렵

TV에서 이탈리아와의 8강전 경기가 막 시작되고 있었다. 호텔에서 불과 10분 거리에 있던 IBM에 도착하여 곧바로 미팅을 시작했다.

우리는 먼저 삼성 모니터의 추가 경쟁력을 높이기 위해 공급가격의 단계적인 인하 계획을 제시했다. IBM은 이미 삼성 모니터의 품질이 안정적이어서 서비스 비용이 절감되고, 피델리티 같은 대형 기업간 거래B2B에서 프리미엄 가격도 받을 수 있다는 점은 인정해주었다. 이날 미팅에서 가장 중요했던 새로운 제안은 혁신적인 공급망 관리인 상호 공급계획예측 프로그램CPFR, Collaborative Planning, Forecast and Replenishment을 함께 추진해보자는 것이었다. 이는 공급업체와 구매업체가 서로 협력하여 판매 물량도 예측하며 함께 재고 물량 보충 계획을 짜는 것으로 모니터 업계 최초로 시도해보는 것이었다. CPFR을 잘 진행하면 필요 이상의 재고를 줄이면서 적기에 공급할 수 있어 20퍼센트 이상의 비용절감 효과도 예상되었다. 다행히 IBM은 우리의 제안을 현실성이 있다며 수용했고 앞으로 함께 추진해나가기로 합의했다.

추가적인 협력 확대 방안을 협의하면서 이날의 미팅이 마무리되었다. 경쟁사 CEO 공세를 그룹장의 긴급 출장으로 잘 방어한 것으로 판단되었다. 그런데 미팅에서 합의안 도출도 중요했지만 우리는 솔직히 월드컵 경기가 어찌 되어가고 있는지도 몹시 궁금했다. IBM의 구매팀장 글렌은 자신의 노트북 PC를 켜놓고 월드컵 경기 상황을 간간이 알려주었다. 마지막 인사를 하고 헤어지려는 찰나,

"어, 한 골 더 들어갔다"고 말했다. 우리는 기뻐할지 슬퍼할지 결정을 못하고 혼란스러워했다. 도대체 누가 한 골을 더 넣었다는 것인가? 우리가 우물쭈물하는 것을 즐기고 난 뒤에야 비로소 글렌은 "한국이 한 골 더 넣어 2대1이 되었다"고 말했다. 사실, 미국 사람들에게는 한국과 이탈리아 간 축구 경기가 그다지 큰 관심거리는 아니었을 것이다. 그러나 이때만큼은 미국사람 한국사람 모두 하이파이브와 환호를 했고 우리는 허그를 한 후 IBM 직원들과 헤어졌다.

마침 점심때가 되어 한국 식당으로 향했다. 평소 잘 알고 지내던 식당 주인은 한국과 이탈리아 경기의 녹화 테이프가 있다며 전해주었다. 우리는 조그만 방에서 밥을 먹으며 미팅 때문에 보지 못한 경기를 틀었다. 이 그룹장은 우리 팀이 잘하는 모습을 보일 때마다 눈물을 글썽이다시피하며 "대~한민국"을 선창하고 "짝짝짝 짝짝" 손뼉을 쳤다. 지난 몇 년 해외에 있었기 때문에 구호와 손뼉 장단에 서툴렀지만 나도 덩달아 따라하며 목이 터져라 "대~한민국"을 외쳤다. 같은 시각 식당에 있던 한인들과 미국인들도 무슨 일인가 싶어 우리 방에 들어왔고, 재미난 듯 덩달아 "대~한민국"을 외치고 "짝짝 짝 짝짝" 손뼉을 치면서 즐거운 시간을 보냈다.

해외에 나오면 모두 애국자가 된다고 한다. 해외 생활의 어려움과 업무 스트레스를 많이 느꼈지만, 내가 하는 해외 영업은 그야말로 다른 나라의 경쟁사들과 공정한 게임의 법칙에 따라 최전방에서 치열한 전투를 벌이는 것이었다. 우리가 아무리 굳건한 방어전략을 구축하고 있어도 경쟁사들은 우리의 빈틈을 호시탐탐 노리고 있었기에 경쟁사들의 움직임을 늘 예의 주시해야 했다. 어느 순간에도 경쟁은 불가피한 현실이었다. 그런 의미에서 나는 월드컵 경기장의 감독이자 선수와 같았다.

더 나은 전략을 수립하고 경쟁국의 경쟁사와 경기를 해서 승리를 쟁취한다는 것은, 곧바로 우리 회사와 대한민국에 보탬이 된다는 신념을 가지고 있었다. 그 결과 항상 책임감과 자부심을 느끼며 행복한 마음으로 각종 난관들을 이겨낼 수 있었다. 2002년 6월 17일에 대한민국은 월드컵에서 이탈리아에 믿기 힘든 역전승을 거두고 8강에 진출했고, 긴급 출장 지원을 와준 본사 그룹장의 도움으로 경쟁사의 집요한 공격도 전략적으로 돌파할 수 있었다. 이와 같이 한 분 한 분의 정성과 희생으로 "대~한민국"을 만들어가고 있다는 자부심으로 정말 행복한 하루였다.

공급자를 친구로 만들어준 돌파구

IBM의 여러 팀들과 하루에도 몇 차례씩 미팅을 하며 현안 문제들을 해결하는 동안 나는 자연스럽게 IBM 업무에 꽤 익숙해져갔다. 다행스럽게도 삼성 모니터 판매도 많이 상승했고 IBM 담당자들과도 무척 가까워졌다. 그러나 업무적인 신뢰는 쌓여갔지만 구매자와 공급자로 일정 거리를 유지하다 보니, 다소 건조한 사무적인 관계에 머물렀다. 나는 이 지역에 연고도 없었고 대부분의 시간을 IBM 사람들과 보내는 터라, 다른 사람들을 만나 친분을 쌓을 기회도 거의 없었다. 타지에서 외롭지 않게 함께할 친구가 필요했다.

그러던 중에 한 가지 돌파구가 생겼다. IBM의 스티브는 자신의 친구들과 함께 음악 밴드를 조직해서 작사·작곡한 노래를 CD로 발표하고 주말마다 레스토랑과 바를 돌며 연주와 노래를 했다. 정말 멋지게 살고 있는 친구였다.

나는 주말이면 가족과 함께 그가 연주하는 음식점을 찾아가서 식사를 하며 음악을 감상하곤 했다. IBM 친구들도 그가 연주하는 곳에 자주 들렀고, 나도 자연스럽게 그들과 어울리는 시간을 갖게 되었다. 회사 업무 대신 가족 소식, 집과 정원 돌보는 방법, 스포츠 등 그야말로 평범한 미국 사람들의 관심사에 관한 이야기를 함께 나누며 친구처럼 지낼 수 있게 되었다.

내가 이들과 저절로 친구가 될 수 있게 도와준 또 다른 돌파구가 있었다. IBM 구매팀원 중에는 주말 골퍼들이 많았다. 이들은 대부분 자기 집 주변의 골프장 회원권을 가지고 오랜 친구들과 모여 주말 골프를 즐기는 편이었다. IBM 직원들 중 일부는 금요일에 업무를 서둘러 마무리하고 일찍 퇴근해서 동료들이나 거래선 친구들과 골프를 치는 경우도 있었다. 그런데 나에게는 그들과 함께 골프를 칠 기회가 좀처럼 오지 않았다. 그들 입장에서 미국에 온 지도 얼마 안 되어 물정도 잘 모르는 내가 그다지 편하지만은 않았으리라.

쉬는 날에 거래선들과 골프도 같이 칠 수 있게 된다면 그들과 좀 더 가까워질 수 있을 텐데 하는 답답한 마음만 가지고 있었다. 1993년 삼성은 '신경영'의 일환으로 7·4제를 시작했다. 그 덕분에 7시에 출근하고 4시에 퇴근하게 되니 저녁에 여유시간이 생겼다. 그 시간을 활용해 나는 1년 동안 골프 연습장을 다녔다. 그러나 이렇게 연습장에서 갈고 닦은 실력을 발휘할 기회가 여간해서 찾아오지 않았다.

그런데 마침내 절호의 기회가 왔다. IBM 사옥에서 차로 15분밖에 걸리지 않는 기가 막힌 위치에 새로운 골프장이 문을 열었다. 나는 고심 끝에 이 고급스러운 골프장의 회원권을 구매했다. 당시 과장이었던 나로서는 적지 않은 투자였다. 더구나 몇 년의 주재기간이 끝나고 그 지역을 떠나게 되면 회원권을 반납해야 하는데 구매비용의 약 30퍼센트 정도의 손실을 감수해야 했다. 그럼에도 나는 회원권을 구매했고 금요일 오후 이 아름다운 골프장의 초원 위에서 거래선들과 업무가 아닌 일상적인 관심사를 함께 나누며 오래된 고향 친구처럼 친하게 지낼 수 있게 되었다.

나는 회사일을 하는 데에는 사생결단의 자세로 달라붙었지만, 골프에 관해서만은 그 악착스러운 근성을 발휘할 수가 없었다. 골프 게임에서 상대방을 무참히 꺾어서 분위기를 망치지 않을까 늘 주의했다. 오랜 기간 이런 심리 상태로 거래선과 골프를 치다 보니 초반에 박빙의 게임을 하다가도 끝에 가면 상대방에게 근소한 차이로 지는 것이 나의 **습관처럼** 되어버렸다.

이러한 현상은 거래선이 아닌 친구들과 골프를 치는 경우에도 똑같이 나타났다. 친구들은 나와 골프 게임을 하면 기분이 좋아지는 특별한 무엇이 있다고 했다. 내가 IBM 친구들과 지내며 생긴 습관이 그 배경이란 것을 알게 되면, 그들은 모두 IBM에 고마워할지도 모른다.

3부

함께 성장하는 파트너십으로
소니를 뛰어넘다

삼성 TV
일등화 전략을
유통업체와 함께
이뤄내다

싹 바꿔버릴 태세로 미래를 준비하다

1980년대 한국에서 복싱 인기는 대단했다. 당시 세계 챔피언십 같은 경기를 보려면 TV가 있는 동네 다방에 가는 경우가 많았는데, 일부 다방은 '소니 TV'를 가지고 있다는 이유 하나로 커피 값을 올려 받기도 했다고 한다. 좀 산다는 집의 거실에도 이 일제 TV가 놓여 있었다. 소니는 그만큼 전 세계 소비자들이 가장 갖고 싶어하는 최고의 TV 브랜드였다.

소니는 1968년 최초로 독자적인 트리니트론 컬러 TV를 출시하며 선명한 화질로 TV 기술혁신의 대명사가 되었다. 트리니트론

브라운관은 경쟁사들이 따라잡기 어려울 정도로 기술적 우위를 가지고 있었다. 트리니트론이 나온 지 2년이 지난 후에야 비로소 삼성은 TV 사업을 시작했다. 그것도 흑백 TV로…. 그러다 보니 수십 년간 소니는 도저히 넘지 못할 벽이었다.

과거 삼성 브랜드의 위상은 초라했다. 1994년 MBA 공부를 하면서 미국에서 지낼 때 TV를 사려고 한 전자제품 가게를 방문했다. 처음부터 삼성 TV를 사려고 마음먹고 매장을 둘러보았으나 눈에 잘 띄지 않았다. 판매직원에게 21인치 삼성 TV가 어디 있는지 물어보았더니, 그는 나를 매장 뒤쪽 구석으로 데려갔다. 그곳에서 삼성 TV는 먼지가 쌓인 채로 무시당하고 있었다. 매장에 전시된 전체 60여 개 TV 중에서 삼성 TV는 2개 모델밖에 없었다.

내가 묻지도 않았는데, 직원은 삼성 TV는 가격은 싸지만 불량이 많기 때문에 권하지 않는다고 말했다. 그럼에도 불구하고 내가 구매하겠다고 하자, 직원은 소니와 같은 일본 제품에 비하면 정말 싸다고 하면서 잘만 사용하면 불량이 안 날지도 모른다며 나를 안심시켰다.

이와 같은 현상은 비단 미국뿐만 아니라 모든 선진국에서 동일하게 일어나고 있었다. 삼성 제품들이 매장 구석에서 먼지만 뒤집어쓰고 있는 것을 보고 "마누라와 자식만 빼고 다 바꿔라"는 고 이건희 회장님의 삼성 신경영이 1993년 선포되었다. 그 후 삼성 임직원들은 '다' 바꿀 준비를 하고 있었다.

2000년대에 접어들며 TV 시장이 전통적인 아날로그 브라운관 TV에서 디지털 평판 TV로 재편되기 시작했다. 디지털 제품은 빠른 기술발전 과정에서 한 번 뒤처지면 회복이 어려워 글로벌 주도권을 잡기 위해 치열한 경쟁을 벌이고 있었다. 여러 디지털 TV 기술 중에서 플라스마 TV가 먼저 상용화되어 40인치 이상 대형 사이즈 TV의 대세를 장악하고 있었다. 반면 LCD TV는 초기에는 30인치 이하 소형 사이즈에 주력하다가, 삼성이 2004년 46인치를 개발하며 빠르게 성장하고 있었다. 이때만 해도 미래 TV 시장 주도권이 LCD가 될지 플라스마가 될지 알 수 없는 불확실한 시기였다.

이런 시기에 나는 모니터 경험을 바탕으로 TV 사업의 성장을 위한 중차대한 역할을 떠맡게 되었다.

단순함이 경쟁력이다

2000년대 중반 TV 시장은 여전히 브라운관 TV로 알려진 아날로그 TV가 주류를 이루고 있었지만, 한편에서는 디지털 TV로의 전환이 막 시작되고 있었다. 삼성도 새로운 디지털 TV 시장에서 주도권을 확보하기 위해 프로젝션, 플라스마 및 LCD TV 등의 개발에 총력을 기울이고 있었다.

일본 파나소닉이 주도하고 있던 플라스마 TV 시장에도 삼성은 후발 주자로 참여하여 42인치와 50인치를 출시했다. 하지만 판매는 보살깃있었고 급기아 2004년 대청 적자를 기록했다. 플라스마 TV 사업을 유지해야 할지, 아니면 접어야 할지 심각한 선택의 기로에 놓이게 되었다. 전체 TV 사업도 적자 누적과 판매 정체로 어려움을 겪고 있었으며, 2005년부터 비상 경영체제에 돌입했다.

이런 상황에서 나는 2005년 2월 IBM 담당 주재원 생활을 마치고 본사로 돌아왔고, 플라스마 TV PM 그룹장이라는 중요한 역할을 맡게 되었다. 귀임하자마자 만사를 제쳐놓고 생사의 갈림길에 놓인 플라스마 TV 업무에 집중했다. 귀임한 바로 다음날 나는 평판 TV 개발팀과 미팅을 가졌다. 이때 평판 개발팀장이 말했다.

"윤 그룹장, 두 달 후에는 금년도 신규 플라스마 TV를 출시해야 합니다. 신규 TV에 POD 카드 기능을 꼭 탑재해야 하는지, 아니면 제외해도 괜찮은지 지금 당장 최종 결정을 해주세요!"

팀장의 목소리에 다소 긴장감이 느껴졌다. 몇 개월 동안 플라스마 PM 그룹장이 공석이어서 최종 결정이 계속 차일피일 미루어졌던 탓이었다. 하지만 나는 팀장의 질문을 이해하지 못해 질문으로 답할 수밖에 없었다. "팀장님, 제가 결정하기 전에 혹시 POD가 무엇인지 설명 좀 해주시겠습니까?"

모니터 개발 시절부터 잘 알고 지내왔던 평판 개발팀장은 그제야 긴장을 누그러뜨리고 웃으며 친절하게 설명해주었다.

"POD란 Point of Deployment의 약자인데요, 여러 케이블 TV에 쉽게 오픈케이블 방식으로 접속하는 기술을 말해요, 아직 어떤 업체도 상용화하지는 못했어요."

바로 일주일 전까지 미국에 살면서 본 바에 따르면 미국인들은 케이블TV를 시청할 때 POD 카드는 전혀 사용하지 않았다. 나는 굳이 탑재할 필요는 없을 것 같다고 말하며 혹시나 해서 재료비는 얼마인지 물어보았다. 놀랍게도 비용이 200달러나 더 들 것이라고 했다. 그 정도면, TV의 최종 소비자 판매가격은 400달러 이상 상승 될 수도 있었다. 더 이상 생각할 것도 없었다.

"아직 시장에서 검증되지 않았고, 비용이 너무 높기 때문에 POD는 삭제하겠습니다. 소비자에게 실질적으로 도움이 되는 가격 경쟁력에 치중하겠습니다."

프리미엄 제품은 전시회 등에서 기술적 우위를 보여줄 수는 있지만, 제품 시장의 규모는 매우 작았다. 매출을 올리고 이익을 확보하기 위해서는 무엇보다도 중저가 제품군의 경쟁력 확보가 시급하다고 판단했다. 플라스마 TV 라인업도 선택과 집중을 통해 축소하고 프리미엄, 중저가 제품군별로 하나씩만 출시토록 했다. 애초 7개 넘게 계획했던 신규 모델을 3개로 줄인 것이다.

가격 경쟁력을 제고하기 위해서 나는 관련 부서들과 신모델의 효율적인 공급망 관리 방안을 검토했다. 확인 결과, 당시 구모델 재고가 너무 많았다. 판매 유통망에 깔려 있는 TV 재고도 많았지만, 공장과 창고에 있는 부품 재고도 엄청난 규모였다. 이를 모두 폐기하게 되면 또 다른 대형 적자가 날 수밖에 없었다. 먼저, 주요 유통 거래선들에게 연락해서 신모델 출시 일정에 대한 의견을 물어보았다. 예상했듯이 주요 유통 거래선들은 많은 재고를 갖고 있었기 때문에 너무 빠른 신모델 출시 일정에 불만이 높았다. 나는 신모델 출시를 최소 2개월 연기하도록 결정했다.

본사에서의 첫 한 주가 정신없이 바쁘게 지나갔다. 그리고 매주 토요일 아침마다 열리는 TV 비상 경영회의에 참석했다. 당시는 토요일에도 근무하던 시절이었다. 회의에는 최지성 영상디스플레이 사업부장과 임원 및 그룹장들이 참석했다. 이날의 첫 번째 안건은 플라스마 TV 사업 정상화였다. 발제자는 플라스마 TV의 부진한 판매와 대형 적자의 심각한 현황을 설명했고, 사업을 계속할지 나에게 의견을 물었다. 이처럼 존폐 위기에 몰린 사업의 그룹장이 된 지 딱 7일 만이었다. 나는 이렇게 답변했다.

"며칠간 관련 부서들과 협의해보니, 충분히 개선할 점들이 보입니다. 앞으로 6개월만 주십시오. 유통 재고를 신속히 정리하고, 신규 라인업을 축소 및 효율화해서 판매를 늘려나가겠습니다. 금년 말에는 흑자로 전환시켜보겠습니다."

나의 호기 넘치는 답변을 못 믿겠다는 듯이 날카로운 질문들이 쏟아졌다. "유통 거래선들이 삼성 플라스마 TV 판매에 소극적인데 이를 어떻게 극복할 것인가요? 또 어떻게 갑자기 판매를 증대할 수 있어요?"

나는 해외 출장을 가서 주요 거래선들을 설득해보겠다고 답변했다. 그 결과 다행히 나는 플라스마 TV 그룹장으로서의 수명을 6개월 연장받았다.

열흘 전 살림을 접고 떠났던 미국으로 곧바로 출장을 갔다. 플라스마 TV는 42인치와 50인치로 대형 사이즈는 미국이 가장 큰 시장이었기 때문이다. 삼성 미국 현지인들과 함께 거래선들을 방문하여 우리의 새로운 전략을 설명했다. 그리고 구모델의 재고 수준을 봐서 일부 가격 할인 프로모션을 전개했다. 유통 거래선들은 우리가 신모델 도입을 늦추고, 단순화된 3개 모델의 가격 경쟁력을 갖춘다면 삼성 플라스마 TV도 관심을 가지고 판매해주겠다고 했다. 그리고 그 약속은 연말까지 잘 지켜졌다.

나는 미국뿐만 아니라 유럽, 중국, 중남미, 동남아 등지로 계속 출장을 다녔다. 삼성 현지 법인 사람들과 거래선을 만나 플라스마 TV 전략을 소개하고 그들의 협조를 구했다. 그때까지 플라스마 TV에 다소 소극적이었던 해외 법인들이 신모델에 관심을 가지며 판매를 도와주기 시작했다. 그 결과 2개월이 지난 6월에 구모델의 재고 없이 신모델을 전 세계에 동시 출시할 수 있었다.

마침내 전 세계의 눈이
삼성 TV를 주목하다

삼성은 매년 전 세계 지역별로 TV 전략대회를 진행한다. 나도

2005년 본사 출장단에 포함되어 여러 지역으로 출장을 가서 플라스마 TV 전략을 설명했다. 당시 우리는 모두가 하나로 결집되어 디지털 시대에 '삼성이 1등 TV가 되자'는 의지로 불타올랐다. 서서히 노력의 결과가 나타나기 시작했다. 2005년 IFA 전시회도 이런 산물의 하나였다.

　IFA는 매년 독일 베를린에서 열리는 유럽 최대의 가전 박람회다. 2005년 9월에 열린 IFA에서 삼성은 여러 가지 새로운 디지털 TV와 기술력을 선보였다. 그런데 소니와 다른 경쟁사들은 이와는 대조적으로 이미 판매되고 있는 제품들만 전시했다. 당연히 삼성 전시장에만 발 디딜 틈도 없이 관람객들로 붐볐다. 그중에서도 세계 최대 102인치 플라스마 TV와 82인치 LCD TV가 가장 큰 관심을 받았다. IFA 전시장을 본 모든 언론은 삼성이 앞으로 디지털 TV 시장을 주도할 것이라고 좋은 평가를 해주었다.

　내가 담당했던 플라스마 TV 부스도 많은 관람객이 몰려들었다. 이들의 쏟아지는 질문을 능수능란하게 대응하는 10명의 전시 도우미들은 대부분 인근 대학교의 여학생들이었다. 이들이 큰 인기를 누렸던 데에는 이들의 전문지식이 큰 역할을 했다. 나는 전시가 시작되기 이틀 전부터 이들에게 직접 플라스마 TV 제품에 대해 자세히 교육을 실시해 높은 제품 지식으로 무장시켰다. 그리고 하루종일 전시장 주변을 맴돌면서, 어려운 질문을 던지는 관람객들을 상대로 설명을 도와주었다. 덕분에 나는 전시 도우미들에게 가장 인기있는 제품 그룹장이 되었다. 함께 출장 간 동료들은 질시의 눈빛으로 비법 좀 전수해달라고 했다. 비결은 도우미들이 가장 원하는 것을 알려주는 것이라고 말했다. 그것은 다름 아닌 친절하고 상세한 TV 제품 교육이었다.

2005년 하반기에 접어들며 삼성 플라스마 TV 판매는 급성장했다. 전년 대비 3배 이상 판매고를 기록한 데다 처음으로 이익을 내기까지 했다. 삼성의 개발력과 효율적인 공급망 관리, 그리고 영업팀이 거래선과 적극적인 파트너십을 구축하여 함께 만들어낸 결과였다. 덕분에 겨우 6개월 수명을 연장해놓았던 플라스마 TV 사업은 계속 유지될 수 있었다.

베스트바이 담당 최초 주재원

"윤 그룹장, 본사로 귀임한 지 10개월도 채 지나지 않았지만 며칠 후에 다시 미국으로 나가야 할 것 같습니다. 베스트바이Best Buy를 담당하는 업무로 결정되었으니 서둘러 준비해야 할 것 같아요." 바로 위 상사는 나를 불러 주재 발령이 곧 날 것이라고 미리 말해주었다. 그러면서 이렇게 덧붙였다.

"알다시피 금년에는 비상 경영체제로 운영하면서 모든 부서들이 삼성 TV 일등화 전략에 맞추어 정말 혼신의 노력을 기울였습니다. 경영진은 개발, 생산 및 공급망 운영 등은 어느 정도 개선이 이루어졌다고 보고 있어요. 그러나 해외 영업은 여전히 부족한 점이 있다고 판단해 고심 끝에 특단의 조치를 지시한 것입니다. 이전에는 시도하지 않았던 베스트바이와 서킷시티 Circuit City 등 미국 주요 거래선을 바로 옆에서 밀착 관리하도록 미네소타와 버지니아주에 각각 영업 주재원을 보내기로 결정했어요."

이렇게 해서 나는 2005년 말 미국의 전자제품 판매점 체인 베스트바이 담당자로서 또다시 미국 주재원으로 나가게 되었다. 당시 주재원이 한국으로 귀임하면 통상 2년 정도는 본사에서 최신 글로벌 전략과 기술 및 사업부 흐름을 배운 후에 다시 주재 발령을 받곤 했다. 그런데 상사의 설명에 따르면, TV 일등화를 위해 지금 단계에서 영업의 역할이 너무나 중요한데 IBM 담당 주재원으로 전략적 파트너십을 수립한 경험이 있는 나를 적임자라고 판단해 파격적으로 선발된 것이라고 했다.

나는 "회사가 결정한 사항이니 앞으로 어떻게 하면 제가 새로운 역할을 더 잘할 수 있을지에만 집중하겠습니다"라고 답변했다.

한국에 온 바이어에게
특별한 경험을 선사하다

2005년 10월 주재원 발령이 나고 바로 며칠 뒤에 베스트바이 구매팀원 4명이 한국을 방문했다. 팀의 대표는 TV와 오디오 구매를 총괄하는 구매 책임자 마이크 모한이었다. 첫인상부터 남다른 점이 느껴졌다. 그는 오랜 기간 유통 소매 비즈니스에 몸담고 있었기 때문에 소비자와 유통에 대한 이해도가 높았다. 그리고 삼성 제품과 기술을 이해하는 속도도 엄청나게 빨랐다.

우리가 30여 개의 신모델 시제품을 먼저 보여주고 나서 회의실에 돌아와 협의를 하면 그는 그 많은 디자인과 컬러 등을 아주 구체적으로 정확히 기억하고 있었다. 그리고 자기 경험에 기초해서 베스트바이 소비자들이 대체로 선호하는 사항이라며 의견을 주었는데, 그의 의견은 삼성이 신제품을 만들 때 많은 도움이 되었다. 그가 정말 특별하다고 느꼈던 대목이었다.

보통 거래선들이 한국을 방문하면 관련된 신제품 샘플들을 보면서 향후 판매 전략 등을 협의하며 하루 안에 일정을 마쳤다. 그러나 나는 이번 베스트바이 팀의 방한을 특별하게 만들고 싶었다. 그래서 베스트바이가 삼성전자의 미래 기술전략과 경쟁력을 이해하고 그들과 좀 더 중장기적인 전략을 협의할 수 있도록 준비했다. 게다가 우리의 파트너들이 삼성의 최첨단 시설과 생산공정을 갖춘 LCD와 반도체 사업부를 견학하며 방진복을 입고 직접 들여다볼 수 있는 일정도 준비했다. 이전에 담당했던 IBM의 구매 직원들도 한국에서 반도체와 LCD 생산시설을 보고 나서 삼성에 대한 인식이 크게 달라지는 것을 두 눈으로 확인했기 때문이다.

역시나 여러 시설을 둘러본 베스트바이 출장자들이 감탄했다.

"우리가 20년 이상 유통사업에 있으면서 해외 출장을 여러 번 다녀보았지만, 이런 수준의 견학 기회는 없었어요. 삼성의 기술력과 생산 경쟁력을 제대로 이해할 수 있게 되었어요. 이제 베스트바이가 삼성으로부터 미래에 어떤 기술을 기대할 수 있는지 알게 된 좋은 기회였습니다."

나는 이들의 3일 출장기간 동안 매일 아침 호텔에서 픽업하는 순간부터 회의와 견학, 쇼핑과 관광을 포함하여 점심과 저녁 식사가 이루어지는 순간까지 눈 뜨고 있는 모든 시간을 함께 지냈다. 이들은 그동안 삼성에 출장을 오더라도 이렇게 한국 직원이 같이 시간을 보내준 경우는 처음이라며 고마워했다. 아마도 미국에서 IBM 거래선들과 친하게 지내는 습성이 몸에 밴 것이 큰 도움이 된 것 같았다.

이처럼 베스트바이의 마이크, 그리고 그의 팀원들과 같이 시간을 보낸 것이 서로에게 특별한 경험이 되었고, 더욱이 미국으로 파견되기 직전의 이런 만남은 내게 큰 행운이었다. 이때 쌓은 우정 덕분인지 마이크는 내가 베스트바이 영업으로 미국에 주재하는 기간 내내 유통에 대한 설명뿐만 아니라 어려울 때 많은 도움을 주었다.

미국인에게 햄버거는
한국인의 김치찌개와 같다

베스트바이 출장자들이 한국을 떠나는 일정에 맞추어 나도 이들과 같은 비행기를 타고 미국으로 떠났다. 어차피 이들과 함께 일해야 한다면 더욱 친숙해질 수 있는 기회였다.

미국으로 출국하는 날 베스트바이 일행과 나는 그들이 투숙했던 호텔 식당에서 조식 뷔페를 함께했다. 식사 후 바로 미니버스를 타고 인천 공항에 도착했다. 내가 탑승권을 받고 출국장으로 들어가려는 순간, 갑자기 베스트바이 일행이 나를 멈춰 세웠다. 모두 함께 아래층에 잠깐 들렀다 출국장으로 가자며 이들이 달려간 곳은 다름 아닌 맥도날드 매장이었다.

조식 뷔페를 그렇게 많이 먹었는데, 이들이 설마 햄버거를 또 먹을까 싶었다. 아니나 다를까 이들은 모두 빅맥 세트메뉴를 시켜 정말 맛있게 먹었다. 나는 배가 고프지 않았지만 장단을 맞추기 위해 햄버거 하나를 덩달아 먹었다. 여기는 한국이니 내가 계산을 하겠다고 하여 총 2만 원이 안 되는 값을 치렀다. 이 친구들은 정말로 고맙다며 여러 차례 인사를 했다. 나는 내심 '이건 뭐지?' 하고 놀랐다. 어젯밤 함께 갔던 값비싼 한우 고깃집에서는 고맙다는 말을 전혀 듣지 못했던 것 같은데 말이다.

햄버거에 관한 문화 충격은 계속되었다. 인천에서 LA로 가는 비행기 안에서는 두 끼의 기내식이 제공되었다. 베스트바이 일행들은 갈비와 스테이크 종류를 시켜서 거의 다 비운 것 같았다. 정말 왕성한 식욕이었다. 나도 따라서 먹다 보니 음식이 목까지 차는 듯한 느낌이었다.

마침내 LA 공항에 도착했고, 종차지인 미니애폴리스행 비행기를 타려면 어느 정도 시간 여유가 있었다. 이들은 급히 택시를 타고 잠깐 공항 밖에 다녀오자고 했다. 영문도 모른 채 따라간 곳은 바로 공항 근처에 있는 인앤아웃In-N-Out 버거였다. 여기서 이들은 모두 거대한 더블더블 햄버거 세트메뉴를 시키고는 나에게 "썽, 여기는 이제 미국이니 돈 내지 말고 그냥 먹어요"라고 했다.

음식이 거의 코까지 찬 것 같았지만, 함께 거대한 햄버거를 다 먹어치웠다. 거래선이 처음 사준 음식을 남길 수도 없었지만 사실 햄버거가 진짜 맛있었다. 이들은 해외 출장으로 LA 공항에 들를 때마다 꼭 이 햄버거를 찾는다고 했다. 이들에게 햄버거는 마치 한국인의 김치찌개나 된장찌개 같은 것이었다. 오랜 해외 출장에서 돌아와 우리가 제일 먼저 찾는 음식이 그것인 것처럼 말이다.

"노란 눈은 먹지 마세요" 뜻밖의 환영회

마침내 미니애폴리스에 도착했다. 베스트바이 본사가 있는 이 도시가 나의 두 번째 미국 주재지가 될 것이었다. 월요일 아침 일찍 나는 삼성 지점 사무실에 처음 방문해서 현지 직원들과 인사를 나누었다. 처음 만난 5명의 직원들이 나를 반갑게 맞이하긴 했지만, 내가 누구이며 어떤 역할로 미니애폴리스에 왔는지 전혀 모르는 눈치였다. 이들은 조금 당황한 듯 보였는데, 심지어 일부 직원들은 내가 그들의 자리를 빼앗지나 않을까 걱정하는 듯했다. 그때까지 미니애폴리스 지점에는 삼성 주재원이 한 번도 파견된 적이 없었던 것도 그이유 중 하나라고 여겨졌다.

삼성에서 베스트바이를 담당하는 미국인 지점장이 나에 대한 사전 소개를 못했던 모양이었다. 그는 주로 뉴저지 미국 본부에 있으며 한 달에 두세 번 지점을 방문하는데, 이날은 오지 않았다. 나는 지점 직원들의 걱정을 빨리 해소해주어야겠다고 생각했다.

"주재원의 주된 역할은 뉴저지 미국 본부나 한국 본사로부터 신속한 지원을 받을 수 있도록 중간 역할을 함으로써 여러분의 비즈니스를 도와주는 것입니다. 우리 지점은 지금은 4억 달러 매출 규모이지만 나의 목표는 향후 20억 달러 매출을 달성하는 것입니다. 그렇게 되려면 현재 5명에 불과한 직원 수도 앞으로 20명까지 늘어나야 할 것입니다."

직원들은 반신반의하는 표정이었다. 그러나 그들의 우려는 이튿날부터 나와 함께 베스트바이 미팅을 하게 되면서 자연스럽게 해소되기 시작했다.

매주 수요일마다 삼성은 베스트바이와 공급망 관리 방안을 협의했다. 특별히 이날은 내가 처음 베스트바이 실무자들과 상견례를 하는 날이기도 했다.

회의실에 들어간 나는 이들이 준비한 깜짝 환영식을 받게 되었다. 베스트바이 직원들이 공급자 회사의 주재원에게 환영식을 해주리라고는 전혀 예상치 못했다. 마이크와 힘께 힌국 출장을 왔던 베스트바이의 부서장들과 제품별 실무자들이 모두 모여 있었다. 먼저 마이크가 나를 소개하며 앞으로 삼성과의 의사소통이 예전보다 엄청 빨라질 것이라고 덕담을 해주었다. 나도 자기소개를 하며 IBM 주재와 TV 제품 관리 그룹장 경험 등을 바탕으로 베스트바이와 삼성이 함께 성장할 수 있도록 최선을 다할 것을 약속했다.

이들은 나에게 매우 특별한 선물도 주었다. 10월부터 눈이 많이 내리는 미니애폴리스에 온 것을 축하한다며 눈 치우는 삽을 주었는데 익살맞은 환영의 글귀들이 적혀 있었다. '썽, 환영해', '다가오는 겨울 따뜻하게 잘 지내', '노란색 눈은 절대 먹으면 안 돼' 등. 함께 참석한 삼성 지점의 직원들은 베스트바이가 이렇게 공급자를 따스하게 환영해주는 것은 생전 처음 본다며 놀라워했다. 이날 나는 유통업체와 우리 같은 공급자가 서로 도와가며 함께 성장하는 전략적인 파트너십을 만들어볼 수 있겠다는 자신감이 솟았다.

삼성 지점의 TV 영업 담당자는 미팅 중에 이제야 이해된다는 듯 나에게 미소지었다. 베스트바이의 따뜻한 환영식과 나의 적극적인 미팅 참여에 삼성 지점의 직원들도 나를 신뢰하기 시작하는 듯했다.

데이터에 기반한
전략적 파트너십의 시작

예상치도 못했던 따뜻한 환영식을 받은 후 나는 제품별 공급망 관리 회의에 참석했다. 우리는 이를 CPFR이라고 불렀다. 이것은 실제 판매 데이터를 기초로 유통과 공급자가 함께 향후 판매 및 물량 운영 계획을 세우는 것으로 당시로서는 매우 혁신적인 경영 프로세스였다. 다행히 나는 삼성의 공급망 관리 시스템의 파워 유저였으며, IBM과 동일한 프로젝트를 진행했던 경험이 있었다.

미팅이 시작되자 베스트바이 직원이 모델별로 그래프를 보여주며 설명했다. "삼성 플라스마 42인치 TV는 지난주 850대 판매되었고, 지난 3일간 150대 판매된 추세를 보면 이번주에는 550대 판매가 예상됩니다. 당초 목표였던 900대에는 훨씬 못 미치는데, 즉시 추가 프로모션 대책을 수립해야 합니다."

베스트바이가 투명하게 공유해주는 판매 정보와 높은 수준의 분석력에 내심 놀랐다. 나는 처음으로 회의에 참석했지만, 지난주까지 본사에서 TV 제품 관리 그룹장을 하며 알게 된 모든 시장과 공급망 상황 정보를 활용해 대책 협의에 적극 참여했다. 대책을 수립한 후, 마지막 단계로 미래의 판매와 공급계획을 재조정했다.

당연한 얘기지만, 영업도 데이터에 기반해야 더 잘할 수 있다. 베스트바이의 과거 판매 자료를 보면, 동일한 주의 요일별 판매 비중은 매년 비슷하다. 예를 들어, 올해 39주차의 요일별 판매 비중은 작년 39주차의 요일별 판매 비중과 거의 같았다. 즉, 일요일에서 화요일까지 3일간 실제 판매량과 비중을 분석하면, 수요일에는 거의 정확하게 그 주의 판매량을 예측할 수 있다. 그 주가 끝나기 전에 한 발 앞서서 미리 대비책을 준비할 수 있는 것이다. 이런 순발력과 속도감으로 협력할 수 있다면, 나는 유통과 공급자가 함께 승리할 수 있는 전략적 파트너십으로 발전할 수 있다는 믿음을 갖게 되었다.

일단 매장에 깔려야 팔린다

"삼성이 출시한 프리미엄급 LCD TV 중에 '밀레' TV가 있는데, 이미 유럽 등지에서 호평을 받고 있어요. 베스트바이에서도 이를 도입하면 어떨지요?"

CPFR 미팅 도중에 나는 베스트바이에 제안했다.

아무리 삼성이 만드는 TV 기술이 좋아도 제품이 매장에 깔리지 않으면 판매가 이루어질 수 없다. 베스트바이 매장에서는 대략 100개의 TV 모델들을 전시하고 있었는데 이중 삼성의 평판 TV 모델의 수는 2005년 말에 5개밖에 되지 않았다. 이는 삼성이 실제로 출시한 TV 모델 수를 감안하면 너무 적은 숫자였다.

"이렇게 좋은 모델이 있는지도 몰랐네요. 구매팀에서 검토해서 결정해주면 다음 달부터 구매해서 판매토록 하겠습니다."

베스트바이는 샘플을 받아보고 그 다음주부터 '밀레' TV를 구매하기 시작했다. 이렇게 CPFR 미팅은 중요한 소통의 장이었다. 적극적인 소통의 결과 베스트바이에서 전시하는 삼성 평판 TV 모델의 수는 2006년 20개, 2007년 35개로 급증했다. 전시모델 수가 늘어나면서 삼성 TV의 판매점유율도 덩달아 급격하게 상승했다.

베스트바이와 CPFR을 통한 업무 협력은 정말 빠른 속도로 진행되었다. 나는 특별한 경우가 아니면 매주 수요일 진행된 6~7개 제품군별 CPFR 미팅에 빠짐없이 참석했다. 그리고 여기서 파악된 시장의 흐름에 대한 정보를 곧바로 삼성의 미국 본부 및 한국 본사와 공유했다. 이처럼 거의 실시간으로 공유되는 시장 정보를 토대로 삼성은 빠르게 대응 전략을 수립할 수 있었다. 삼성 TV 판매가 매주 급성장을 이룰 수 있었던 배경에는 뛰어난 제품력도 있었지만, 영업 실무진에서 CPFR 협의를 통해 시장 정보를 효율적으로 공유하고 재빠르게 대응한 것도 크게 작용했다. 그 과정에 일조한 사실에 큰 보람을 느낀다.

파트너십을 업그레이드하다

삼성 TV의 판매점유율이 올라가고 있었지만, 시장 1위인 소니와의 간격은 여전히 컸다. 베스트바이와의 파트너십을 한 단계 강화해야 할 필요가 있었다. 내가 과거 IBM을 담당하던 시절에 배웠던 분기별 사업 리뷰 미팅을 베스트바이와 함께 시도해보면 좋을 것 같았다. 삼성과 베스트바이의 주요 의사결정자들이 함께 모여 지난 분기 성과를 분석하고, 이를 토대로 향후 판매계획을 협의 및 확정하도록 의사결정하는 것이라는 배경을 설명하자 베스트바이는 흔쾌히 수용했다.

첫 번째 분기별 사업 리뷰 미팅은 미니애폴리스에 있는 베스트바이 본사에서 진행했다. 삼성에서는 본사와 미국 본부에서 주요 의사결정자들이 출장을 왔고 베스트바이에서는 구매, 마케팅 및 공급망 관리의 핵심 부서원들이 참석했다. 투명한 정보 공유와 효율적인 의사결정으로 모두 미팅 결과에 만족감을 표했다. 다만 베스트바이 본사에서 진행하다 보니 분기별 사업 리뷰 미팅에만 집중하기 힘들었고 다소 어수선한 분위기였다는 의견이 있었다. 그래서 두 번째 분기별 사업 리뷰 미팅은 미니애폴리스에서 멀리 떨어진 산장에서 하루 날을 잡아 워크숍 형태로 진행했다. 이렇게 분기별 사업 리뷰 미팅은 베스트바이와 삼성의 새로운 업무 협의 프로세스로 자리잡아갔다.

매년 3분기 분기별 사업 리뷰 미팅은 연말 최대의 판매 성수기를 준비하고 그해를 잘 마무리하기 위해 가장 중요한 시기에 진행되었다. 그래서 2박 3일 일정으로 외부와 완전히 차단된 상황에서 허심탄회한 전략 협의에 집중할 수 있도록 아예 다른 주에 위치한 리조트에서 진행했다. 모두 집중해서 마지막 날 오전까지 결론을 도출한 후 우리는 오후 반나절 동안 열기구 타기, 래프팅, 카레이싱, 와인 테이스팅 등과 같은 다양한 팀 빌딩 행사도 가졌다.

분기별 사업 리뷰 미팅이 정착되어가며 서로가 상대방의 입장에서 이해하고 도와주는 파트너십으로 한 단계 발전했다. 베스트바이는 삼성의 개발, 생산 및 공급망 프로세스에 대한 이해가 높아졌다고 좋아했다. 삼성도 베스트바이의 판매 준비과정을 상세히 알게 되었다. 서로의 프로세스를 투명하게 이해하게 되자 합리적이고 현실적인 판매계획을 함께 세울 수 있게 되었다. 즉, 베스트바이도 삼성의 개발과 생산 리드타임을 충분히 감안한 판매 예측을 제시해주었고, 삼성도 유통의 일정을 감안해서 미리미리 판매계획을 확정할 수 있었다.

베스트바이는 1년에 두 번 봄과 가을에 한국을 방문했다. 주로 새롭게 도입한 상반기 또는 하반기 모델을 중심으로 판매계획을 협의했다. 베스트바이와 파트너십이 발전하면서, 우리는 회의를 마치고 주말이 되면 한국 문화를 체험하는 색다른 이벤트를 몇 차례 시도했는데 반응이 아주 좋았다.

한번은 이천에 있는 한국 전통 도자기 체험을 했다. 각자 자기 나름대로 디자인하여 흙으로 빚고, 색도 칠하는 등 갖가지 체험을 했다. 도자기가 구워지는 것을 기다리는 동안 절구를 찧어 떡을 직접 만들어 먹기도 하고 진흙으로 지은 황토방에서 찜질을 체험해보기도 했다. 베스트바이 사람들은 이날의 추억을 도자기에 담아 집으로 돌아갔다. 나는 마이크의 집에 여러 번 초대받아 갔는데, 마이크가 만든 도자기를 보며 그때 추억을 회상하기도 했다. 우리 집 어딘가에도 투박한 도자기 하나가 있을 것이다.

내부 행사에 초대받은 외부인

"썽, 당신도 베스트바이의 한 사람이지? 내가 만든 햄버거 맛을 보고 평가 좀 잘 부탁해. 나와 우리 가족이 이틀 전부터 얼마나 정성 들여서 고기 패티를 준비했는지 알아? 정말 맛있어!" 스캇의 목소리에서 간절함이 느껴졌다.

2008년 어느 날, 나는 베스트바이 햄버거 시식대회 심사위원으로 초대받았다. 베스트바이는 부서별로 매년 하루를 정해 점심시간 중에 사내 정원에서 햄버거 시식대회 같은 '훌륭한 일터Great Work Place' 행사를 개최했다. 이날 벌어진 행사는 베스트바이 홈시어터Home Theater 팀원들이 각자 집에서 준비해온 햄버거를 직접 그릴에 구워서 누구의 햄버거가 가장 맛있는지 고르는 행사였다. 우승자에게는 상품도 주어졌지만, 자기 햄버거가 좋다는 평가를 받는 것 또한 미국에서는 큰 자부심으로 여겨져 경쟁이 아주 치열했다.

나는 맛을 기준으로 공정하게 판정하려고 노력했는데, 문제는 햄버거들이 조금씩 색다르면서도 모두 맛이 좋아 판정을 내리기가 꽤 어려웠다는 점이다. 어떤 친구는 시식을 하고 있는 내 옆에 슬쩍

와서 이 햄버거 한번 먹어보라며 은근히 자신의 것임을 암시하기도 했다. 아주 조금씩 맛만 보았지만, 30개가 넘는 햄버거를 시식하다 보니 나중에는 배가 터질 것 같았다. TV에서 보았던 핫도그 먹기대회에 참여한 것 같은 착각이 들 정도였다.

사실 영문도 모른 채 이 행사에 참석했던 나는 초대장을 보낸 베스트바이의 직원에게 나를 초대한 이유를 물어보았다.

"햄버거 시식 경쟁은 아주 치열해요. 내부 심사위원으로만 진행되면 불평이 나올 수도 있거든요. 그래서 당신이 치우침 없이 공정하게 판정해줄 것으로 생각하고 초대했지요. 모두들 당신을 초청해도 좋다고 했어요."

그녀는 내가 베스트바이의 내부 행사에 초대받은 최초의 외부인이라고 말했다. 햄버거 시식을 하면서 내 가슴이 뭉클해졌다.

격의 없는 대화로 구매회사 직원을 감동시킨 삼성 CEO

미니애폴리스의 추운 날씨와 반대로 사람들은 상당히 따뜻하다. 처음 만나는 베스트바이 사람들도 나를 열린 마음으로 친절하게 대해주었다. 그런데 내가 미니애폴리스에 정착하고 2년쯤 지나서야 그 이유를 알게 되었다. 이제는 나의 절친이 된 베스트바이의 마이크 모한이 내가 미니애폴리스로 파견되기 전에 일어났던 아주 흥미로운 에피소드를 들려주었다.

2004년 10월 어느 날, 베스트바이는 뉴저지에 있는 삼성 미국 본부로부터 긴급 요청을 받았다. 삼성 본사의 최고위 임원이 미국을 방문 중인데 미니애폴리스에서 미팅을 할 수 있도록 준비해달라는 것이었다. 그 임원의 미국 출장 일정이 너무 빠듯하여 미니애폴리스까지 방문하지는 못할 것으로 판단하고 있던 뉴저지 직원들이 마지막 순간이 되어서야 미팅 요청을 하게 된 것이었다. 그런데 때마침 베스트바이의 고위 임원들이 모두 부재 중이어서 중간관리자들만 미팅에 참석할 수 있었다.

베스트바이 중간관리자들은 누구를 만나는지도 모르는 상태로 미팅에 참석했고, 그들이 만난 삼성 임원은 바로 오늘날의 글로벌 삼성을 만드는 데 중요한 역할을 담당한 최지성 당시 영상디스플레이 사업부장이었다. 그들은 당황했고 다급히 여기저기 전화를 걸어 혹시 참석 가능한 베스트바이 임원이 있는지 알아보느라 분주했다고 한다. 이때 베스트바이 직원들에게 놀라운 반전이 일어났다. 최 사업부장은 괜찮다며 베스트바이 담당자들을 다독이고는 오히려 잘 됐다고 말했다는 것이다.

"미팅에 높은 분이 없어도 괜찮으니 걱정 마세요. 내가 오늘 미니애폴리스까지 온 이유는 담당자 분들의 솔직한 이야기를 듣고 싶어서입니다. 앞으로 삼성이 어떤 TV를 만들어주면 여러분이 더 많이 팔 수 있을지 여러분의 소중한 경험과 제안을 말씀해주세요."

삼성 CEO의 이러한 진솔한 태도는 베스트바이의 직원들을 크게 감동시켰다. 그들은 미국 TV 시장에 대해 자신들이 아는 것을 토대로 여러 제안을 했다. "미국 소비자들이 실제로 선호하는 기능들을 사양에 넣어주면 좋겠어요", "프리미엄 TV만 고집하지 말고 Good-Better-Best의 제품군을 골고루 제공할 수 있다면, 삼성만의 차별화로 시장을 확대할 수 있을 것 같습니다"며 자기들의 평소 생각을 성의껏 답변했다.

이들이 더욱 놀란 점은 삼성 본사의 CEO가 한 시간 남짓 미팅 내내 아주 진지하고 소탈하게 대화하는 모습이었다고 한다. 그는 기술 이해도가 매우 높았을 뿐만 아니라 의견 하나하나를 아주 신중히 경청하면서 제품 사양에 대한 협의 시에는 핵심을 찌르는 구체적인 질문을 하여 시간 가는 줄 몰랐다는 후일담을 전해들었다.

이 미팅 이후, 삼성은 베스트바이 구매 관리자들의 의견을 최대한 반영하여 TV 신제품을 준비했고 2006년을 기점으로 글로벌 최고의 TV로 등극하게 되었다. 삼성 TV가 어떻게 추격자의 위치에서 세계 1등으로 우뚝 올라설 수 있게 되었는지를 이해할 수 있는 에피소드였다.

이 이야기를 들려준 마이크는 삼성 사람들도 모두 아는 이야기 아니냐고 물었다. 그러나 사실 우리는 아무도 모르고 있었다. 이 사건 이후 최 사업부장은 베스트바이 내부에서는 '전설 legend'이 되었다고 한다. CEO이면서도 겸손하고 중간관리자들과도 진지하게 미팅하며 지위고하를 막론하고 시장 현황에 대해 신중히 듣고 이를 바탕으로 전략을 실행하는 경영자로서 말이다.

최 사업부장은 2009년 삼성전자 대표이사 사장으로 승진했고 미니애폴리스를 다시 방문하게 되었다. 물론 이번 방문은 베스트바이의 CEO, CMO, COO 등 최고경영진들과의 오찬 일정으로 진행되었다. 돌아보건대 5년 전 실무자들과의 격의 없는 미팅이 베스트바이와의 파트너십을 통해 삼성 TV의 일등화에 최초의 디딤돌을 놓았던 것만은 분명한 사실이다.

한 거래선에서 TV 판매 10억 달러 신기록을 쓰다

삼성과 베스트바이의 파트너십이 점차 발전해가자 우리는 연간 사업계획을 함께 협의하는 사이가 되었다. 2006년 2월 초, TV 10억 달러 판매 목표를 협의하기 위해 나는 베스트바이 출장자들과 함께 한국을 방문했다. 당시 삼성은 보르도 TV 등 혁신적인 신제품을 준비하며 최초로 글로벌 1등이 되어보자는 강한 열망으로 가득 차 있었다.

두 회사는 공동목표 달성을 위한 구체적인 실천 방안을 협의했다. 베스트바이의 마이크는 나와 함께 최지성 영상디스플레이 사업부장에게 회의 결과를 설명했다. "오늘 양사가 협의한 결과, 2006년도에 베스트바이가 삼성 TV를 10억 달러 판매하겠다는 계획을 수립했습니다. 이것은 지난해에 비해 두 배 이상 성장하는 아주 도전적인 목표입니다."

그러자 최 사업부장은 "정말 고무적인 목표입니다. 그런데 10억 달러를 베스트바이의 판매가격 기준이 아니라, 삼성의 공급가격 기준으로 달성해보면 어떻겠습니까?"라고 제안했다. 이것은 올해에 보르도 TV 등 혁신적인 제품들이 나왔으니 목표를 2~3억 달러 정도 더 높게 잡아보라는 제안이었다.

마이크 모한은 순간 머뭇거렸다. 머릿속으로 달성 가능성을 점쳐보았을 것이다. 몇 초 후 마이크는 "구체적인 방안을 다시 협의해봐야 할 것 같습니다"라고 답변했다. 그리고 나는 그와 함께 회의실로 돌아왔다.

회의실에 남아 있던 베스트바이와 삼성 팀원들은 회의 결과 보고가 잘 마무리되었거니 생각하고 여유롭게 커피를 마시고 있었다. 베스트바이 팀은 짐까지 싸두고 호텔로 돌아갈 준비를 마친 상태였다. 마이크는 새로운 목표를 제안받은 상황을 설명했고 우리 모두는 곧바로 수정 계획안을 협의하기 시작했다. 그리고 저녁이 다 되어갈 무렵에야 새로운 10억 달러 구매 계획안이 만들어졌다.

이 야심찬 목표의 달성을 위해 삼성과 베스트바이는 숨가쁜 협력작업에 돌입했다. 매주 실적을 점검하고 매달 판매 확대를 위한 추가 프로모션을 협의했으며 본사 출장자들과 함께 분기별 사업 리뷰 미팅을 진행했다. 정말이지 우리는 한몸처럼 최선을 다해 협력했다. 그 결과 베스트바이 회계연도 기준으로 2006년에 삼성전자 설립 이래 처음으로 단일 거래선에서 단일 품목으로 10억 달러 판매를 달성할 수 있었다. 그것도 삼성의 공급가 기준으로 말이다.

2007년 또다시 베스트바이와 함께 한국으로 출장을 왔을 때 10억 달러 달성을 기념하는 행사가 있었다. 이 기념식에서 베스트바이는 10억 달러의 의미에 대해 발표했다. 이는 미국 베스트바이 매장에서 한 주에 2만 1천 대 판매, 하루에 3천 대 판매, 한 시간에 251대를 판매했다는 의미라고 했다. 이는 당시 부탄 왕국의 국내총생산 GDP 보다 높은 규모라고 덧붙였다.

2009년 초, 삼성전자 사내방송은 창립 40주년 기념으로 삼성전자의 위상을 짚어보는 프로그램을 준비하면서 미국 베스트바이를 전략적 파트너십의 모범 사례로 인터뷰하여 방영하고 싶다고 나에게 연락해왔다. 나는 마침 한국 출장 중이던 마이크 모한에게 부탁했고 그는 흔쾌히 허락했다. 마이크는 카메라 앞에서 다음과 같이 차분히 발표했다.

"10억 달러를 돌파하면서 몇 가지 교훈을 얻었습니다. 첫째, 전략적 파트너십은 명확한 목표가 있어야 합니다. 삼성전자와 베스트바이는 가장 먼저 서로 간에 일치되고 합의된 명확한 목표를 설정하였습니다. 둘째, 목표를 달성하기 위한 현실적인 전략과 구체적인 전술을 함께 수립하는 것이 필요합니다. 즉, 목표를 달성할 수 있는

1년 치의 큰 계획을 사전에 만들어 핵심적인 사람들과 공유하고 이들이 스스로 목표를 실천할 수 있도록 투명하게 소통하였습니다. 셋째, 실무진들은 매일·매주·매월 목표대비 실적과 진행 경과 등을 실시간 공유해가면서 필요하면 추가 계획을 수립했습니다. 경영진은 분기별 사업 리뷰 미팅을 통해 진행 경과를 냉정히 평가하고 필요시 목표·전략·전술을 수정하고 조정안을 만들어 신속히 대응할 수 있도록 도와주었습니다."

TV 단일 품목으로 베스트바이에서 10억 달러 판매 달성에 힘입어, 2006년 삼성은 미국 TV 시장에서 사상 최초로 시장점유율 1위에 오를 수 있었다. 반면 소니는 디지털 TV 시장의 변화에 대응이 늦어지며 점차 TV 시장에서의 우위를 잃게 되었다.

삼성은 당시 미국뿐만 아니라 글로벌 TV 시장에서도 1위를 차지한 이후 지금까지 부동의 1위 자리를 지켜오고 있다. 명실공히 최고의 명품 TV 브랜드로 자리매김한 것이다. 기술과 시대의 변화에 맞추어 고객과 함께 성장하는 스마트 전략으로 위기를 기회로 삼으며 모두가 노력한 덕분이었다.

고객에게 감동을 주는 섬세한 파트너십

고객 의견에 귀 기울이는 결단

2007년 11월 초 어느 날 오후, 미니애폴리스에 위치한 소피텔 호텔로 미국 최대 유통사인 베스트바이의 마케팅, 판매 및 구매팀 등 주요 부서의 실무자들이 속속 도착하기 시작했다. 나는 이들을 호텔의 대회의실로 안내했다. 이들은 회의실 안에 들어오자마자 깜짝 놀라며 말했다.

"썽, 이렇게 많은 대형 TV 샘플들을 어떻게 미국까지 가져올 생각을 한 거예요?" 삼성이 내년에 출시할 예정인 TV들의 디자인과 기능에 대해 그들의 피드백을 듣고자 1만 킬로미터 이상 비행기에 태워 가져왔다는 것이 믿기지 않는다는 표정이었다. "우리의 의견을 이렇게 존중해준다니 너무 고맙군요. 오늘 가져온 TV들을 하나하나 자세히 살펴보고 최대한 많은 의견을 제시하도록 하겠습니다. 그나 저나 이 많은 TV 샘플의 운송비는 도대체 얼마나 든 거예요?"

당시 금액으로 20만 달러 이상 든 것으로 기억한다. 배송을 결정한 경영진은 그 이상의 가치가 분명 있다고 판단했던 것이다.

삼성은 보르도 TV의 대성공으로 2006년 처음으로 TV 사업에서 글로벌 1등 회사가 되었다. 새로운 디자인을 적용했던 보르도 TV는 애초부터 좋은 제품이었지만, 출시 전에 미국 유통사로부터 받은 피드백을 반영해 더 개선된 모델을 내놓음으로써 소비자들의 만족도를 더 높일 수 있었다. 그때까지는 다음해에 출시될 신모델 디자인의 경우 극도의 보안을 유지해야 하므로 몇몇의 제한된 내부 임직원에게만 공유되고 있었다. 그런데 보르도 TV 때부터는 유통 거래선의 소수 핵심 임원들에게 처음으로 미리 공유했고 의미있는 피드백을 받았다.

사실 베스트바이와 같은 유통업체의 실무 담당자들은 소비자들의 취향과 반응을 가장 잘 파악하고 있는 사람들이다. 그들의 피드백은 소비자들의 의견을 미리 들어보는 것과 같은 효과로 제품의 성공 가능성을 높였다. 보르도 TV의 성공 이후로 삼성은 신제품 준비 단계에서부터 보안을 최대한 유지하면서 전략적인 유통사 담당자들과 정보를 공유하고 그들의 피드백을 받는 과정을 정례화하기 시작했다. 주요 유통사들은 보통 9월을 전후해서 한국 출장을 왔는데, 이때 주요 핵심 거래선들에게만 다음해에 출시될 신모델 정보를 공유하기 시작했다.

삼성은 완전히 새로운 개념의 크리스털 로즈 TV를 2008년에 출시하려고 준비하고 있었다. 혁신적인 제품이다 보니 디자인 확정과 양산 가능성 검토 등으로 개발이 다소 늦어져 2007년 10월 말이 되어서야 최종 샘플이 준비되었다. 그런데 이때는 미국 유통사들이 매우 바쁜 시기다. 최대 판매 성수기인 11월 블랙프라이데이와 12월 크리스마스 판매에 집중하기 위해 10월부터는 해외 출장도 금지할 정도다. 베스트바이의 구매팀이 한국으로 출장을 나올 수가 없으니 그들의 중요한 피드백을 받기 어렵게 된 것이다.

2007년 윤부근 영상디스플레이 사업부장이 바통을 이어받았고 베스트바이와 삼성의 감동적인 파트너십은 더욱 진화되고 있었다. 윤 사업부장은 크리스털 로즈 TV 샘플을 비행기에 실어 베스트바이 본사가 있는 미니애폴리스로 보내도록 지시했다. 고객의 관점과 협력의 중요성을 강조하며 통 큰 리더십으로 대담한 결정을 내린 것이다.

문제는 신제품 샘플 디자인의 보안을 어떻게 유지할 수 있는가였다. 해결책으로 특수 제작한 대형 알루미늄 캐비닛 30여 개를 준비했다. 특수 자물쇠를 부착해서 이동 중에는 절대 개방될 수 없도록 조치했다. 대형 TV 세트 30대 이상을 항공편으로 미니애폴리스로 송부하기 위해 군사작전을 펼치듯 작업이 진행됐다. 엄청난 항공운송비가 들었지만, 고객의 피드백을 받는 것보다 더 중요한 것은 없다고 판단한 것이다.

삼성전자 본사의 핵심 개발 담당자들도 미니애폴리스로 날아와 인근 호텔의 대형 컨벤션센터에서 최종 개발 샘플들을 설명해주고 그들의 피드백을 열심히 새겨들었다. 이러한 삼성의 섬세하고 진지한 파트너십에 베스트바이 담당자들도 감동을 받았다고 했다. 거래선의 판매, 마케팅 및 구매 담당자들은 밤늦도록 제품에 대한 자신들의 의견을 상세히 설명해주었다. 그 이듬해 크리스털 로즈 TV는 대성공을 기록했다. 섬세하고 통 큰 리더십과 전략적 파트너들과의 협력을 통해 제품을 업그레이드한 개발자들 덕분이었다.

술보다 햄버거가 필요할 때도 있다

윤부근 사업부장이 영업맨들의 기를 살려준 일화가 있다.

베스트바이가 한국 출장을 왔을 때, 회의를 마치고 이들에게 저녁 식사를 대접하게 되었다. 윤 사업부장은 거래선들을 편하게 해주며 즐겁게 술을 곁들이다가 분위기가 무르익자 평소처럼 모든 참석자에게 소주를 따라주었다. 내 차례가 오자 베스트바이 구매 책임자인 마이크 모한이 갑자기 "썽은 술이 약하니 반만 주세요"라고 막아섰다. 순간 나는 속으로 '아이쿠, 마이크가 눈치도 없이 사업부장님게 결례를 저지르네'라며 당황했다.

아니나 다를까 몇 번 더 순배가 돌고 난 후 사업부장이 내게 넌지시 말했다. "자네는 도대체 거래선을 어떻게 이렇게 만들어놓았나? 내가 보다 보다 이런 일은 생전 처음 보네. 거래선이 공급자 직원의 건강까지 챙겨주는 것을 보니, 거래선과 친형제보다 더 가까운 사이가 되었구나. 그런 관계를 만드느라 정말 고생했네."

내심 엄청 좋아 있는 후배의 기를 살려주는 덕담이었다.

내가 처음 미국 주재원으로 나올 때, 베스트바이 팀과 함께 비행기를 타고 미국으로 오는 길에 그들이 사주는 인앤아웃 햄버거를 목까지 차도록 먹었던 일화를 가볍게 이야기한 적이 있었다. 윤 사업부장은 이 얘기를 기억하고 매년 라스베이거스에서 개최되는 세계 최대의 국제전자제품 박람회 CES Consumer Electronics Show 에 참가하러 올 때면, 베스트바이 사람들과 함께 인앤아웃 버거를 점심으로 먹었다. 때로는 전날 거래선들과 저녁 식사를 하며 음주를 한 후에 얼큰한 해장국이 당길 법한데도, 영락없이 인앤아웃 버거를 먹었다. 윤 사업부장은 이처럼 거래선들의 입장에서 그들을 세심하게 배려하는 것으로 유명했다.

거래선들에 대한 삼성 CEO들의 세심한 배려는 그들과 인간적인 신뢰를 쌓는 데 정말 효과적이었다. 상대방에게 값비싼 식사를 대접하는 것보다 그가 좋아하는 것을 함께하는 것이야말로 돈독한 인간관계를 맺는 지름길이라고 확신한다.

1등으로 달려가는 기차에
함께 탈 수 있었던 행운

삼성 LCD TV는 계속해서 세계 최초의 신기술을 개발하며 시장을 선도해나갔다. 2006년 보르도 TV에 이어 2008년에 출시된 크리스털 로즈 TV는 또 다른 디자인 혁신이었다. 2009년에는 '핑거슬림'이라 불리는, 당시로는 가장 얇은 LED TV를 세계 최초로 출시했다. 2010년 3월에는 또다시 최초로 개발된 3D LED TV의 출시 행사를 뉴욕 맨해튼의 타임스퀘어 광장에서 진행했다.

출시 행사장에서는 영화 〈터미네이터〉와 〈타이타닉〉 등을 감독했을 뿐만 아니라 당시 3D 영화인 〈아바타〉 등으로 인기를 얻고 있던 영화감독 제임스 카메론이 윤부근 영상디스플레이 사업부장과 함께 삼성의 3D TV를 소개했다. 그는 관중들에게 첫인사로 〈아바타〉의 유명한 대사 'I see you'를 말하며, "저는 오늘 삼성 3D LED TV 출시일에 타임스퀘어 현장에 있었다는 것을 매우 자랑스럽게 생각할 것"이라며 'I was there'라는 또 다른 명대사로 연설을 마쳤다.

뛰어난 TV 제품력, 브랜드 마케팅과 효율적 공급망 관리 시스템을 기반으로 삼성은 2009년 베스트바이 한 거래선에만 TV 제품 공급가 기준으로 20억 달러를 달성했다. 삼성전자 설립 이래 베스트바이와 2006년 처음으로 단일 거래선에 단일 품목으로 10억 달러를 달성한 후 3년 만에 윤 사업부장의 탁월한 리더십으로 20억 달러를 돌파한 것이다. 최근의 비즈니스 규모는 훨씬 더 커져서 20억 달러가 대단한 금액은 아니지만, 당시에는 기록적인 판매 성과였다.

내가 임원이 될 수 있었던 것은 운도 따라주었고 선배들의 배려가 있었기에 가능했다. 물론 베스트바이에서의 성과도 도움이 되었다. 삼성 TV가 2006년 이후 줄곧 글로벌 1위가 될 수 있었던 바탕은 무엇보다도 압도적인 제품 경쟁력이다. 그리고 영업의 역할도 중요했다. 거래선과 전략적인 관계를 구축하고 매장 내 전시모델 수를 늘리고 공급망 관리를 잘해야 판매 증가도 가능하다. 매일 변하는 경쟁 상황에 대응하며 피말리는 전투를 벌였다. 이렇게 1등으로 달려가는 기차에 함께 탈 수 있었던 기회가 주어진 것은 나에게는 큰 행운이었다.

위대한 기업의 몰락과 새 강자의 탄생

베스트셀러가 된 책『좋은 기업을 넘어 위대한 기업으로 Good to Great』에서 저자 짐 콜린스는 미국의 가전 유통업체인 서킷시티를 좋은 기업에서 위대한 기업으로 전환된 사례로 묘사하고 있다. 이 책이 출간된 2001년 서킷시티는 미국 최대의 소비자 가전 유통회사였다. 한때 위대한 기업으로 칭송받던 이 회사도 2000년대 중반부터 가전 시장의 경쟁 심화로 경영 악화를 겪다가 2008년에는 마침내 미국 법원에 파산법 '챕터 11'이라는 파산 보호 신청을 했고, 이듬해 완전히 사업을 접게 되었다.

한때 위대했던 회사가 몰락한 배경에는 그들의 파트너인 일본 가전기업들의 부침도 일부 관련되어 있다. 당시 서킷시티는 최고 유통업체로서 오랜 기간 TV 시장을 주름잡던 일본 업체들과의 파트너십에 안주하며 재미를 보고 있었다. 이에 반해 미국 가전 유통의 2인자에 불과하던 베스트바이는 삼성 TV의 가능성을 보고 새로운 차원의 전략적인 파트너십을 만들어나갔다. 그 결과 베스트바이는 서킷시티와의 경쟁에서 우위를 점해가며 미국 가전제품 전문 유통업계에서 최고의 자리에 오르게 되었다.

사실 내가 2005년 10월 한국에서 미니애폴리스로 파견될 때만 해도 이렇게 되리라고는 전혀 상상하지 못했다. 베스트바이의 원조는 음향기기 전문점인 '사운드오브뮤직'이다. 지금도 많은 사람에게 사랑받는 뮤지컬 영화 〈사운드 오브 뮤직〉은 1965년 미국에서 개봉되어 소위 대박을 쳤다. 그 이듬해 이 영화 제목과 같은 상호명을 가진 음향기기 전문상점 1호점이 미국의 중서부 미네소타주에서 처음 문을 열었다. 사운드오브뮤직은 상점 수를 늘리다가 1983년에는 베스트바이로 회사명을 바꾸고 종합 전자제품 판매기업으로 다시 태어났다. 삼성과의 성공적인 파트너십에 힘입어 마침내 서킷시티를 넘어선 새로운 위대한 기업이 된 것이다. 삼성과 베스트바이의 전략적 파트너십 성장에 깊숙이 참여할 수 있었던 것에 무한한 자부심을 느낀다.

일 중독자를
가장으로 둔
가족의 생존법

거래선 가족들과 가까워진 비결은
아내의 음식 솜씨

"이제는 엄마가 해준 음식이 여기 한국 식당 음식보다 훨씬 맛
있어요. 엄마, 음식점 한번 해보세요."

내가 주재원으로 나왔던 2005년만 해도 미니애폴리스 지역에
는 한국 식당이 몇 개 되지 않았다. 경쟁이 없어서인지 맛도 그다지
신통치 않았다. 그나마도 식당들이 집에서 20킬로미터 이상 멀리 떨
어져 있어서 자주 가지 못했다. 특히 눈이 많이 내리는 겨울에는 더
욱 가기 어려웠다. 그런데 아이들은 중·고등학교에 올라가면서 한국

음식을 더 많이 찾았다.

필요가 창조를 낳듯이, 아내는 집에서 늘 먹는 음식 외에 수준 높은 한식을 만들어야겠다고 느끼는 듯했다. 그러고는 뛰어난 학습능력으로 요리법을 하나하나 익혀나갔다. 가끔 내가 한국 출장에서 사온 요리책을 뒤져보기도 하고, 당시에는 흔치 않았던 인터넷 레시피를 찾아봤다. 한국 지인의 집에 초대받아 맛있는 음식을 먹을 땐 요리법을 열심히 전수받았다. 아내의 한국 음식 솜씨가 일취월장했다.

그렇게 성장한 아내의 음식 솜씨는 미국에서 거래선들과 친구를 넘어 가족 같은 관계로 가까워지는 데 큰 역할을 했다. 우리는 많은 사람을 집에 초대했다. 친구가 된 마이크는 아내 안드레아와 아이들을 데리고 자주 놀러 왔다. 우리가 대접한 음식 중 가장 인기가 많았던 것은 한국식 LA갈비와 돼지불고기였다. 아내가 터득한 조리법으로 갈비를 재우면 나는 뒷마당에 놓인 그릴에서 바비큐처럼 구워 대접했다. 마이크는 한국 출장 때마다 한식을 먹어보았지만 한식을 접해보지 못한 그의 가족은 무척 신기해했다. 아이들은 지하실에 내려가 게임을 하면서 놀고 어른들은 와인이나 소주를 마시면서 가족의 일상사뿐 아니라 미국과 한국의 시사 이야기까지 나누며 대화의 꽃을 피우곤 했다.

마이크도 우리를 자기 집으로 자주 초대했다. 마이크는 직접 재운 스테이크를 채소와 함께 그릴에 구워 내놓았다. 그의 스테이크는 여느 음식점의 것보다도 맛이 좋았다. 미국의 큰 명절인 추수감사절

이 되면 외국에서 외롭게 지낼 우리 가족을 집으로 초대해 칠면조 맛을 보게 해주기도 했다. 점차 아내들끼리도 매우 친해져 가끔씩 시내 레스토랑에서 따로 만나 모히토를 마시며 수다를 떠는 사이로 발전했다. 이처럼 우리 가족은 종종 다른 가족들과 친밀한 모임을 가지며 춥고 낯선 이국에서의 외로움을 잠시나마 달랠 수 있었다.

베스트바이 CEO였던 브래드 앤더슨 부부도 집에 초대했는데 그날 저녁 브래드와의 대화를 통해 소박하면서도 열정적이고 뛰어난 경영자의 면모를 확인할 수 있었다. 브래드는1973년 베스트바이가 생긴 지 얼마 되지 않았을 때 매장의 판매사원으로 시작했다고 했다. 그는 1970년대 미국에서 전자제품 매장의 판매사원은 꽤 괜찮은 직업이었다며, 자기를 비롯해 당시 판매사원으로 시작한 몇몇 사람이 오늘날 미국 주요 CEO급으로 성장했다고 알려주었다.

"썽, 젊었을 때 매장에서 소비자들과의 역동적인 상황을 잘 이해하게 되면, 나중에 경영진이 되더라도 비즈니스를 전개하는 데 많은 도움이 될 겁니다"라며 브래드는 현장의 중요성을 강조했다. 이는 삼성 최고경영진들이 삼성의 경영철학 '현문현답'으로 현장 경영을 강조하는 것과 일맥상통했다.

브래드에 이어 베스트바이 CEO를 맡은 브라이언 던과 2009년 한국 출장 중에 최지성 삼성전자 대표이사와의 저녁 만찬 에피소드가 떠오른다. "썽이 베스트바이 사업에 큰 도움을 줘서 고맙지만, 한 가지 불만이 있어요. 우리 직원들이 가장 맛있는 한국 바비큐는 어제 저녁에 갔던 갈비집이고, 그 다음이 썽의 아내가 요리한 갈비라고 해요. 그런데 나는 지금까지 한 번도 먹어보지 못했어요"라고 말했다. 나는 미니애폴리스에 돌아가면 곧바로 집으로 초대하겠다고 약속하고 겨우 그 자리를 모면했다.

우리는 수많은 미국 친구 가족들을 집으로 초대했다. 우리 집을 다녀간 어른 손님들은 미국 생활에 관한 정보를 나눠주기도 하고, 나와 아내의 한가한 주말 저녁 시간을 즐거움으로 채워주었다. 어린 손님들은 잦은 이사로 친구 사귀기를 어려워했던 우리 아이들의 좋은 벗이 되어주었다. 이처럼 아내는 음식 솜씨로, 두 아들은 미국 아이들과의 친화력으로 나의 주재원 생활을 물심양면 도왔다.

한국에 돌아온 후 아내는 미국에서 사용하던 큼직한 그릇들을 정리하기 시작했다. 일부는 없앴지만 아직 고이 모셔둔 접시들이 많이 있다. 집으로 초대하는 문화가 사라진 한국에서 이 많은 서빙접시를 언제 다시 꺼내 쓸지 모르겠다. 그동안 고생했던 아내를 위해서 이제는 내가 요리를 배워볼까 생각 중이다.

미니애폴리스에서 겨울나기

미니애폴리스의 겨울은 길고 춥다. 시내의 높은 빌딩들은 터널이나 구름다리로 서로 연결되어 있는데, 이는 추운 겨울 사람들이 외부로 나가면 빌딩 위에서 얼음조각이 떨어져 위험할 수 있기 때문이라고 한다. 삼성 지점이 입주한 건물 옆 주차빌딩에는 문이 닫히는 동시에 난방이 되는 차고가 있는데 이런 차고를 이용하려면 추가로 월세를 더 내야 했다. 당시 우리 회사 직원들은 모두 개방된 추운 차고에 주차하고 있었다.

내가 주재원 생활을 시작한 지 얼마 지나지 않은 어느 날 늦은 오후였다. 이미 기온은 영하 27도로 내려가 있었고, 곧 눈폭풍이 몰려온다는 경보로 지점의 모든 직원들도 그날은 조금 일찍 퇴근했다. 나도 지점에서 영업을 담당하는 메리와 함께 사무실을 나왔다. 메리는 내가 장갑도 끼지 않고 목도리도 없이 다닌다며 크게 걱정했다. 주차장으로 가서 내 차에 열쇠를 꽂고 돌렸으나 시동이 걸리지 않았다. 메리가 자기 차의 점퍼를 연결해서 시동을 걸어주겠다고 했고, 나는 지켜보면서 손가락으로 턱밑을 문질렀다. 이때 손에 축축한 느낌이 들었다. 손가락을 보니 피가 묻어 있었다. 잠시 추운 바깥에 머문 사이에 피부가 얼었고 언 피부를 문지르자 피가 났던 것이다. 미니애폴리스의 추위가 얼마나 심각한지 그제야 실감했다.

우리 가족도 미니애폴리스의 호된 겨울 추위를 톡톡히 경험했다. 10월 어느 날, 밤 사이에 3인치 정도 눈이 내릴 거라는 일기예보가 있었다. 아들들은 내일 학교를 가지 않을 것이라며 기대에 들떴다. 전에 살던 롤리에서는 눈이 1인치만 내려도 3~4일간 휴교를 했다.

아침에 눈을 뜨니 정말로 밤새 많은 눈이 내렸다. TV를 켜고 한참을 들어보아도 정작 아이들이 기다리던 휴교 소식은 없었다. 워낙 눈이 자주 오는 곳이다 보니 눈이 땅에 떨어지기 무섭게 제설작업이 완벽하게 이루어지기 때문이었다. 지금도 그때 실망스럽게 학교 버스를 타러 가던 아이들의 표정이 생각나 미소를 머금게 된다.

미니애폴리스가 속한 미네소타주는 겨울에 눈이 많이 오기로 유명하다. 보통 10월부터 눈이 내리기 시작해 4월까지 온다. 그런데 큰 눈이 올 때마다 희한하게도 나는 출장을 떠나 집을 비우는 경우가 잦았고 아이들이 학교에 가고 나면 늘 아내 혼자서 집 앞의 눈을 치웠다. 아내는 이럴 때마다 내가 '편리하게 출장을 갔다conveniently out of town'고 이웃들에게 농담을 하곤 했다. 아내가 한 삽 한 삽 뜨며 느리게 눈을 치우는 모습이 안쓰러웠는지 간혹 이웃들이 눈을 날려버리는 스노블로어를 가져와 우리 집 앞의 눈을 치워주기도 했다.

그러던 어느 날, 다소 물기를 품은 무거운 눈이 30센티미터 이상 내렸다. 아내가 아이들이 학교에 가고 없는 낮 시간 동안 혼자 눈을 치우다가 삽이 부러져버렸다. 그날 저녁 미국인 친구 부부가 놀러와서 같이 저녁을 먹었다. 나는 눈 치우는 삽이 부러져서 새로운 삽과 함께 스노블로어도 사야 할 것 같다고 했더니, 그의 대답이 걸작이었다.

"쌩, 눈 치우는 삽이나 스노블로어를 새로 살 필요가 전혀 없어. 미니애폴리스는 삽으로 눈을 치울 수 있는 동네가 아니잖아? 부러진 삽을 절대 버리지 말고 두고 있다가 눈이 올 때마다 그걸 사용하고 있으면 이웃들이 서로 달려와서 스노블로어로 도와줄 거야."

모두 한바탕 배꼽을 잡고 웃었다. 그의 조언대로 우리는 끝내 스노블로어를 사지 않았다. 다만 새로운 삽을 몇 개 더 구매해서 몇 해 겨울을 났다. 아내는 삽질을 계속하는데도 왜 자신에게는 알통이 생기지 않느냐며 불평을 하기도 했다.

미련한 가장을 둔
가족의 현명한 대처법

어느 여름날, 우리 가족은 정말 오랜만에 여름 휴가를 다녀오기로 했다. 주말을 끼고 4박 5일간 러시모어산에 다녀올 계획으로 휴가를 냈다. 그런데 출발하고 이튿날 저녁에 갑자기 상사로부터 전화가 왔다. 예정에 없던 긴급 상황이 발생하여 내일 미니애폴리스로 갑작스러운 출장을 가게 되었으니, 거래선과 미팅을 하자는 연락이었다. 요즘이라면 "제가 지금 휴가 중인데요"라고 말하고 말았을 텐데, 그때는 내가 당연히 그 미팅에 참석해야 한다고 생각했다. 지금 돌이켜봐도 그땐 왜 그렇게 미련스럽게 일에만 몰두했는지 모르겠다. 누가 강요한 것도 아니었는데 말이다. 나는 가족을 태우고 차를 돌려 밤새 집으로 돌아왔고, 다음날 미팅에 참석했다.

다음해 여름방학 기간 중에는 몇 년 만에 LA로 여행을 가려고 비행기표를 미리 끊어두었다. 그러나 이번에도 갑작스럽게 거래선과 미팅 일정이 생기는 바람에 결국 아내 혼자 아이들을 데리고 여행을 다녀왔다. 그 다음부터 우리 가족은 아예 나를 제외하고 휴가 계획을 짰다.

아빠의 부족함을 만회할 기회가 다시 한번 찾아왔다. 미국은 아이들이 고등학교 재학시절에 미래에 가고 싶은 대학교를 미리 가보는 캠퍼스 투어가 보편화되어 있다. 나의 큰아들도 고등학교 2학년이 되었을 때, 봄방학 기간 동안 동부에 있는 대학교 탐방 계획을 세웠다. 나는 이번에는 꼭 같이 가서 아빠의 도리를 하겠노라 다짐하고 주말을 끼고 휴가까지 냈다. 보스턴의 로간 공항에 도착했을 때 또다시 업무상 긴급한 일이 발생했다. 출장자들이 미니애폴리스로 갑자기 오게 되어 다음날 거래선 미팅을 해야 할 상황이 된 것이다.

이쯤 되다보니 내가 가족여행을 동반할 수 없다는 점은 예측 가능한 확실성이 되어버렸다. 결국 나는 보스턴에 도착했지만 공항 밖으로 나와보지도 못하고 미니애폴리스로 되돌아가는 비행기를 탔다.

그때는 왜 그랬는지 지금 생각해보면 내가 일에 중독된 탓에 상황을 잘못 판단한 것이 후회스럽다. 그럼에도 불구하고 당시 이런 나를 이해해주고 참아준 아내와 아이들에게 무한 감사할 따름이다.

슈퍼볼과 아내의 외로운 40세 생일

미식축구는 미국에서 가장 인기있는 스포츠다. 이 스포츠의 클라이맥스는 챔피언 결정전인 슈퍼볼 게임인데, 많은 미국인이 갖는

꿈의 하나는 슈퍼볼을 직접 참관하는 것이다. 미식축구의 공식 스폰서가 된 삼성 미국 본부는 슈퍼볼 티켓을 일부 확보하여 주요 거래선을 이 인기있는 게임에 초대했다. 덕분에 나는 미국인들도 못 가본다는 슈퍼볼을 거래선 초청과 함께 세 차례나 참관할 수 있는 행운을 누렸다.

슈퍼볼 게임에 거래선은 부부 동반으로 초대했으나, 삼성은 직원들만 참석하도록 되어 있었다. 그런데 공교롭게도 2007년 슈퍼볼 게임 날은 아내의 40세 생일이었다. 미국은 40세 생일을 아주 중요하게 여겨 성대한 생일축하 파티를 열곤 한다. 그런데 이날, 중·고등학교에 다니던 아이들까지도 학교에서 봄방학 여행으로 푸에르토리코와 바하마로 떠나고 없었다.

결국 아내는 혼자서 외로운 40세 생일을 보내야 했다. 그 당시 아내가 자주하던 농담이 있다. "남편은 워커홀릭, 아이들은 게임홀릭, 나는 알코올홀릭." 다행히 아내는 음주 대신 동네 도서관에서 빌려온 책으로 미니애폴리스에서의 외로운 시간을 보냈다.

영하 20도의 이른 아침에 골프 연습을?

사람들이 골프를 배우게 된 동기는 저마다 다르다. 내 경우는 첫 미국 주재원 시절, 골프를 즐겼던 거래선과 좀 더 많은 시간을 보낼 욕심으로 골프를 본격적으로 연습하기 시작하면서 중간 수준의 골퍼가 되었다.

2006년 말, 마이크와 골프에 대해 이야기하다가 골프에 관련된 그의 고민을 듣게 되었다. "썽, 나는 그동안 한 번도 골프 레슨을 받아본 적이 없었어. 골프 스윙을 한 번도 배운 적이 없었지. 회사 일도 바빴지만 어린 두 아이의 아빠로서 5시간 이상씩 골프코스에서 보낼 시간적 여유도 없었거든." 당시 마이크는 골프공을 클럽으로 간신히 맞히는 수준이었다.

미국 다른 대기업들과 마찬가지로 베스트바이도 자선골프대회 Charity Classic 를 매년 개최했다. 이 대회에서 베스트바이의 경영진 혹은 간부들과 같은 조에서 골프를 치려는 공급자들은 일정액을 지불해야 하고 수익금은 전액 자선 목적으로 사용되었다.

"내가 골프를 너무 못 치니까 채러티 클래식에 큰 금액을 기부하고 나와 같은 조에서 골프를 치는 사람들에게 18홀을 도는 내내 너무 미안한 마음이 들더라고. 그래서 큰마음 먹고 다음 주말에 동네 골프연습장에 가기로 했어. 썽도 가능하면 나와 함께 가자."

나는 마이크의 제안에 흔쾌히 같이 가겠다고 했다. 문제는 마침 그때가 겨울이었고, 기온이 영하 20도라는 점이었다. 우리는 아이들이 아직 곤히 잠들어 있는 이른 아침에 머리 위에 뜨거운 히터가 나오는 연습장에서 만났다. 이후 티칭 프로의 지도를 받기 시작한 마이크는 하루가 다르게 실력이 향상되었다. 필요를 느낀 그가 연습에 집중하고 노력한 결과였다.

이렇게 주말 새벽훈련을 시작한 지 대략 두 달이 지나고 봄이
되자, 마이크와 나는 동네 퍼블릭코스에서 필드골프를 시작했다. 미
국 부모들은 주말에 아이들을 방과후 활동에 데려다주느라 매우 바
쁘다. 그래서 우리는 골프장이 열리기 전인 새벽 5시 반에 시작해 항
상 9홀만 쳤다. 처음 2홀은 해가 뜨기 전이라 공이 잘 보이지 않는
상태에서 시작했다. 그나마 다행인 것은 주말 꼭두새벽에 골프를 치
기 시작해 가족이 잠에서 깨어날 무렵에 집으로 돌아갔으니, 주말의
나머지 시간은 가족과 함께 보낼 수 있었다는 점이다.

　　그렇게 주말 먼동이 트기 전 이른 아침에 연마한 마이크의 골프
실력은 그해 여름 주변 사람들을 깜짝 놀라게 했다. 덕분에 나도 한
단계 높아진 골프 실력을 갖출 수 있었다.

　　골프는 비즈니스 언어다. 그 언어를 효과적으로 구사하려면 다
른 언어와 마찬가지로 오랜 시간 연습이 필요하다. 능숙한 언어는
친구와 비즈니스 파트너를 만들어줄 것이다.

4부

혁신의 아이콘인
아이폰을 이기다

호랑이 굴에서
상대를 제압하다

미국인의 자부심인 아이폰

스티브 잡스는 2007년 1월 맥월드 컨벤션에서 아이폰을 처음 발표하며 스마트폰 시장의 1퍼센트 정도의 판매점유율을 차지하면 좋겠다고 희망했다. 그러나 같은 해 6월 아이폰이 출시되자, 시장의 반응은 뜨거웠다. 출시일 전부터 매장 밖에는 수많은 소비자들이 줄을 서서 아이폰의 판매 시작을 기다리는 진풍경이 펼쳐졌다. 이듬해인 2008년에는 아이폰이 전 세계 스마트폰 판매량의 9퍼센트를 차지하는 기록을 세웠다.

출시하자마자 아이폰은 대성공을 거뒀다. 더 놀라운 것은 아이폰 출시 초기 애플 매장을 제외하면 미국 통신사업자 중에 AT&T에서만 아이폰이 판매되었다는 것이다. 전화기를 발명한 알렉산더 그래이엄 벨이 1885년 설립한 벨사로부터 시작한 AT&T는 미국 통신기술 혁신의 아이콘이자 세계 최대의 통신기업이었지만, 2000년대 들어오면서 미국 내 이동전화 서비스 부문에서는 후발 기업인 버라이즌에 다소 밀리고 있었다. 이 상황을 타개하고자 돌파구를 찾던 AT&T는 애플이 요구하는 다소 까다롭다고 알려진 계약조건을 수용했고 아이폰을 독점으로 판매하게 되었다. 그리고 애플의 AT&T 독점 공급은 2011년 초까지 4년간 지속되었다. 그러다 보니 AT&T에는 절대 다수의 충성스러운 아이폰 소비자 층이 형성될 수밖에 없었다.

아이폰에 비해 삼성의 스마트폰 출발은 많이 늦었다. 2008년 윈도우 모바일 OS를 탑재한 '옴니아'를 처음 출시했으나 시장의 반응은 미지근했다. 2010년에 구글 안드로이드를 탑재한 '갤럭시 S'를 출시하면서 가능성이 엿보이기 시작했다. 후속 모델인 '갤럭시 S2'는 2011년 출시 5개월 만에 전 세계 누적판매 1천만 대를 기록하며 히트 모델이 되었지만 미국에서의 판매는 여전히 부진했다. 아이폰의 위세가 예사롭지 않았을 뿐만 아니라, 이미 2009년부터 안드로이드 기반의 스마트폰 시장은 미국 회사인 모토로라와 대만 회사인 HTC가 선점하고 있었기 때문이다.

미국에서 삼성 스마트폰 판매부진은 2012년에도 계속되었다.

미국 통신사업자들은 2년 약정 서비스 제공을 통해서 스마트폰 시장에서 절대적인 영향력을 행사하고 있었다. 통신사들은 이미 검증된 아이폰과 모토로라 외에는 새로운 브랜드의 홍보 및 판매에 역점을 두지 않기 때문에 신규 스마트폰 업체에게 진입 장벽이 매우 높았다. 이러다 보니 신규 스마트폰 업체들은 미국에서 사업을 시작하기가 상당히 어려웠다. 이를 극복하려면 획기적으로 새로운 기술력을 갖춘 제품 개발과 브랜드 가치 향상을 위한 엄청난 마케팅 투자가 절대적으로 필요했다.

세 번째 미국 발령과
뿔뿔이 흩어진 가족

2010년 말에는 미국 주재원 생활을 마치고 한국 영상디스플레이 미주 그룹장을 맡아 북미와 중남미 지역을 함께 담당하게 되었다. 중남미는 국가도 많고 한국과의 시차도 크기 때문에 나는 거의 매일 밤 중남미 국가별로 돌아가며 컨퍼런스콜을 진행했다. 그리고 1년에 8번 중남미와 북미 출장을 동시에 다녔는데, 매번 출장길에 오르면 5~6개국을 방문하고 돌아왔다.

지구 반대편으로 출장 가서 열흘 동안 여러 국가를 방문하는 것은 체력적으로도 힘든 여정이었다. 그러나 국가마다 다른 사업 환경을 돌아보고 문제점을 함께 해결하고자 협의하면서 새롭게 많은 것을 배울 수 있었다. 이렇게 불철주야로 현지와 본사가 함께 노력한 결과, 수요 예측과 재고 안정화 등 공급망 관리가 자리잡혀 나갔다. 거래선들과의 신뢰관계도 더욱 돈독해져 그해 하반기부터 북미뿐만 아니라 중남미 지역의 판매도 급성장하며 정상화되었다.

그러던 중, 2011년 말에 상사는 뜻밖에도 내가 무선사업부 북미그룹 담당 임원으로 발령받게 되었다고 알려주었다. 영상디스플레이 미주 그룹장을 맡은 지 1년밖에 안 된 시점이었다. 개인적으로는 미주 그룹장으로 조금 더 일하면서 충분히 사업 기반을 다지고 싶었지만, 회사 결정을 바꿀 수는 없었다.

나는 평소처럼 새로운 도전이 주어지면 그 역할을 어떻게 돌파할 수 있을지에만 집중했다. 현상을 파악하고 주요 문제점들이 무엇인지, 그리고 그것을 어떻게 풀어갈지에만 집중하기에도 벅찼다. 다른 것에 신경 쓸 겨를이 없었다.

무선사업부 북미 그룹에서 열심히 업무를 하고 있던 2012년 3월, 상사가 나를 불렀다.

"윤 상무, 전반적으로 갤럭시 스마트폰의 판매가 호조임에도 불구하고 여전히 미국 판매가 매우 부진한 상태입니다. 따라서 경영진은 본사의 영업 임원을 미국 현지로 내보내기로 결정했습니다. 윤 상무는 미국의 제1통신사업자인 버라이즌을 담당하도록 내정되었으니 미국으로 나갈 준비를 하세요."

나는 "알겠습니다"라고 대답은 하고 나왔지만, 사실 미국에 가고 싶지 않았다. 이번에 또 미국에 나가게 되면 아내와 다시 헤어져야 할 것 같았기 때문이었다.

2009년 말 내가 임원으로 승진하고 미국 동부에 있는 뉴저지로 전배된 후에도 아내와 고등학생이던 아들은 여전히 미네소타주에 머물고 있었다. 나는 가끔 출장 갈 일이 생기거나 주말에 시간이 나면 미니애폴리스에 가서 가족과 상봉했다. 매달 한 번 꼴이었다. 그러니 주말부부도 아닌 월간부부인 셈이었다.

뉴저지에서 1년 정도 근무하다 한국으로 전배를 받았다. 이제부터는 소위 기러기 부부가 된 것이다. 그러던 중 나의 절친인 마이크 모한으로부터 연락이 왔다. 다음에 미국으로 출장 오면 따로 시간 내서 만나자는 내용이었다.

한 달 후쯤 미국 출장을 가게 되어 뉴저지에서 그를 만났다. 마이크는 그의 아내와 진지하게 의논을 했는데, 고3인 나의 둘째 아들 덕현이를 자기 집에서 1년간 맡아주겠으니 나의 아내가 한국에 돌아가서 나와 함께 지낼 수 있도록 해보라는 제안이었다. 가슴이 울컥했다. 피를 나눈 가족도 이런 제안을 하기는 쉽지 않았을 텐데, 정말 고마운 제안이었다.

그날 밤, 전화로 긴급 가족회의를 했다. 상황을 설명해주고 덕현이의 생각은 어떠냐고 물어봤다. "저는 사실 엄마와 같이 있는 것이 좋지만, 엄마 아빠가 한국에서 함께 지내는 것도 필요할 것 같아요. 저는 마이크 아저씨 집에서 1년 정도 지내는 것도 괜찮아요"라고 대답했다. 어느새 훌쩍 자란 아들의 마음 씀씀이가 대견했다. 나와 아내는 고민 끝에, 마이크에게 제안은 고맙지만 아내가 계속 미니애폴리스에 머물며 둘째 아들과 함께 있기로 결정했다고 알려주었다.

마침내 둘째 아들이 미네소타 주립대학에 진학하자마자 아내는 내가 있는 한국으로 돌아왔고 다행히 곧바로 취직이 되었다. 이제 아내와 함께 지낼 수 있겠다 싶었던 참에 또 미국 주재 발령을 받게 된 것이었다.

내가 주재원으로 나갈 때마다 자신의 경력을 단절하곤 하던 아내를 보며 이제는 원하는 직장을 잡고 경력을 발전시키는 쪽이 좋겠다고 생각했다. 그래서 나는 고민 끝에 혼자 미국으로 향했다. 이제 우리는 또 다른 형태의 부부인 역기러기 부부가 되었다. 게다가 두 아들도 대학생활로 다른 도시에서 지냈다. 이렇게 온 가족이 각기 다른 나라와 도시에서 떨어져 살아야 한다는 것이 가슴 아픈 현실로 다가왔다. 얼마나 이렇게 멀리 떨어져 살아야 할지 가늠하기 어려워 마음이 착잡했다. 그러면서도 각자 맡은 바 최선을 다하자는 생각을 하며 마음을 가다듬었다.

진정한 도전은
호랑이 굴에 들어가는 것

이런 상황에서 내가 또 주재원으로 나가야 한다면, 아주 특별한 일에 도전해보고 싶었다. 이미 내정된 미국 제1의 통신사업자 버라이즌보다도 어렵다는 호랑이 굴인 AT&T에 직접 들어가 아이폰을 한번 꺾어보고 싶은 생각이 들었다. 나는 곧 상사에게 내 의견을 전달했다.

"버라이즌보다 규모는 좀 작지만 아이폰의 홈그라운드인 AT&T를 제가 맡는 것도 나쁘지 않을 것 같습니다. 저는 본사에 근무하면서 지난 1월부터 AT&T를 담당하며 그쪽 거래선과도 이미 친분을 쌓기 시작했습니다."

며칠 후 상사는 나를 불러 AT&T로 발령나도록 조정되었다고 알려주었다.

"삼성 미국 현지 AT&T 판매 조직장이 오랜 기간 공석으로 비어 있었습니다. 비상 상황이니 하루 빨리 현지로 가서 조직부터 제대로 갖추도록 하세요. 갤럭시 S3 출시가 2012년 5월로 얼마 남지 않았습니다. 이렇게 임원이 통신사업자를 담당하러 주재원으로 나가는 것은 처음입니다. 이번에는 미국에서도 제대로 판매할 수 있도록 현지에서 잘 준비하세요."

이렇게 나는 아이폰의 절대 아성인 AT&T 사업자를 상대하는 일을 떠맡게 되어 삼성 애틀랜타 지점으로 세 번째 미국 발령을 받았다. 통신사업자와의 비즈니스는 나에게 새로운 도전이었지만, 또 다른 성취감과 경험을 얻을 수 있었다. AT&T 사업자를 담당하며 베스트바이에 최초의 삼성 모바일 체험매장 설립을 주도했고, 부진했던 미국 전체 태블릿 사업 개선을 위해 1년간 태스크포스를 운영하며 미국의 소매 유통업체들과 새로운 파트너십을 구축했다.

결과적으로 AT&T 사업에서 차지하는 갤럭시폰 점유율을 10퍼센트 내외에서 30퍼센트 이상으로 키웠다. 이러한 실적을 바탕으로 2015년에 미국 모바일 사업 전체를 관장하게 되었다. 만약 지금 다시 2012년 당시 상황으로 되돌아가더라도 나는 아마 호랑이 굴에 주저하지 않고 들어가는 선택을 했을 것이다.

영업의 출발은 소통이다

미국 동부에서 시작해 중부를 거친 나의 주재원 생활은 AT&T로 발령이 나면서 남부까지 아우른 셈이 되었다. 동부 롤리에서 IBM과의 OEM 영업을 통해 문제를 함께 풀어가는 파트너십을 배웠다면, 중부 미니애폴리스에서는 베스트바이에 TV를 판매하며 삼성을 처음으로 TV 1등 브랜드로 올려놓는 경험을 했다. 이제 남부 애틀랜타에서 그동안 배운 모든 경험을 쏟아부을 차례였다. 나는 통신사업자 AT&T와 전략적 파트너십을 만들어나갈 마음의 각오를 단단히 하고 있었다.

2012년 4월, 미국 애틀랜타 지점으로 첫 출근을 했다. 30명 이상을 수용할 정도로 넓은 사무실에는 고작 14명 정도만 근무하고 있었다. 군데군데 비어 있는 큐비클(칸막이를 설치해 만든 작은 방)이 많이 보였다. 출근하자마자 부서원들과 회의를 하면서 간단한 자기소개를 한 후, 출시가 바로 한 달 앞으로 다가온 갤럭시 S3의 준비 상황을 점검했다. 새로운 스마트폰 출시를 위해서는 사전에 통신사업자 AT&T로부터 스마트폰에 대한 기술 승인을 받아야 하는데, 큰 문제는 없어 보였다. 다만 애틀랜타 지점이 준비한 마케팅 계획서에는 삼성 본사에서 보내준 제품의 특장점만 그대로 나열되어 있었다.

출시까지 한 달밖에 남지 않은 상황에서 우리의 준비가 많이 미진해 보인다고 내 의견을 말했다. 그러자 애틀랜타 지점의 마케팅 담당자가 다소 황당한 변명을 했다.

"AT&T는 자신들의 출시 계획을 외부에 절대 알려주지 않습니다. 이런 것들은 모두 보안사항이기 때문에 우리도 물어보지 않는 것이 이쪽 업계의 관행입니다." 그러니까 우리는 AT&T가 하는 것만 그냥 넋 놓고 지켜보고 있는 것이 당연하다는 의미였다.

회의를 시작하며 나의 경력을 "IBM에서 5년, 베스트바이 등 전자 유통사들과 5년을 포함하여, 지난 10년간 미국에서 주재했고 그 과정에서 거래선들과 직접 협의하면서 현장 영업을 했습니다"라고 설명했지만, 이들은 내가 거래선과 밀접히 접촉하며 신제품 출시전략을 함께 수립했다는 점을 이해하지 못한 듯했다. 어쩔 수 없이 나는 내가 이해하는 거래선의 출시 과정을 차근차근 설명했다.

"갤럭시 S와 같은 플래그십 모델을 출시하려면, AT&T도 다른 통신사들과 경쟁하는 입장이므로 삼성으로부터 마케팅 협력이 필요

합니다. AT&T가 자기들 판매 매상의 벽에 진시할 홍보물을 준비하려면 최소 4~6주 이상 시일이 필요할 테니, 지금쯤은 우리도 AT&T의 마케팅 계획을 알고 있어야 합니다."

이처럼 내가 구체적인 프로세스를 제시하자 담당자들이 몹시 당황스러워했다. 혹시 내가 통신사업자 업무를 처음 맡는다고 생각해 나를 가볍게 여겼던 것일까? 매장 판매를 위한 준비절차는 TV나 스마트폰이나 큰 차이가 없다는 것을 몰랐던 것 같았다.

출시가 코앞으로 다가왔는데도 우리는 AT&T의 구체적인 마케팅 계획도 모르고 그들과 초기 구매 물량도 확정하지 못한 상태였다. 오랜 기간 현지인 지점장과 몇몇 주요 부서장 자리가 공석으로 있다 보니 조직 전반이 느슨하고 긴장감이 부족했다. 내 눈에는 우리의 조직이 비틀거리는 것으로 보였다. 나는 우리 담당자에게 다음날 AT&T 마케팅 책임자와 만나서 함께 풀어보자고 제안했다. 그러나 그녀는 AT&T가 갑작스러운 미팅 요청은 안 받아줄 것이라며 머뭇거렸다. 하지만 나는 그녀가 곧바로 전화해서 미팅 약속을 잡는 것을 확인하고 난 후에야 그날 회의를 마무리 지었다.

삼성 컬러는 블루다

다음날 처음 만난 AT&T 마케팅 팀은 자신들의 갤럭시 S3 마케팅 계획을 우리에게 상세하게 설명해주었다.

"우리는 갤럭시 S3에 대해 최초로 히어로^{Hero} 마케팅을 제공하기로 결정했습니다. 우리 매장에서 가장 눈에 잘 띄는 위치에 갤럭시 S3를 전시하고, TV 광고 등 주요 매체 홍보도 최대한 지원할 예정입니다."

그러면서 판매 매장 전시대의 뒷벽에는 폰 이미지를 잘 보여줄 수 있도록 그래픽을 준비 중이라고 했다. 이미 인쇄에 들어갔으니, 오후에 인쇄 도안을 이메일로 보내주겠다고 했다.

그날 오후 늦게 우리 마케팅 담당자는 그래픽 도안을 AT&T로부터 받았다며 아주 만족스러운 표정으로 회의실에 들어왔다. 그러나 나는 도안을 보자마자 눈앞이 캄캄해졌다. 삼성인은 피도 파란색이라고 하는데, 도안 그래픽에는 파란색 대신 경쟁사인 HTC의 연두색이 깔려 있었던 것이었다. 앞으로 삼성의 스마트폰이 전시될 곳은 지금까지 HTC 폰이 전시되어 있던 자리였다. 아마도 AT&T와 우리 담당자가 소통 없이 진행하다가 발생된 사고가 아닌가 짐작되었다. 그러나 원인을 따져볼 틈이 없었다. 나는 곧바로 담당자에게 AT&T에 전화를 걸어서 시정해달라고 요청할 것을 지시했다. 그녀는 이번에도 AT&T는 절대로 이미 진행되어버린 상황에서는 고쳐주지 않을 것이라며 주저했다.

이번 기회에 일하는 방식을 뜯어 고쳐야 할 것 같다고 생각했다. 그래서 나는 좀 강한 어조로 우리 담당자에게 말했다. "이번 사고는 간단히 넘어갈 문제가 아닙니다. AT&T 매장에 삼성 폰이 전시되면 수많은 사람들이 보게 될 텐데, 삼성이 연두색이면 대형 사고입니다. 만약 당신이 연락해서 시정 요청을 하지 않겠다면 내가 직접 연락해야 합니다."

그녀는 어쩔 수 없이 AT&T의 담당자에게 전화를 걸어 문제점을 설명했다. 그러자 AT&T의 직원은 깜짝 놀라며 사과하고는 즉시 시정해주겠다고 했다. 그러나 새롭게 인쇄하고 교체하는 데 3~4주가 걸리는 점을 이해해달라고 했다. 곧이어 AT&T의 마케팅 최고 책임자도 나에게 직접 전화를 걸어와 실수에 대해 정중하게 사과했다. AT&T는 삼성 브랜드의 중요성을 이해해주는 좋은 파트너였다. 다만 우리가 그동안 제대로 협의하는 절차를 만들지 못한 것이 문제였다.

연두색 그래픽 사건을 계기로 삼성 애틀랜타 직원들은 나에 대해 아주 조금씩 마음의 문을 열기 시작했다. 나는 IBM을 담당하던 시절부터 문제가 생기면 왜 생겼는지 원인을 파고들기보다 어떻게 해결할 것인가에 초점을 맞추는 습성이 있었다. 이번에도 문제해결에 시간을 쏟고 함께 풀어나가는 모습을 보면서 현지 직원들은 나를 조금씩 신뢰하게 된 것 같았다. 이 일이 있은 후 우리는 함께 담소를 나누다가도, 내가 "삼성의 컬러는?" 하고 질문을 던지면 직원들이 "그린이 아닌 블루"라고 답하며 다같이 웃곤 했다. 드디어 우리의 하모니가 형성되기 시작했다.

산악 유격훈련으로 쌓은 동료애

잘 안 되는 집에는 대화가 없다. 회사조직도 마찬가지다. 판매 지점은 영업·마케팅·기술 팀원 모두가 서로 관련된 업무를 하기 때문에 실시간 정보 공유는 필수다. 애틀랜타 지점에는 능력있는 직원들이 많았지만, 부서 간에 정보가 제대로 흐르지 않았다. 그러다 보니 갤럭시 S3 신제품 출시를 앞두고 통일성 없이 부서별로 제각기 다른 준비를 하고 있었다.

내가 개별면담을 실시해보니 직원들은 지점 내에서 정보 공유가 잘 되지 않는다는 불만을 가지고 있었다.

"제품 담당자가 주요 정보를 혼자 움켜쥐고 우리에게 공유해주지 않았습니다. 그렇다 보니 저는 언제 신제품을 출시하는지도 모르고 있었어요."

그런데 정작 이런 불평을 하는 직원 자신도 정보를 공유하지 않은 것으로 드러났다. 오랜 기간 조직의 장이 없이 지내다 보니 이런 문제가 생긴 것 같았다. 직원들 대부분이 회사에 대한 신뢰도 낮았고 자기 자리가 언제 없어질지 모른다는 불안감마저 느끼고 있었다. 모래알처럼 부서지기 쉬운 조직 분위기를 안정시키는 것이 가장 시급한 과제였다.

나는 아주 기본적인 것부터 시작했다. 삼성의 비전과 글로벌 목표에 기반하여 우리 지점에서 달성해야 할 명확한 목표를 수립하여 부서원들과 소통하는 것이 급선무라고 판단했나. 우리가 AT&T에서 1등 공급자가 될 수 있다는 신념을 가질 수 있게 된다면 불안감이 해소되고 자신감도 회복될 수 있을 것으로 믿었다.

AT&T는 아이폰의 홈그라운드이니 우리가 아무리 해봐도 안 된다는 패배주의적 사고에서 탈피하는 것이 필요했다. 그래서 바로 다음날부터 주간 회의를 열어 내가 먼저 지점의 목표를 분명히 제시해주고, 모든 부서들이 주요 진행 상황을 공유할 수 있도록 했다.

하루아침에 조직 분위기를 바꾸는 것은 쉽지 않았지만, 함께 일해보자는 분위기로 서서히 개선되어나가는 모습을 볼 수 있었다. 이전에 두 차례 미국에서 주재하며 조직을 이끌었던 나의 실무 경험이 많은 도움이 되었다.

조직이 어느 정도 안정되어가던 어느 월요일 주간 회의 중에 어떤 부서원이 흥미로운 제안을 했다.

"스파르탄 레이스Spartan Race는 한마디로 산악 유격훈련인데요, 우리 지점이 팀 빌딩 차원에서 한번 참여하면 어떨까요?"

개인 사정이 있는 몇몇을 제외하고 대부분의 직원들이 참여하겠다고 했다. 이들은 레이스가 힘들면 좀 쉬는 한이 있더라도 팀 빌딩 취지를 감안해서 나도 같이 가줄 것을 요청했다. 그들은 내가 이런 도전을 거절할 사람이 아니라는 걸 몰랐던 것 같았다.

한 달 후, 우리는 애틀랜타에서 비행기를 타고 필라델피아에 도착한 후 차를 타고 두 시간을 더 들어가 험준한 산악 지대에 닿았다.

숙소에서 하룻밤을 보낸 우리는 모두 새벽에 일어나 1천여 명의 참가자들과 함께 레이스의 출발점에 섰다. 전국에서 모여든 많은 참가자들 중에 일부가 선두에 섰다. 이들은 이날 우승을 목표로 오랜 기간 훈련하여 뛰어난 체력을 갖춘 사람들이었다. 팀 빌딩 차원에서 참가한 우리는 우승을 목표로 개인전을 펼치기보다 모두의 페이스에 맞추어 천천히 레이스를 하기로 했다.

우리는 '스파르탄'이라는 이름에 걸맞게 상당히 어려운 코스를 완주해야 했다. 산길에는 20여 개의 다양한 장애물들이 설치되어 있었다. 때로는 높은 벽을 맨몸으로 뛰어넘고 밧줄에 거꾸로 매달려 강을 건너고 무거운 통나무를 들고 뛰고 철조망 아래의 진흙탕을 포복으로 지나고 호수를 헤엄쳐 통과해야 했다.

레이스 초반에 우리 지점의 젊은 직원들은 나를 염려해서 도움의 손길을 자주 내밀었다. 그런데 내가 장애물 2~3개를 거뜬히 뛰어넘는 것을 보더니 뜻밖이라며 모두 놀라워했다. 후반으로 가면서 내가 뒤처지는 직원들에게 손을 내밀며 도와주게 되었다. 평소에 조깅과 수영으로 체력을 단련해온 효과를 톡톡히 보았다. 특히, 진흙탕의 호수를 수영해서 건너야 할 때에는 더러운 물을 마시지 않고도 수영을 할 수 있어서 정말 다행이었다.

출발 후 한 시간이 조금 지나자 선두그룹 우승자는 이미 결승점을 통과하고 있다는 소식이 들렸다. 우리 팀은 어려운 장애물을 만나면 포기하지 않도록 서로 격려와 도움을 주며 하나씩 넘어갔다.

거의 네 시간이 지나서야 레이스를 마쳤지만, 선원 완주 메달을 받을 수 있었다. 팀워크 없이 각자가 달렸다면, 아마 반 이상은 중도에 포기했을지도 모른다. 장애물을 하나씩 함께 정복해나가며 결승점에 도착했을 때, 우리 몸은 진흙 범벅이 되어 있었지만, 얼굴에는 승리감과 성취감의 미소가 가득 번졌다.

이처럼 어려움에 처했을 때 서로를 도와가며 함께한 '스파르탄' 동료애를 발판으로 우리 지점의 팀워크는 꾸준히 좋아졌다. 다행스럽게도 갤럭시 S3는 미국 시장에서도 좋은 반응을 얻어, 매주 판매 기록을 경신하고 있었다. 혁신적인 신제품 출시와 더불어 우리 지점의 생동감이 높아져갔다.

조직의 목표를 공유하고 안정감이 잡혀나가니 AT&T에서 삼성 폰의 매출도 두 배 가까이 늘고 판매점유율도 급증했다. 이처럼 좋은 성과를 낼 수 있었던 배경에는 제품의 기술력도 중요하게 작용했지만, 그와 더불어 판매 조직이 안정되고 모두가 한 방향으로 달려갈 수 있는 팀플레이 정신도 한몫했다.

고리타분한 의전의 틀을 깨고
거래선과 친근해지다

AT&T 고위 임원들은 1년에 한두 차례 한국 출장을 갔다. 통상 미국 통신사업자들은 상당히 보수적일 것이라는 이미지가 있었다.

대부분의 통신사들이 오랜 역사와 큰 사업 규모를 가지고 있었기 때문인데, 그런 이유로 한국 출장을 오는 이들에 대한 의전도 아주 보수적이었다고 들었다. 가령, 우리 직원들은 모두 어두운 색 양복에 넥타이 차림으로 그들을 맞았다. 그리고 검정색 고급 승용차 10여 대를 준비해 각 차에 한두 명씩 거래선을 태워 이동했고 저녁은 늘 고급 호텔의 식당에서 와인을 마시며 마무리했다.

AT&T 담당 주재원이 된 후, 나는 처음으로 거래선과 함께 한국 출장을 가게 되었다. 며칠 일찍 한국에 도착해 그들을 맞을 준비를 하며 이번에는 의전 방식에 좀 변화를 주고 싶었다. 처음에는 일부 본사 직원들이 우려하며 반대했다. 하지만 나는 거래선과 사전 협의를 거친 후, 다소 실용적인 형태로 진행하기로 했다. 사소한 것이지만 우선 양측이 모두 넥타이를 벗기로 했다. 그동안 삼성은 거래선이 넥타이를 매고 오니 거기에 맞춰 착용한다고 했고, 거래선은 삼성이 매니 불편해도 어쩔 수 없이 따라했다고 했다.

그리고 모든 출장자가 버스 한 대로 한꺼번에 이동할 수 있도록 했다. 덕분에 출장자들은 수원과 서울 간 이동 중에도 차 안에서 편하게 서로 이야기를 나누고, 나에게 질문도 했다. 저녁 식사도 첫날은 호텔에서 하되, 이틀째는 등심구이를 준비했다. 한국식 바비큐를 먹으며 한국식 칵테일인 '소맥'을 만들어 대접하니 분위기가 더 화기애애해졌다. 미국 출장자들도 당시 전 세계를 들썩였던 싸이의 '오오~오빠! 강남 스타일' 춤까지 추면서 모두 재미있는 시간을 보냈다.

보통 사람들은 출장이나 여행을 가면 현지 음식과 문화를 접하고 싶어한다. 과거의 고리타분한 의전 방식을 새로운 한국 스타일로 바꾸면서 우리와 AT&T의 관계도 한 단계 더 발전할 수 있었다.

조종사도 울고 갈
마일리지를 기록하다

AT&T는 미국 여러 도시에서 기능별로 각기 다른 업무를 진행했다. 예를 들어, 마케팅 부서는 애틀랜타에, 모바일 신제품 테스트와 도입 여부 결정 부서는 시애틀에, 지주회사인 ㈜AT&T는 댈러스에 각각 위치해 있었다. 삼성도 이에 맞추어 애틀랜타 지점 외에 시애틀 및 댈러스에도 사무실과 별도의 대응 인력들을 배치했다.

나는 애틀랜타에 거주하면서 거의 매주 시애틀과 댈러스로 출장을 다녔다. 이렇게 한 번 출장을 다녀오면 왕복 5천 마일 비행거리 정도 되었다. 연간 20만 마일 이상을 비행하다 보니, 나를 알아보는 승무원이 있을 정도였다. 지인들은 내가 일반 조종사보다 더 오랜 시간 비행한다며 걱정스러워했다. 그러나 거래선들을 만나 관계가 개선되고 사업이 성장하는 것이 눈에 뻔히 보이는데 출장을 안 갈 수는 없었다.

나는 업무의 특성상 유독 시애틀로 자주 출장을 갔다. 시애틀에 갈 때마다 AT&T 고위급 임원인 제프 브래들리와 미팅을 했는데, 그는 통신업계에서의 오랜 경험과 지식을 바탕으로 기술 분야를 비롯해 예리한 질문도 많이 하는 것으로 알려져 있었다. 그와 첫 미팅을 해보니, 그는 상대방의 의견을 경청하고 아주 합리적인 판단을 내리는 사람이었다. 특히 신기술과 신제품에 관심이 많아 초기 단계의 샘플을 직접 사용하면서 소중한 피드백을 자주 주었다. 그가 알려주는 문제점과 제안은 참고할 만한 좋은 내용이었고, 나는 그의 소중한 의견을 제품에 반영될 수 있도록 했다.

제프와의 미팅은 그의 관심사인 신기술과 신제품 중심으로 진행되었다. 2013년에는 삼성에서 스마트폰, 태블릿, 워치 등 주요 신제품을 거의 매달 하나씩 출시하면서 미팅 주기가 더욱 잦아졌다. 연말의 어느 날 우리는 그해 마지막 미팅을 했다.

제프는 웃으며 나에게 자기 달력을 보여주더니 이번이 올해 42번째 미팅이라고 알려주었다. 그러면서 AT&T 내부의 어떤 부서보다도 나와 더 많은 미팅을 한 것 같다고 했다. 우리 둘은 크게 웃었다.

어느 주말 나는 시애틀에 머물면서 제프와 골프를 칠 기회를 얻었다. 제프는 싱글핸디캡으로 뛰어난 골퍼였다. 반면 바쁜 출장 일정 때문에 오랫동안 골프를 치지 않았던 나는 첫 홀부터 공을 2개나 물에 빠뜨렸고 이후로도 그다지 좋은 플레이를 하지 못했다. 하지만 이날 제프가 나에게 해준 말 때문에 기분이 무척 좋아졌다. 여러 스마트폰 공급자 중에서 나와 처음으로 골프를 쳐본다는 말이었다. 내

가 그동안 몸이 부서져라 시애틀로 출장을 다닌 덕분에 신뢰를 쌓고
좋은 기회도 얻게 된 것 같아 우울한 골프 실력에도 불구하고 기분
만은 상상의 알바트로스처럼 하늘을 날았다.

위기 속에서
혁신이 나온다

경영혁신 우수 사례로 뽑히다

삼성 본사에서 글로벌 혁신대회가 있는 날 아침이었다. 전 세계 삼성전자 법인들 중에서 12개의 우수 사례를 미리 선발했는데, 운이 좋았는지 우리가 AT&T에서 진행했던 혁신 사례도 여기에 포함되었다. 오늘이 바로 본사 경영진 앞에서 우수 혁신 사례를 발표하고 대상과 금상 선정 등 최종 평가가 있는 날이었다.

아침에 나를 대신해서 발표 순서 추첨을 하러 갔던 미국 현지 혁신 주재원이 울상이 되어 돌아왔다. 왜 그러냐고 물었더니, "제가 실수로 1번을 뽑아 상무님이 첫 번째로 발표해야 합니다. 과거 혁신

대회를 보면, 중간 이후 발표자들이 최종 채점에 유리했었다고 합니다. 추첨을 잘못한 것 같아 죄송합니다"라고 미안해했다.

나는 발표 순서에 따라 유불리가 정해진다는 말은 처음 들어본다며 전혀 문제없다고 했다. "그동안 AT&T에서 삼성의 판매점유율이 낮은 데다, 우리 지점은 항상 부진 재고를 많이 두고 있었기 때문에 본사로부터 지적만 받고 있지 않았나? 그러니 이번에 우수 사례로 선발된 것만으로도 만족스럽네"라며 "첫 번째로 나가서 발표를 잘하면 오히려 더 강한 인상을 줄 수도 있을 것이니 걱정 말게"라고 그를 안심시켰다. 사실, 오랜만에 본사에 출장 와서 경영진들과 300~400명의 혁신팀원들 앞에서 혁신 사례를 발표하려니 긴장되긴 했다. 난 조용히 발표장 옆 회의실로 들어가 발표 연습에 집중했다.

마침내 첫 번째 발표자로 무대에 올라 AT&T와 거래가 중단될 뻔한 위기의 순간을 극복하고 매출과 시장점유율이 향상될 수 있도록 본사 혁신팀과 함께 AT&T와의 공급망 관리^{SCM} 프로세스를 혁신한 과정을 간략히 발표했다. 2012년 AT&T 담당 주재원으로 나간 직후, 어려웠던 상황이 주마등처럼 스쳐 지나갔다.

거래 중단 위기에도
오히려 더 차분히 대처하다

2012년 8월 AT&T의 라일리로부터 급히 만나자는 전화를 받왔다. 그녀는 공급망 관리 부서장으로 스마트폰 구매 물량을 결정하는 중요한 역할을 담당했다. 나는 매주 수요일 예상판매 및 공급계획을 협의하는 CPFR 미팅에 참석하며 그녀와 가깝게 지내고 있었다. 게다가 바로 며칠 전에도 그녀를 만났었다. 무슨 긴급한 일이 생긴 모양이라고 생각되어 곧바로 차를 몰고 그녀의 사무실로 향했다.

라일리는 다소 흥분한 듯 보였지만 차분한 목소리로 설명했다. "상부에서 앞으로 모든 스마트폰 공급자들과 VMI를 진행하라는 지시가 내려왔어요. 따라서 삼성과도 VMI를 추진해야 합니다."

VMI는 'Vendor Managed Inventory'의 줄임말로 공급자가 스마트폰의 재고와 공급을 책임지는 관리방식을 말한다. 즉, 제품을 공급받는 AT&T는 이제부터 재고에 대한 부담을 지지 않겠으니 공급자인 삼성이 책임지고 재고를 관리하라는 의미였다. 예측대로 판매가되지 않아 재고가 남아도 전적으로 삼성이 재고 처분의 책임을 져야하는 상황이 될 수 있다는 뜻이었다. AT&T 로고를 붙여 스마트폰을 공급하는 사업의 특성상, VMI는 삼성이 받아들일 수 없는 요청이었다. 그런데 어떤 공급자 하나는 이미 VMI 서비스를 제공하기로 제안했고 이를 추진하기 시작했다는 것이다. 당시 시장 경쟁은 더욱 심화되는 상황이었고 통신사업자들도 경영압박을 겪고 있다는 언론 보도가 계속 이어졌다. 이런 분위기에서 VMI 요구가 일회성으로 그칠 것으로 보이지는 않았다.

잠시 침묵이 흘렀다. 나는 몇 년 전, 베스트바이로부터 텔레비전을 VMI로 공급해달라는 요청을 받고 단호하게 거절했던 기억이 잠시 떠올랐다. 사실 VMI는 표준화된 소비재 제품이라면 좋은 솔루션이 될 수도 있다. 그러나 텔레비전과 같은 전자제품은 제품 수명 주기가 짧고 제품 사양도 조금씩 다른 데다 생산·납품 소요기간 등의 변수들도 너무 많았다. 따라서 VMI를 진행하면 책임 소재가 불분명해 리스크가 훨씬 더 높아질 수 있었다.

내가 TV VMI 요청을 거절한 후 4개월 정도가 지나자 베스트바이 실무자들은 나에게 고맙다며 조용히 인사를 건넸다. 삼성이 VMI 요청을 거절해준 덕분에 재고 혼선을 조금이나마 줄일 수 있게 되었다는 얘기였다. 일본의 어느 텔레비전 공급자와 3개월 정도 VMI를 진행해보니 정확한 재고 파악이 어렵고 문제가 너무 많았다고 했다. 어느 창고에 누구 소유의 재고가 몇 대 있는지, 그리고 앞으로 언제 몇 대가 추가 공급될지 등의 정보가 전혀 파악되지 않는 것이다. 그러다 보니 향후 판매계획 수립조차 할 수 없는 악몽과 같은 상황이 초래되었던 것이다. 시간이 흐른 후, 베스트바이도 텔레비전에 VMI를 적용하는 것은 '재앙disaster'이었다고 토로한 바 있었다.

라일리의 설명을 듣고 나니, AT&T 상부에서 이미 결정하고 요청한 VMI를 단순히 거절하기는 어려워 보였다. 그렇다고 우리가 VMI를 받아들일 수도 없었다. 참으로 난감한 상황이었다. 다행스럽게도 나는 어려운 상황이 되면 평소보다 더 차분해지는 경향이 있다. 나는 라일리가 상부의 지시사항을 실행에 옮겨야 하는 위치에 있다는 점을 잘 알았다. 그렇기 때문에 우선 그녀와 VMI의 장단점에 대해 공감대를 형성해두는 것이 가장 중요하다고 느꼈다.

나는 잠시 생각을 정리한 후 말했다. "VMI를 요청한 배경은 이해가 되었습니다. AT&T가 필요로 하는 것은 항상 적정 재고를 유지하여 판매 기회는 높이면서 경영 효율화를 이루자는 것 같습니다. VMI 자체가 목적은 아닌 것으로 이해했습니다. 이제 이를 함께 풀어나갈 방법을 찾아보도록 합시다."

그녀도 내 말에 공감했다. 나는 계속 설명했다. "그런데, 지금처럼 삼성이 AT&T 브랜드를 붙여 스마트폰을 공급하고, AT&T가 이를 구매하여 유통망을 통해 판매하는 구조에서는 판매·재고 정보의 실시간 공유 시스템이 개선된 후에라야 VMI 수용을 검토해볼 수 있을 것 같습니다."

나의 논리적인 지적에 라일리는 다소 난감한 표정을 지었다. 그녀는 AT&T가 아직 이런 정보 공유 시스템이 준비되어 있지 않았으며 판매 정보의 공유가 없다면 공급자가 알아서 공급 물량을 준비한다는 것은 불가능하다는 점을 잘 알고 있었기 때문이라고 생각했다. 그녀는 현 상황에서 부족하거나 남는 재고를 삼성에게 책임 지운다는 것은 무리가 따르는 일임을 이해하고 있었을 것이다. 하지만 보스의 지시가 있었고 유럽의 어느 유력한 공급자가 좋다고 제안한 VMI를 멈출 수도 없는 처지였다.

그녀는 우리가 VMI를 수용하지 않으면 연말까지 구매를 점차 줄여나가고 다음해에는 아예 거래를 중단해야 할지도 모른다고 했다. 이것이 단순한 으름장이 아니라는 것을 나는 알고 있었다. 왜냐하면 AT&T는 2007년부터 2011년 초까지 4년간 아이폰을 독점 판매하면서 아이폰 소비자가 사업의 절대적인 비중을 차지하고 있었다. 따라서 아이폰 이외의 소규모 공급자들은 VMI로 거래를 단순화하려는 의도로 보였다.

나는 AT&T에게 실질적인 도움이 될 수 있는 효율적인 대안을 만들어 제시하겠다고 약속했다. 그리고 화이트보드에 표를 그려가면서 수년 전 내가 겪었던 베스트바이의 VMI 요청, 경과 및 결과를 설명해주었다. 텔레비전과는 다른 스마트폰의 사업 특성상 가능해 보이는 몇 가지 아이디어를 추가로 제안했다. 그리고 4~5개월 정도 시간이 흐르면, 아마도 베스트바이 실무자들이 그랬듯이 AT&T도 이번에 삼성이 VMI를 그대로 수용하지 않은 것을 감사하게 여길 것이라고 말했다. 우리는 함께 조용히 미소를 지으며 미팅을 마쳤다.

데이터 기반의 창의적 공급망 관리 '프로젝트 R'

나는 VMI 대안을 만들기 위해 곧바로 삼성 본사와 협의에 돌입했다. 본사 경영혁신팀은 외국의 다른 통신사업자들도 재고관리 책임을 전가하려는 요청을 하고 있어 대책을 고심 중이었다. 이젠

AT&T의 요청도 발등에 떨어진 불이 된 것이다. 본사와 긴박하게 며칠간 논의한 끝에 마침내 해결안을 함께 마련했다. 그 대책의 출발점은 AT&T의 재고 부담을 충분히 낮출 수 있도록 예측 정확도를 올려주는 것이었다. 우리는 혁신을 의미하는 영어 단어의 첫글자이며 라일리의 첫 글자이기도 한 R을 붙여 '프로젝트 R'이라고 이름 붙였다. 나는 바로 다음날 라일리를 만나 설명해주었다.

프로젝트 R의 첫 번째 개선안은 AT&T가 항상 매장별로 적정 재고를 유지할 수 있도록, 삼성이 필요한 재고를 매일 공급해주는 것이다. 지금까지는 일주일 단위로 재고를 공급하다 보니 판매가 잘 되는 매장에서는 재고가 부족한 경우가 잦았다. 삼성의 미국 내 창고가 여럿 있으니 만약 날마다 재고가 즉시 후보충된다면 매장에 재고가 없어 판매하지 못하는 일은 일어나지 않을 것이다. 뿐만 아니라 재고가 남아도는 문제까지 한꺼번에 해소할 수 있게 된다. 우리는 이를 '일별 후보충'이라고 불렀다. 일별 후보충을 시행하려면 AT&T는 매장별 판매 상황을 제공해줘야 하며, 삼성은 이를 실시간 분석하여 매일 재고를 공급하는 시스템을 구축해야 했다. 우리는 2개월 이내로 이 시스템을 완료하겠다고 약속했다. AT&T 반응은 매우 긍정적이었다. 그동안 왜 이것을 추진하지 못했는지 스스로 자문할 정도였다.

프로젝트 R의 두 번째 개선안은 휴대폰을 판매하는 일반 유통업체의 판매 및 구매 예측 적확도를 개선해보자는 제안이었다. 당시 AT&T 자체 매장에서의 휴대폰 판매 및 구매 예측 적확도는 상당히 높았지만, 휴대폰 판매의 큰 비중을 차지하는 일반 유통업체들과는 거의 협업이 없었기에 재고 관리에 많은 어려움을 겪고 있었다. 이를 해결하기 위해 삼성이 AT&T와 유통업체를 함께 묶어 3자간 상호 공급계획예측 프로그램인 CPFR 협업을 진행하여 이들의 판매·구매 예측 적확도를 70퍼센트 이상으로 개선할 수 있는 방안을 제시했다.

다행스럽게도 나는 이전에 텔레비전 영업을 하면서 베스트바이, 월마트와 같은 미국의 대형 유통사들과 깊은 신뢰를 유지하고 있었다. 유통사들과 오랜 CPFR 협업 경험을 통해 그들의 판매 예측 기법과 적확도가 최고 수준임도 잘 알고 있었다. 나는 이들로부터 3자 미팅에 대한 구두 합의도 이미 받아둔 상태였다. 우선 최대 유통업체인 베스트바이와 함께 3자 CPFR 미팅을 진행하기로 했다. 나는 3자간 CPFR이 성공하리라 확신했다. 일단 AT&T·삼성·베스트바이 간 3자 CPFR 협력이 성공하면 이어서 월마트 등 다른 유통사들까지도 확대키로 합의했다.

설명을 들은 라일리도 프로젝트 R을 진행하는 데 흔쾌히 합의했다. 곧바로 프로젝트를 출범시키고 3일간 워크숍을 진행하며 마스터플랜과 부서별 주요 실행방안을 도출했다. AT&T는 매장별 판매와 공급 정보가 공유될 수 있도록 도와주었다. 이 정보를 바탕으로 삼성은 실시간 매장별 판매 및 재고 상황을 분석하여, 적정 재고와 공급 물량을 제안할 수 있게 되었다. 이런 정보들은 전자 데이터 교환EDI, Electronic Data Interface 을 통해 AT&T와 삼성 간에 투명하게 실시간 공유되기 시작했다.

프로젝트 R은 시스템 준비와 조정기간을 거쳐 2013년부터 본격적으로 적용되기 시작했다. AT&T의 경우 재고가 평균 17일분 이상에서 7일분 미만으로 대폭 줄어들었다. 매장별로 재고가 없어 판매하지 못하는 결품률도 2퍼센트 이하로 줄었다. 이렇게 판매는 상승되고 재고는 축소되니 AT&T에게는 영업활동을 하는 데 필요한 자금 즉, 운전자본working capital 이 효율화되는 효과도 있었다. AT&T 경영진들도 프로젝트 R을 크게 호평했다고 한다. AT&T는 삼성의 프로젝트 R을 차세대 통신사업자 CPFR 표준모델로 선정했으며 다른 모든 공급자들에게도 확대 적용했다.

프로젝트 R을 통한 혁신의 결과는 사업의 성과로도 이어졌다. 삼성은 AT&T 매출이 전년 대비 두 배 가까이 성장했고 AT&T 내 판매점유율도 거의 세 배 이상 올랐다. 무엇보다도 AT&T에서 삼성과 새로운 프로젝트를 하면 무언가 의미있는 결과를 얻는다는 신뢰감을 줄 수 있게 된 것이 가장 큰 수확이었다.

다시 글로벌 혁신대회 발표 현장으로 돌아가자. 마침내 본사 글로벌 혁신대회 발표가 완료되었다. 12개 팀 전체가 세 시간에 걸친 치열했던 발표를 모두 마치고, 최종 평가를 앞두게 되었다. 다른 팀들의 발표 내용이 다들 훌륭했기에 나는 은상 정도라도 받을 수 있으면 좋겠다고 생각하고 있었다. 그런데 은상도, 금상도 다른 팀이 받았다. 은상과 금상보다 발표를 훨씬 더 잘한 팀이 하나 있었기 때문에 이젠 글렀나 보다 하고 마음을 접으려는 순간, 올해 글로벌 혁신대회에서 최고의 영예인 대상은 공동 수상이란 발표가 있었다. 나는 그렇게 대상을 받았다. 그리고 그 다음해에 삼성은 AT&T로부터 그해 최고의 공급자 상을 최초로 수상하게 되었다. 그야말로 위기가 없었다면 혁신도 나오지 못한다는 것을 뼈저리게 실감했다.

AT&T에 신기술 독점 공급으로
아이폰을 꺾다

시장은 전쟁터와 같다. 서로 소비자의 마음을 사로잡으려고 경쟁하는 전쟁터다. 이 전쟁에서 이기려면 신무기가 가장 효과적이다. 스마트폰 시장도 마찬가지다. 미국 스마트폰 시장은 2010년대에 접어 들어 500억 달러가 넘는 큰 시장으로 성장하며 경쟁이 더욱 치열해졌다. 삼성 갤럭시는 향상된 제품력으로 글로벌 시장에서는 선두를 달리고 있었으나, 미국에서는 여전히 아이폰과의 격차를 좁히지 못하고 있었다. 특히, 삼성이 AT&T에서 아이폰을 꺾거나 격차를 좁히는 것이 초미의 관심사이다 보니, AT&T를 담당하는 나도 큰 부담감을 느꼈다.

사실 이런 상황을 돌파할 전략은 간단하다. 나는 삼성이 가진 발빠른 기술력을 바탕으로 AT&T가 원하는 차별화된 신제품을 제공하고 판매 지원을 적절히 해주면 가능할 것이라는 판단이 섰다. 당시 AT&T도 이동전화 서비스에서 미국 1위가 된 버라이즌에 다소 밀리면서 선두를 회복하기 위해 엄청난 투자를 하고 있었기 때문에 삼성의 신제품으로 AT&T와 협력할 여지가 많다고 보았다.

2013년 출시된 갤럭시 S4의 판매호조에 고무된 본사는 당초 출시 계획은 없었지만 특별한 새 스마트폰을 개발하고 있었다. 이는 방수와 방진이 되는 견고한 폰으로 러기드Rugged 폰이라고 불렀다. 나는 AT&T가 차별화된 신기술을 좋아한다는 점을 잘 알고 있었기에 AT&T에게 즉시 소개했다. 동시에 아이폰을 잡기 위해 이 폰을 일정 기간 동안 AT&T에 독점으로 공급해줄 것을 본사에 요청했다. 그러나 이미 미국의 다른 통신사업자에게도 소개된 상태였기 때문에 그들의 반응을 기다려보아야 한다고 했다.

뜻밖에도 AT&T를 제외한 다른 사업자들은 이 새로운 개념의 폰에 소극적인 반응을 보였다. 그들은 이미 많은 삼성 모델을 판매하고 있다며 추가적인 신모델 도입을 주저했다. 그 결과 본사는 나의 요청대로 자연스럽게 AT&T에 일정 기간 독점 공급을 결정했다.

AT&T는 새로운 모델을 독점으로 제공받는 것이 확정되자 아주 강력한 출시전략과 마케팅 지원을 제공했다. 나는 AT&T 여러 관련 부서들과 태스크포스 팀을 꾸려 공동 출시전략을 만들었다. 신제품 모델명도 AT&T 마케팅 팀의 제안을 반영하여 갤럭시 S4 액티브

Active로 확정했다. AT&T 매장 내 가장 좋은 위치에 전시하고, 자신들의 마케팅 예산으로 이 폰만을 선전하는 코믹한 TV 광고물도 제작했다. 거의 매일 신문과 주요 미디어에 AT&T의 마케팅 투자와 지원이 이루어졌다. 공동으로 시카고 AT&T 플래그십 매장에서 갤럭시 S4 액티브의 별도 출시 행사를 열었는데 출시 당일 매장 밖에는 100여 명이 대기줄을 설 만큼 인기가 좋았다.

갤럭시 S4 액티브 폰이 출시되고 아주 짧은 기간이었지만 아이폰의 우위를 꺾게 되었다. AT&T는 경쟁 정보를 절대로 공유하지 않았지만, 한 조사기관의 자료에 따르면 우리가 최소 몇 주간은 1위를 했다고 했다. 2012년 초기까지 삼성은 AT&T에서 점유율이 10퍼센트 수준에 머물렀으며 아이폰 점유율은 80퍼센트에 이르렀다. 아무리 짧은 기간 동안이라도 순위를 역전시켰다는 것은 우리도 믿기 힘든 기적과도 같은 일이었다. 삼성 애틀랜타 팀은 모두 환호했으며 우리도 할 수 있다는 자신감이 하늘을 찔렀다.

2014년에는 방수와 방진 기능을 높이고 국방색으로 입힌 갤럭시 S5 액티브 시리즈가 출시되었다. 또다시 독점 공급을 받게 된 AT&T는 기술적 차별화를 제공해주는 삼성의 파트너십을 더욱 신뢰하게 되었다. 그리고 이전보다 더 많은 마케팅 투자를 했다. 이전보다 더 재미있는 TV 광고물을 만들었고 소비자의 반응도 더 뜨거웠다. 이번에는 좀 더 긴 기간 동안 아이폰을 꺾었다고 알려졌다. AT&T 측 인사들도 이러한 갤럭시폰의 약진에 놀라워했다.

사라질 뻔한 워치를 살려낸 짜릿한 경험

삼성은 2013년 갤럭시 기어라는 이름으로 첫 스마트워치를 출시했다. 이는 2015년 출시된 애플워치에 비해 1년 반가량 앞서며 삼성의 앞선 기술력을 보여주었다. 갤럭시 기어는 스피커폰과 카메라를 탑재하는 등 흥미로운 기능을 가진 새로운 카테고리 제품으로 큰 관심을 모았다. 다른 통신사업자들이 도입을 주저하는 사이 AT&T는 갤럭시 기어를 신속히 출시하며 자연스럽게 일정 기간 동안 독점 판매를 했다.

그런데 갤럭시 기어의 초기 판매가 당초 기대에 미치지 못하자 본사는 워치를 단종할 것을 검토하기 시작했다. 본사의 워치 개발 담당자는 이런 상황을 내게 알려주며 판매량을 신속히 올려서 이 새로운 카테고리를 계속 이어갈 수 있도록 도와달라고 했다. 그는 스마트워치는 삼성의 미래를 위해서 꼭 필요하며 통신사업자 중에서 이 제품을 판매하는 AT&T가 유일한 희망이라며 나만 믿는다고 했다. 사실 신규 카테고리 제품은 소비자들이 잘 모르기 때문에 초기에 엄청난 마케팅 투자와 어느 정도 시간이 필요하다.

대부분의 시장조사 기관들은 스마트워치 시장이 계속 급성장할 것으로 예상하고 있었다. 나는 갤럭시 워치의 장래를 위해 AT&T와의 전략적 파트너십을 활용해야겠다고 생각하고 AT&T 임원인 제프에게 삼성 갤럭시 워치에 대해 문의했다.

"워치는 미래 성장성이 아주 큰 새로운 카테고리의 제품입니다. 삼성이 새로운 제품을 남들보다 일찍 출시했으니, 계속 투자해서 이 분야의 리더십을 유지하는 것이 좋을 것 같습니다." 마침 한 달 뒤에 AT&T 고위 임원진들의 한국 출장이 계획되어 있었고, 나는 갤럭시 워치를 살리기 위해 3가지 시나리오를 미리 구상해두었다.

한 달 후, AT&T 임원진과 한국에서 미팅을 하는 날이었다. 오전에는 삼성이 당시 개발 중이던 미래 신기술들을 전시하고 설명했다. 그중에는 6~7년 후에 출시될 폴더블폰 같은 극비의 전략제품의 시연도 있었다. 자연스럽게 갤럭시 워치에 대한 설명으로 이어졌다. 이때 제프는 소비자들이 좋아할 만한 워치의 흥미로운 몇 가지 기능을 설명하며 갤럭시 워치가 이 기능을 탑재하면 판매가 2~3배 증가할 것 같다고 했다.

하지만 본사의 어느 누구도 갤럭시 워치 후속 모델에 대한 답변이 없었다. 오후 회의 시간에는 AT&T의 마케팅 임원이 총대를 멨다. 그는 갤럭시 워치가 몇 가지 주요 기능을 탑재하고 마케팅 방향을 잘 잡는다면 판매 가능성이 큰 카테고리라고 했다. 앞서 제프가 한 말을 반복한 것이다. 그러나 이번에도 그의 제안은 메아리 없는 외침이 되었다.

회의를 마치고 저녁 식사를 하는 자리에서 AT&T의 CEO가 필살기를 날렸다. 그는 자기가 차고 있던 갤럭시 워치를 보여주며 후속 모델에서 몇 가지 기능만 보완하면 시장 반응이 아주 좋을 것이라고 어필했다. 그제야 비로소 갤럭시 워치 후속 모델을 계속해서 출시하겠다는 답변이 나왔다.

그날 밤 호텔로 가는 버스 안에서 AT&T 출장자들은 돌아가며 나에게 연신 하이파이브를 했다. "썽, 우리가 해낸 거지?" 모두 호탕하게 웃었다. 나는 이들의 진솔한 모습과 우정에 가슴 깊이 감사했다. 갤럭시 워치가 유지될 수 있었던 배경에 이런 사연이 있었다는 것을 AT&T 최고경영진 일부 외에는 아무도 모른다.

물론, 현재 갤럭시 워치가 잘 팔리고 있는 것은 온전히 현재 상품 기획과 개발 및 영업·마케팅을 담당하는 삼성 인재들의 노력 덕분이다. 하지만 전략적 파트너십으로 AT&T 임원들과 작전하듯이 노력하여 하마터면 없어질 뻔한 워치를 회생시켰던 일만큼은 짜릿한 경험으로 남아 있다.

큰 변화의 순간에 새로운 가능성을 찾다

2015년 어느 날 저녁 퇴근길에 본사로부터 전화가 왔다. 급히 길가 안전한 곳에 차를 세우고 전화를 받았다. 그날은 AT&T 고위 임원이 삼성 본사 경영진에게 직접 연락하기로 예정된 날이어서 나는 하루종일 긴장하고 있었다. 당시 AT&T는 최근 출시한 삼성 신제품 '갤럭시뷰' 초기 판매가 잘되어 재고가 부족한 상태였고, 추가로 공급받으려면 4~5주 정도가 걸릴 것으로 예상되었다. 이에 AT&T

는 삼성 경영진과 직접 통화하기로 약속이 잡혀 있었다.

2015년 7월 AT&T는 위성방송 1위 사업자 디렉TV를 485억 달러에 인수했다. 기존 통신사업에 위성방송 사업까지 더해 새로운 플랫폼 비즈니스 모델을 만들기 위한 대규모 투자였다. 디렉TV의 신규 구독자들에게 위성방송·스마트폰·인터넷 등을 묶어서 다양한 결합상품 옵션을 새롭게 제안하며 사업확장을 추진하고 있었다.

AT&T가 디렉TV를 인수하는 것을 보고, 나는 삼성 본사 개발실에 한 가지 부탁을 했다. 당시 삼성이 AT&T에 공급하기 위해 개발 중이던 18.4인치 대형 태블릿인 '갤럭시뷰'에 위성방송을 즉시 시청할 수 있는 기능을 제공할 수 있으면 좋겠다는 제안이었다.

만약 이 갤럭시뷰에 디렉TV 앱을 깔아 소비자가 위성방송 가입과 동시에 텔레비전을 시청할 수 있게 된다면, 디렉TV 판매에 큰 도움이 될 것으로 예상했다. 미국에서는 위성방송에 신규 가입을 하더라도, 위성 장치를 설치하기 위해 일주일 정도 기다려야 하는데 이 갤럭시뷰에 앱이 설치되면 대기시간 없이 바로 TV 시청이 가능하기 때문이다.

본사 개발실로부터 지원이 가능하다는 답변을 받자마자 나는 곧바로 AT&T의 담당자를 만났다. 갤럭시뷰에 디렉TV 앱을 설치하면, 신규 디렉TV 구독자가 가입과 동시에 텔레비전을 시청할 수 있다고 설명해주었다. AT&T는 미처 생각지 못했던 좋은 제안이라며 즉시 디렉TV 실무자와 함께 3자 미팅을 진행했다. 하지만 대규모

인수합병 직후라서 부서 간 역할과 책임이 명확하지 않아 프로젝트의 진행이 느렸다. 나는 관련 부서들과 업무 조율을 위해 디렉TV가 있는 LA와 AT&T가 위치한 시애틀 및 애틀랜타를 여러 차례 방문했다. 많은 협의 끝에 AT&T는 마침내 디렉TV 앱을 장착한 갤럭시뷰를 출시하기로 최종 결정했다.

AT&T는 이렇게 차별화된 기술을 적용한 독점 모델을 특히 좋아했다. AT&T 마케팅 팀도 투자를 아끼지 않으며 갤럭시뷰 디렉TV 솔루션 출시를 적극 지원해주었다. 삼성은 디렉TV 앱을 추가 개발하느라 초를 다투는 숨가쁜 일정을 소화해야 했지만, 무난히 일정을 맞추며 출시할 수 있었다.

그런데 출시 후 일주일이 지나면서 예상치 못한 문제가 발생했다. 당초 AT&T는 갤럭시뷰 초기 판매를 3만 대 정도 예상했는데, 판매실적이 예상을 훨씬 뛰어넘어 곧바로 2만 대 추가 구매 요청이 들어온 것이다. 다행히 우리는 애초 총 5만 대를 준비하고 있어 즉시 대응할 수 있었다. 2주가 지나자 또다시 2만 대 추가 공급 요청이 왔다. 하지만 삼성도 주요 부품을 공급받아야 하므로 4~6주 정도의 리드타임이 필요한 상황이었다. 사실, 전 세계 갤럭시뷰 판매는 디렉TV 앱 기능을 첨가한 AT&T형 모델이 주도하고 있었다. 생산 가능한 물량은 최우선으로 AT&T에 배당되고 있었다.

며칠 후 AT&T 담당자로부터 연락을 받았다. 그는 삼성이 이미 최초 요청 물량의 두 배 가까이 공급해준 것은 알지만, 디렉TV 사업이 중요하기 때문에 추가 공급이 신속하게 이루어졌으면 좋겠다고 했다. 공급을 제대로 못 받아 추가 판매 기회를 놓칠 수는 없다고 했다. 그리고 AT&T 고위층이 삼성에 직접 연락할 것 같다고 귀띔해주었다. 나는 본사로 보고를 했고 결과가 어떻게 될지 걱정스러웠다. 괜히 디렉TV 앱을 만들어 상황이 복잡하게 된 것 같기도 했지만, 후회스럽지는 않았다. 무언가 새로운 것을 하다 보면 생각지도 못한 이런 난관이 생길 수도 있다고 받아들였다.

정말 다행스럽게도 본사 경영진과의 통화는 잘 진행되었다고 전해들었다. AT&T 회장의 신속한 추가 공급 요청에 삼성은 최우선으로 공급해줄 것을 약속했다고 한다. 통화를 마친 후, 삼성 경영진은 앞으로 거래선으로부터 이렇게 공급을 더해달라는 요청 전화만 계속 받을 수 있으면 좋겠다며 덕담을 해주었다고 한다. 긴장하고 있던 나는 크게 안도의 한숨을 내쉬었다.

삼성의 강력한 경쟁자인 아이폰이 AT&T에서 4년간 독점 판매를 했기 때문에 AT&T 고객의 절대 다수가 아이폰 소비자다. 이를 극복하고 AT&T에서 삼성이 1등이 되기 위해서는 조그만 기회라도 보이기만 하면 그 순간을 놓치지 말고 파고들어야 했다. 갤럭시뷰는 사실 18.4인치의 큰 사이즈 태블릿이라는 점 외에는 차별화가 쉽지 않은 제품이었다. 그런데 AT&T가 디렉TV를 인수하여 새로운 상황이 전개될 때, 우리가 가진 신속한 개발력의 장점을 활용해 순간을 포착해서 조그만 기회를 판매로 연결시킬 수 있었던 것이다.

AT&T의 디렉TV 인수는 삼성의 강점인 텔레비전과 가전제품 등을 엮어서 통합 솔루션 제공이나 사물인터넷[IoT]의 기회도 열어주었다. 시간과 노력이 많이 필요하겠지만, 앞으로 콘텐츠와 서비스에서 협력할 수 있는 분야는 정말 무궁무진하다.

AT&T 본사 보드룸에서 다음해 출시 예정인 삼성의 주요 텔레비전 모델들을 고위 임원들에게 보여주는 별도의 전시회를 가지기도 했다. 그 결과 AT&T 매장에서 디렉TV와 연동해서 삼성 대형 텔레비전을 결합상품으로 판매하기 시작했다.

꿈의 마스터스 대회 초대를
두 번이나 거절한 사연

1934년 처음 시작된 마스터스 토너먼트The Masters Tournament는 전 세계 골퍼들이 가장 열광하는 대회 중 하나다. 미국프로골프협회PGA가 주관하는 4대 메이저 대회 중에서도 메이저로 분류되며, 전세계 프로 골퍼들에게는 '꼭 한 번은 참가하고 싶은 대회'로, 전 세계 골프 팬들에게는 '죽기 전에 꼭 한 번 봐야 하는 대회'로 유명하다.

AT&T는 이 유명한 대회의 공식 스폰서다. 내가 2012년부터 애틀랜타 지점장으로 근무했던 사무실은 이 골프대회가 열리는 미조지아주 오거스타 클럽에서 멀리 떨어지지 않은 곳에 있었다. 그곳에서 AT&T와의 사업을 전담하며 주재 초기에 겪었던 어려움이 점차 개선되고 있던 2013년 초, 나는 AT&T로부터 마스터스 토너먼트에 참석할 수 있는 초대를 받았다. AT&T 담당자는 OEM 공급자를 초대하는 경우는 흔치 않은데, 내가 초대받은 것은 매우 특별한 케이스인 것 같다고 귀띔했다.

초청 내용을 들여다보니 정말 환상적인 일정이었다. 초대받은 인사들은 오거스타 클럽 내에서도 매우 유명한 홀과 가까운 저택에서 숙식을 하게 되고, 인근 골프장에서 몇 차례 따로 골프 라운딩도 하는 일정이었다. AT&T의 고위 임원진들과 만나 오랜 시간을 함께 보내며 친분을 쌓을 수 있는 절호의 기회이기도 했다.

4월의 봄, 아름다운 오거스타 골프장에서 세계적인 선수들을 가까이에서 보는 갤러리가 되는 상상을 해보았다. 그러나 아쉽게도 초대를 거절할 수밖에 없었다. 토너먼트 일정이 갤럭시 S4의 출시 일정과 겹쳤기 때문이다. 3월 처음 공개되는 언팩unpacked 행사 이후, 거의 매일 현장에서 판매 상황을 직접 점검하고 본사에도 일일 상황 보고를 하며 긴박한 일정을 보내고 있었다. 나의 거절에 AT&T 실무자는 당황스러워했다. 토너먼트 행사 담당자로 활동하기도 했던 그는 마스터스 초대를 거절하는 사람을 거의 본 적이 없었다고 했다.

내가 꿈을 포기하고 현실의 일에만 집중했기 때문이었는지 새로 출시한 갤럭시 S4의 판매는 다행히 호조를 보였다. 그리고 2014년에도 AT&T는 나를 다시 한번 마스터스에 초대해주었다. 그해 토너먼트는 4월 10일부터 13일까지의 일정이었는데 이번에도 갤럭시

S5의 출시가 같은 날로 예정되어 있었다. 내가 이번에도 초대를 거절하자, AT&T 실무자는 "마스터스 초대를 한 번 거절한 사람도 거의 없었지만, 두 번씩이나 거절한 사람은 아마도 썽밖에 없을 것이고, 이 기록은 아마도 오랫동안 깨지지 않을 것 같다"고 했다.

최초의
삼성 체험매장,
몸을 던진 협상으로
탄생하다

다시 베스트바이와 함께

2013년 4월 어느 날, 나의 전화통은 갑자기 수많은 메시지로 불이 났다. 이날 베스트바이 주식이 두 자릿수 이상 급등했기 때문이다. 베스트바이에 삼성 모바일 체험매장을 도입한다는 공식 발표가 났다. 그 결과 주식시장은 뜨겁게 달아올랐고, 스톡옵션을 가지고 있던 것으로 보이는 베스트바이 친구들이 감사문자를 보내왔다. 이들은 그날 발표가 나오기까지 지난 4개월간 내가 자신들의 회사에 발이 닳도록 드나들었던 사실을 잘 알고 있었던 것 같았다.

당시까지만 해도 미국에는 삼성 모바일의 다양한 제품들을 모아놓고 소비자가 직접 체험할 수 있는 공간이 없었다. 반면, 애플은 애플스토어를 가지고 있었다. 애플스토어는 보통 쇼핑몰에서 가장 핫한 코너에 위치했고 늘 많은 사람들로 붐볐다. 심지어 뉴욕 맨해튼의 애플스토어는 관광명소가 되기도 했다.

나는 평소 집 근처의 쇼핑몰에 갈 때마다 애플스토어를 자주 들러보았는데, 깔끔한 스토어 디자인과 판매원들의 해박한 제품지식과 친절한 태도에 늘 깊은 인상을 받았다. 삼성도 스마트폰 판매를 위해 이러한 체험매장이 절대적으로 필요함을 절감하고 있었다.

스마트폰의 후발 주자인 삼성은 2012년 갤럭시 S3의 출시로 마침내 시장에서 인정받기 시작했다. 스마트폰의 기술 발전이 계속되며 세대가 바뀜에 따라 그 기능이 더욱 다양해지고 복잡해졌다. 그 결과 소비자들이 직접 스마트폰을 만져보고 눌러볼 수 있는 기회를 제공해야 할 필요가 더욱 절실해졌다. 삼성은 주로 통신회사들을 통해서 스마트폰을 판매하기 때문에 애플처럼 자기 매장을 운영하지 않았다. 가능한 해결책 중의 하나는 전국적인 전자제품 유통업체에 삼성 모바일 체험공간을 마련하는 것이었다.

2012년 말 본사 경영진으로부터 긴급 지시가 내려왔다. 삼성 모바일 체험매장을 미국 유통사에 도입하는 프로젝트를 맡으라는 지시였다. 경영진은 내가 과거 TV 영업을 할 때 미국 전자 유통사들과 좋은 관계를 맺고 있었음을 알고 있었다. 나 말고는 다른 적임자가 없다고 했다. 당시 미국 통신사업자 AT&T 담당으로 해당 업무만으로도 정신없이 바빴지만 새로운 도전을 마다할 내가 아니었다.

지시가 떨어지자마자, 베스트바이와 월마트같이 전국망을 갖춘 유통회사 지인들과 연락하며 사업을 추진했다. 삼성 본사는 최종적으로 베스트바이를 사업 파트너로 결정했다. 결정이 나자마자 삼성 경영진은 베스트바이 본부가 있는 미니애폴리스로 전세기를 타고 날아왔다. 양사 간의 양해각서에 서명하기 위해서였다.

일반적으로 12월에는 이런 주요한 미팅을 잡지 않는다. 미국인들에게는 크리스마스 휴가철이, 삼성인들에게는 임원 인사의 폭풍이 다가오는 시기이기 때문이다. 그러나 다음해 4월 신규 스마트폰 출시에 맞추자면 체험매장 도입을 뒤로 미룰 수 없는 일이었다.

미니애폴리스의 겨울은 정말 춥다. 당시 나는 미국 남부의 따뜻한 애틀랜타에서 주재하며 이 프로젝트를 진행하기 위해 매주 미니애폴리스로 출장을 갔다. 1천여 개의 베스트바이 매장에 삼성 모바일 체험공간을 도입하기 위해서는 수많은 협업 미팅이 필요했다. 매장 디자인뿐만 아니라 전기공급, 안전성 승인 등을 위하여 베스트바이의 수많은 관련 부서들과 협의하고 합의를 받아내야만 했다.

내가 만난 베스트바이 사람 중 일부는 이러한 대형 프로젝트는 최소 1년 이상이 걸린다고 겁을 주었다. 그러나 베스트바이 최고경영진은 가능한 한 조기에 완료하기로 이미 합의했다고 알려주었다.

"이 프로젝트에 관한 한 '썽'은 믿을 만한 사람입니다. 나는 그를 2005년부터 알았으며, 균형이 잡혀 있고 신뢰할 만한 친구이니 마음을 터놓고 협의해도 괜찮을 겁니다."

나중에 전해들은 바로는, 나의 오랜 친구인 베스트바이의 마이크가 협상이 난관에 부딪히거나 지지부진할 때마다 내부 미팅에서 이와 같이 강조하며 도와주었다고 한다. 나는 그런 사실을 전혀 모르고 있었다. 사실 마이크는 모바일 제품을 담당하지는 않았지만, 친구로서 측면 지원을 해준 셈이었다. 그래서였는지 베스트바이 실무진들과 미팅할 때, 그들의 호의적인 태도를 피부로 느낄 수 있었다.

계약이 막바지 단계에 접어들던 2012년 2월 어느 날, 당초 계획했던 이틀 출장을 하루 더 연장하면서까지 나는 최종 계약을 마무리 지으려 했다. 우리 측에서 여러 가지 제안을 제시했지만 마지막 남은 이견은 좀처럼 좁혀지지 않았다. 자칫 프로젝트가 무산될 위기에 처한 것이다. 3일차 미팅을 마친 후, 나는 실낱 같은 희망으로 마이크에게 전화를 걸었다. 사정을 설명하며 중재를 부탁했다.

통화가 끝난 뒤 곧바로 미니애폴리스를 떠나 애틀랜타행 비행기에 올라탔다. 그날 밤 AT&T 시애틀 출장이 또 잡혀 있었기 때문에 서둘러야 했다. 당시 누적된 피로와 미니애폴리스의 추운 날씨 탓에 심한 감기에 걸린 나는 비행기 안에서 고열과 오한으로 매우 고통스러웠다. 겨우 애틀랜타에 도착해서 전화기를 켜보니 마이크로부터 메시지가 와 있었다. 나는 곧바로 전화했다. 마이크는 "썽, 좋은 계약 중재안이 마련되었으니 당장 만나자. 그런데 지금 바로 미니애폴리스로 돌아올 수 있어?"라고 물었다.

나는 "지금 막 애틀랜타에 도착했지만 바로 미니애폴리스로 돌아갈게"라고 말하고는 집으로 향하던 택시를 공항으로 되돌려 미니애폴리스로 다시 날아갔다.

저녁에 미니애폴리스 공항에 도착해서 약속된 식당으로 가기 위해 택시를 탔다. 뒷좌석에 앉은 나는 온몸을 덜덜 떨었고, 땀을 뻘뻘 흘리며 계속 기침을 했다. 택시기사는 불안한 표정으로 백미러를 통해 힐끔힐끔 나를 쳐다보면서 괜찮냐고 물었다. 나는 약간의 감기이므로 괜찮다고 대답했다. 그러나 속으로는 '사실은 지금 죽을 맛이야'라고 했다.

약속시간보다 조금 일찍 식당에 도착했다. 식당 안은 그나마 좀 따뜻했다. 때마침 식당에 도착한 마이크가 자기 차로 가서 조용히 이야기하자고 했다. 그런데 하필이면 마이크 차의 히터가 갑자기 작동되지 않았다. 나는 불평도 못 하고 영하 20도 이하의 추운 차 안에서 중재안을 들을 수밖에 없었다. 마이크는 창백한 얼굴에 식은땀을 흘리는 나를 보더니 자기 중재안이 만족스럽지 않냐고 걱정스럽게 물었다. 사실 그의 중재안은 충분히 합의 가능한 수준이었다. 할 수 없이 나는 감기로 몹시 아프다고 실토했다. 그제야 우리는 추운 차에서 나와 따뜻한 식당 안으로 들어갔다. 곧이어 본 프로젝트의 베스트바이 측 모바일 책임자인 주드가 도착했고, 우리는 최종 합의를 축하하기 위해 건배를 했다.

사실 처음 시작할 때부터 삼성 체험매장이 베스트바이에 도입

될 수 있을 거라 믿은 사람은 거의 없었다. 우리는 이렇게 불가능하게 보이던 최종 계약을 합의하게 되었으니 앞으로 새로운 유통 협력을 함께 만들어나가자고 다짐했다. 그러자 어찌된 일인지 조금 전까지 오한을 느끼며 심하게 떨던 나의 몸이 차츰 정상으로 회복되는 듯했고 식은땀과 기침도 멎었다. 정신이 육체를 지배한다는 말이 그 순간에 꼭 들어맞는 것 같았다.

내가 식은땀을 줄줄 흘리면서도 추운 미니애폴리스 공항을 오가며 추진한 프로젝트는 오랜 친구의 지원으로 최종 결실을 볼 수 있었다. 마침내 2013년 4월 5일 삼성 모바일 체험공간이 베스트바이 매장에 도입된다는 소식이 공식 발표되었다. 이 체험매장의 도입은 삼성 스마트폰이 도약하는 계기가 되었다. 베스트바이에게도 새로운 비즈니스 모형의 시작이었다. 그들은 이후 다른 제품군에도 이런 체험공간을 설치하면서 사업을 계속 성장시켜나갔다.

삼성에서 전권을 위임받고 큰 프로젝트를 성사시켰다는 것에 뿌듯하고 무한한 자부심을 느꼈다. 당시에 감기몸살로 고생하며 몸을 던진 협상을 통해 삼성 체험매장이 베스트바이에 도입될 수 있었기에 내가 느끼는 보람은 더욱 컸다.

5부

미지의 아프리카에서
미래를 일구다

사람의 마음부터
얻는다

"기울어진 변기 좀 고쳐주세요"

한 여성 직원이 손을 들었다.

"여자 화장실에 변기가 기울어져서 제대로 앉아 있을 수 없는데 언제쯤 고쳐주실 건가요?"

소강당에는 250여 명의 직원이 모여 있었는데 몇 명이 키득키득 웃기 시작했다. 나는 조금 당황스러운 목소리로 "그런 건 당연히 고쳐줘야죠"라고 대답하며 총무과 직원에게 언제 고칠 수 있는지 답을 달라고 했다. 그는 구체적인 날짜는 말하지 않고 빨리 고치겠다고만 했다. 나는 시급한 사항이니 내일 당장 고칠 수 있도록 하라고 지시했고, 이틀 후 화장실 변기를 고쳤다는 보고를 받았다.

한 달 후 같은 소강당에 직원들이 다시 모였다. 지난달에 화장실 고충을 제기했던 여성 직원이 다시 손을 들었다. "화장실 변기를 고치기는 한 것 같은데 두 개는 괜찮지만 한 개가 여전히 기울어져 있어 사용하기가 불편합니다." 나는 총무과 직원에게 어떻게 된 것이냐고 물었다.

"고치기는 했는데, 제가 남자이다 보니 변기에 앉아서 확인해볼 수가 없었습니다."

소강당 곳곳에서 폭소가 터져나왔다. 그 다음날 여자 화장실의 기울어진 변기는 균형을 되찾았다. 이는 매달 삼성 남아공에서 진행된 타운홀 미팅에서 벌어진 광경이다.

나는 2017년 4월 남아프리카공화국에 도착해서 업무를 시작한 바로 다음날 소강당에 전체 직원들을 모이게 했다. 주재원뿐만 아니라 아프리카 현지 직원들 모두에게 나에 대해 간단히 소개하고 앞으로의 경영방침을 간략하게나마 설명하는 시간이 필요할 것 같았다. 이것이 타운홀 미팅의 시작이었다.

첫 타운홀 미팅에서 나는 회사의 주요 정책들과 매월 경영실적, 신제품 출시 등을 투명하고 신속하게 공유할 것을 약속했다. 삼성 경영진이 전 직원과 소통하는 미팅은 삼성 아프리카에서 최초로 실시했다는 사실을 나중에야 알게 되었다.

소개와 설명이 끝난 뒤 직원들에게 질문이 있는지 물었다. 모두 눈치만 보며 입을 열지 않았다.

"새로 온 법인장에게 궁금한 점이 없다는 것이 말이 되나요? 제인기가 그렇게 없다는 뜻인가요?" 하고 농담을 던졌더니, 그제야 질문이 시작되었다. 처음 질문은 답하기 쉬운 것들이었다. '언제 남아공에 도착했는지', '남아공에서 얼마나 근무할 계획인지', '오늘 미팅에서 좋은 정보를 많이 들었는데, 앞으로도 계속할 것인지', '매달 미팅을 할 수 있는지' 등이었다. 또 어떤 직원은 '삼성 남아공에서 10년 넘게 근무해오고 있는데, 이렇게 법인장이 전체 사원들과 함께하는 미팅은 처음 본다'며 '왜 이런 미팅을 하기로 생각했는지' 물었다.

나는 잠시 호흡을 가다듬은 후 답변했다.

"저는 성공의 열쇠는 단독 플레이가 아니라 글로벌 팀플레이에 있다고 믿고 있습니다. 우리 아프리카도 목표달성을 하기 위해서는 삼성의 글로벌 사업 관련 부서들의 협조를 받아야만 합니다. 그리고 정보는 공유하면 할수록 더욱 큰 힘을 가진다는 것을 오랜 경험으로 알게 되었습니다. 제가 예전에 미국에서 근무할 때 정보 공유와 소통에 큰 도움을 받았던 것이 바로 타운홀 미팅이었지요. 이렇게 좋았던 경험들을 여러분과 함께 나누고 싶어요. 여러분이 원한다면 충분히 정보가 공유되도록 타운홀 미팅을 매달 진행하겠습니다."

나의 약속에 큰 박수와 환호가 쏟아졌다. 그만큼 직원들이 열린 소통을 간절히 기대하고 있었다는 뜻이었다.

투명한 소통의 장, 타운홀 미팅

미팅을 마치고 나오는데 많은 직원이 손을 내밀며 악수를 청했고 일부는 따뜻한 말을 건네기도 했다. "솔직한 Q&A를 통해 진정성이 전달된 것 같아요", "전체 직원들과 소통할 수 있는 미팅을 마련해주어서 고맙습니다", 심지어 어떤 이는 "마치 유튜브에서 보았던 CES의 기조연설처럼 인상깊었어요"라며 인사를 건넸다.

이후 진행된 타운홀 미팅에 대한 일반 직원들의 호응도는 정말 높았다. 먼저 내가 지난달 경영 성과와 주요 전략을 설명해주었다. 그리고 새로 입사한 사람들을 소개했다. 매달 5~10명의 직원이 끊임없이 채용되었다. 조직의 생동감이 한눈에 드러나는 장면이었다. 분기별로 성과가 좋은 직원들에게 상장 수여식도 했다. 경영을 하면서 못하는 사람을 야단치는 것보다는 잘하는 사람을 칭찬하는 것이 훨씬 효과적이라는 사실을 터득했기 때문이었다. 이어서 현지인 부서장들이 각각 비즈니스 현황을 공유한 후, 마지막에는 현장 Q&A 순서로 마무리했다.

우리의 시장점유율이 얼마나 높은지, 언제 새로운 QLED TV와 갤럭시폰이 출시되는지 등 정보를 공유하는 것만으로도 현지 직원들이 회사에 소속감을 느끼며 경영진을 더 신뢰하게 되는 것을 지켜볼 수 있었다. 타운홀 미팅을 통해 회사의 전반적인 경영 현황을 이해할 수 있게 되면서 어떤 직원은 "내가 이렇게 엄청난 규모의 글로벌 기업에서 일한다는 사실을 처음 알게 되었어요. 삼성에 대한 자부심이 훨씬 더 높아졌어요"라고 말했다.

삼성 아프리카 경영진의 사무실은 유리 칸막이로 되어 있다. 투명한 유리 칸막이 너머로 서로 일하는 모습을 볼 수는 있었지만, 보이지 않는 벽을 두고 경영진과 평사원이 격의 없이 소통하기는 사실 매우 어려웠다고 했다. 그런데 한 달에 한 번씩 타운홀 미팅이라는 방식을 통해 우리 사이에 존재하는 유리벽이 서서히 사라져가기 시작한 것이다. 특히 마지막 현장 Q&A 시간은 나를 포함한 리더들이 일반 직원들의 요구사항을 직접 듣고, 그것을 어떻게 반영하고 개선할지 소통하는 가장 인기있는 순서였다.

Q&A 시간에는 정말 기상천외하고 예상치 못한 질문과 요청들이 쏟아져나왔다. 화장실 변기를 고쳐달라, 냉장고에 우유가 부족하다 등 복리후생 차원의 요청이 있는가 하면, 때로는 보너스와 같이 민감한 질문들도 나왔다. 그리고 삼성이 어떻게 남아공에서 흑인과 여성들에게 교육과 승진의 기회를 줄 것인지 등 회사 정책에 관한 질문들도 자주 나왔다. 나는 우리가 제대로 못 하고 있는 부분에 대해서는 솔직하게 인정하고 구체적인 개선 계획을 설명했다. 반신반의하던 직원들은 매달 새로운 직원들이 꾸준히 들어오는 것을 눈으로 확인하면서 마음을 열기 시작했다.

어느 타운홀 미팅 날, 그동안 늘 적극적으로 민감한 질문을 많이 던지던 한 직원이 그날도 한마디하겠다고 나섰다. 갑자기 긴장감이 흘렀다.

"타운홀 미팅에서 제가 항상 말이 많은 것을 저도 잘 알고 있습니다." 직원들의 폭소가 터져나왔다. 그가 이어서 말했다.

"그런데 저는 불평을 하는 것이 아니고 우리 회사가 남아공에서 당연히 가야 할 방향을 제시한 것입니다. 그 방향이 맞다고 굳게 믿기 때문입니다." 그러면서 좌중을 향해 한 가지 제안을 했다.

"우리 CEO는 자신이 부임하면서 시작한 타운홀 미팅을 한 번도 빠뜨리지 않고 매달 참석해서 우리 이야기를 들어주며 300명이 넘는 직원들 이름까지 하나하나 기억해서 불러주고 있습니다. 우리도 가끔 발음하기 어려운 아프리카 이름을 불러보려고 애쓰는 CEO는 처음 봅니다. 여러분, 우리 함께 CEO에게 박수를 보내줍시다."

큰 박수가 터져나왔다. 순간 가슴이 뭉클해졌다.

실제로 아프리카 사람들의 이름은 발음하기가 쉽지 않다. 나는 아프리카에 도착하자마자 사무실 책상 옆에 큰 조직도를 만들어 붙이고 직원들의 이름과 사진과 업무를 매칭할 수 있도록 하루에도 몇 차례씩 그것을 쳐다보았다. 회의 때나 사무실을 지나갈 때 내가 그들의 이름을 부르며 인사하면, 그들은 정말 뛸 듯이 좋아했다. 그들과 빨리 친해지는 데에는 어려운 이름을 기억해주고 불러주는 것만큼 좋은 방법이 없었다.

타운홀 미팅은 초기 일정 기간 동안만 매달 진행할 계획이었으나 직원들의 요청으로 내가 남아공에 주재했던 4년 내내 월례행사로 자리잡았다. 그리고 나이지리아·케냐·가나·세네갈 등 삼성의 다른 지점들도 매달 타운홀 미팅을 실시하도록 했다. 그리고 매 분기마다 현지 출장을 갔을 때에는 나와 함께하는 분기별 타운홀 미팅도 진행했다.

이처럼 투명한 소통의 장을 새롭게 마련함으로써 전 직원들과 경영진이 신뢰를 구축하며 삼성 아프리카는 하나의 팀이 되었다. 나아가 그런 신뢰는 공동의 목표를 가지고 성장하는 데 든든한 디딤돌이 되었다. 직원들의 마음을 얻었을 때에야 비로소 조직의 긍정적인 변화가 생긴다. 이런 변화를 위해서는 타운홀 미팅과 같은 건강한 소통문화가 그 중심에 있다는 것을 몸소 경험하며 깨닫게 되었다.

먹방은 영업에도 통한다

'엑스프레소 모닝쇼Expresso Morning Show'는 남아공에서 인기있는 TV 프로그램이다. 우리나라 TV 방송 중에 다양한 게스트가 출연해 재미와 감동을 주는 '아침마당'과 비슷한 콘셉트의 프로그램이다. 2019년 어느 날 이른 아침 나는 이 모닝쇼에 출연하게 되었다. 첫 번째 생방송 인터뷰 세션을 마치고 잠시 휴게실에서 쉬며 대기하고 있을 때 갑자기 모닝쇼MC가 내게 다가오더니 물었다.

"썸, 혹시 개츠비를 아세요?"

미국 미네소타가 낳은 작가 피츠제럴드의 소설 『위대한 개츠비』가 잠시 떠올랐지만 설마 그 대답을 원하는 것은 아닐 것 같아 모른다고 대답했다. 알고 보니 개츠비는 케이프타운에서 유래한 매우 인기 있는 샌드위치인데, 새벽 6시에 방송국에 도착하느라 내가 아침 식사를 못한 것을 알고 MC가 즉석에서 그들의 '먹방 코너'에 나를 초대한 것이었다.

MC는 개츠비 식당 주인이 방송국 현장에서 바로 만든 샌드위치를 내가 시식한 후 맛을 평가해달라고 했다. 나는 거대한 샌드위치를 지그시 누른 후 크게 한입을 베어먹었다. 케이프타운 지역 특유의 재료와 소스를 첨가하여 살짝 매운 맛이 났다. 너무 맛이 있어서 나는 MC와 하이파이브를 했다. 이어서 바로 옆에 있는 방송국 내 카페로 몇 발자국 이동해서 커피를 사주며 내가 갤럭시폰을 꺼내 삼성 페이로 지불하는 장면도 보여주었다.

사전에 짜인 각본 없이 촬영되어 자연스러운 농담과 웃음으로 가득 찬 이 장면들은 전국에 생방송으로 방영되었다. MC는 이날 모닝쇼의 하이라이트는 삼성 세션이었으며, 특히 개츠비 먹방 장면의 호응도가 아주 높았다고 했다. 그는 엄지를 들어보이며 아마도 오늘 삼성 브랜드 인지도가 급상승했을 것이라고 했다.

삼성이 스마트폰이나 TV 플래그십 신제품을 출시할 때마다 나는 삼성 남아공 마케팅 또는 영업담당 부서장과 함께 남아공에서 이름난 방송국인 SABC와 뉴즈룸아프리카Newzroom Afrika 등의 생방송 프로그램에 출연했다. 보통 10~30분 정도 진행되는 인터뷰에서 우리는 삼성의 신제품을 소개하고 MC의 질문에 번갈아가며 답변했다.

'엑스프레소 모닝쇼' 측에 따르면 삼성이 출연하는 날마다 시청자 참여율이 상당히 높아진다고 했다. 방송시간 동안 진행되는 경품 행사 퀴즈가 특히 인기가 높았다. 방송 말미에 우리 신제품의 특성을 하나라도 맞히는 응모자들 중에서 추첨을 통해 삼성 신제품을 제공했다. 제작진은 다른 회사의 경품 행사에는 많아봐야 몇백 명 정도만 참여하는데, 삼성이 진행하는 경품 퀴즈에는 보통 3천 명 이상이 응모한다며 아주 좋아했다.

그 프로그램의 인기 때문인지 아니면 삼성의 인지도 때문인지, 우리가 방송에 출연하는 날에는 삼성 제품의 판매량이 평소 대비 거의 2배 가까이 상승했다. 이처럼 눈에 보이는 성과에 고무된 우리는 플래그십 신제품이 출시될 때마다 아무리 바쁜 일정이 있더라도 방송국과의 생방송 인터뷰는 2017년부터 빠지지 않고 매년 참여했다. 그 결과 '엑스프레소 모닝쇼'에서 매년 서너 차례 생방송으로 신제품 출시 인터뷰를 하게 되었다.

개츠비 먹방에 출연한 날, 케이프타운에 위치한 방송국에서 아침 7시에 시작한 삼성 세션은 30분 정도 전국에 생방송으로 전파되었다. 방송 일정을 마친 후 나는 함께 출연한 영업부문장인 저스틴과 함께 오전 9시 비행기를 타고 요하네스버그로 돌아왔다. 이날은 새로운 갤럭시폰 모델이 출시되는 날이어서 우리는 판매 현황을 점검하러 공항에서 곧바로 번화한 샌턴쇼핑센터에 위치한 휴대폰 매장으로 향했다. 매장을 들어갈 때 두 중년 여성이 우리를 쳐다보는 것이 느껴졌다. 이들은 우리가 나올 때까지 계속 같은 자리에서 뭔가를 생각하는 듯했다. 그러더니 갑자기 환한 표정을 지으며 우리에게 다가와서는, "혹시, 오늘 아침 방송에 나오지 않았어요?" 하고 물었다. 그러고는 곧이어 "아, 맞다. 삼성!"이라고 소리쳤다. 나는 순간 당황스럽기도 했지만, '셀럽이 된 건가' 하는 생각에 기분이 들떠 저스틴과 함께 미소를 지었다.

나는 남아공에 주재하던 4년간 삼성이 아프리카인에게 친숙한 브랜드로 인식될 수 있도록 최선을 다했다. 마케팅 팀이 도움이 된다고 알려주는 미디어 인터뷰 요청에는 마다하지 않고 모두 흔쾌히 응했다. 인터뷰는 할 때마다 긴장되고 힘들었지만, 비용이 들지 않으면서도 삼성 브랜드 인지도를 높일 수 있는 가장 좋은 방법이었다. 이처럼 미디어에 노출되는 과정에서 삼성의 브랜드 인지도뿐만 아니라 나 개인의 인지도도 덤으로 올라갔다. 제품 판매와 홍보를 위해서 출연한 여러 인터뷰 덕분에 아프리카인들이 거리에서 나를 알아보고 친근하게 건네는 인사가 늘 반갑고 감사했다.

1월에 집중하면
한 해 결과가 달라진다

수영이나 육상 경기를 보면 출발선에서의 한끗 차이가 기록에 큰 영향을 미치기도 한다. 사업의 성과도 마찬가지다. 첫달에 얼마나 잘했느냐가 그해의 성과에 영향을 미친다.

아프리카에 부임한 첫해 연말을 맞이했다. 요하네스버그의 12월은 한여름의 무더운 날씨임에도 크리스마스 분위기로 흥겹다. 몇몇 이웃집들은 화려한 크리스마스 장식을 내걸어 밤마다 산책하는 나와 아내의 눈을 즐겁게 해주었다. 우리는 어마어마하게 거대한 저택에 설치된 불빛 장식의 종류와 규모를 보면서 감탄했다. 이처럼 한여름의 크리스마스는 그동안 북반구에서만 살던 우리에게 매우 색다른 경험이었다.

연말 휴가를 잘 보내고 새해에 출근해보니 주재원들과 현지인 부서장 몇 명만 출근해 있었다. 뭐 그럴 수도 있겠거니 생각하며 그냥 지나쳤다. 일주일이 지나자 전체 직원 중 10퍼센트 정도가 출근했다. 1월 중순이 되어도 30퍼센트만이 출근했다. 거래선들도 대체로 휴가 중이었다. 상당히 당혹스러웠던 나는 현지인 부서장들에게 어찌된 일인지 조심스럽게 물어보았다. 남아공 직원들의 오랜 관행은 연말부터 1월 말까지 장기 휴가를 내고, 가족과 여행을 가거나 집에서 쉬는 것이라고 대답했다.

나는 전혀 예상치 못했다고 실토하며 미국 상황을 공유했다. "미국에서는 새해 벽두에 라스베이거스에서 개최되는 CES 준비로 신년 연휴가 끝나면 직원 대부분이 출근을 합니다. 전시회뿐만 아니라 주요 미팅과 내부 전략회의 준비로 직원 모두가 매우 긴장된 상태로 바쁘게 1월을 시작합니다. 미국에서는 1월이 한 해 사업성과를 판가름하는 가장 중요한 시점이란 뜻에서 'Big January'라고 부르기도 합니다. 1월 성과가 좋으면 1분기가 수월해지고, 2분기도 여유 있게 준비할 수 있기 때문이지요. 그리고 상반기 실적이 좋으면 개선대책 등을 보고하는 데 시간을 뺏기지 않게 되고 하반기에 원래 우리 계획대로 안정적으로 시간을 활용할 수 있게 됩니다."

나의 설명을 들은 현지 간부들 모두가 새해 첫달의 중요성을 크게 공감했다. 나는 어떻게 하면 좋을지 그들의 의견을 구했다. 간부들은 다음과 같이 설명했다.

"미스터 윤, 대부분의 현지 직원들도 삼성인이라는 자부심과 남에게 지지 않으려는 강한 동기부여로 가득 차 있습니다. 문제는 그동안 제대로 된 방향 제시를 못했던 것에 있습니다. 먼저 1월의 중요성을 오늘과 같이 설명해주고 회사의 기대수준을 명확히 알려주면 많은 직원들이 잘 따를 것이라 믿습니다. 그냥 오랜 관행으로 별 일도 없이 집에서 쉬며 무료함을 느끼는 사람들도 제법 있을 텐데, 회사가 업무기준과 권고사항을 정한다면 오히려 더 좋아할 수도 있을 것입니다. 물론 개인 사정으로 휴가를 내야 하는 경우에는 예외를 인정하고 절대 강제성을 부여하지 않으면 됩니다."

나는 간부들의 제안을 받아들여 다음 타운홀 미팅에서 전 직원들에게 1월의 중요성을 설명했다. 이런 솔직한 소통의 효과는 이듬해에 바로 나타났다. 현지인 간부들은 새해 연휴가 끝나면 바로 출근했고, 대부분의 직원들도 일주일이 지나면 출근했다.

남아공에서 경쟁사와 거래선들이 장기간의 연초 휴가를 보내고 있을 때, 우리는 출근해서 12월 실적을 점검하고 무엇을 해야 할지 미리 대비하는 것만으로도 치열한 경쟁에서 우위를 차지할 수 있다는 점을 직원들은 이해하게 되었다. 그들은 1월의 성취가 클수록 1분기와 한 해가 훨씬 수월해지는 것을 직접 보고 겪게 되었다. 나는 힘찬 스타트의 필요성을 진정성있게 설명하고 직원들의 마음을 얻게 되면, 조직이 한 단계씩 변화해갈 수 있다는 믿음이 생겼다.

직원을 변화시킨 침묵의 효과

2018년 부활절 연휴를 맞아 2박 3일간 아내와 함께 남아공의 남부 프리스테이트주에 있는 클래런스라는 작은 마을로 여행을 갔다. 많은 예술가들이 살고 있는 이 마을에는 이들의 작품을 전시하는 아담한 갤러리들이 즐비했다. 게다가 이 마을 주변에는 하늘로 치솟은 바위 봉우리들이 늘어선 국립공원도 있었다. 모처럼 일에서 벗어나 예술과 자연을 즐기기에는 그만인 곳이었다.

이튿날, 우리는 점심을 먹기 위해 마을의 중앙 광장 옆에 있는 작고 번잡한 레스토랑으로 들어갔다. 남아공의 음식은 맛도 좋고 가격도 저렴할 뿐만 아니라 서비스도 매우 훌륭하기 때문에 늘 만족스러웠다. 우리는 광장이 내다보이는 테라스 쪽 테이블에 자리잡은 후 주문한 음식이 나오기를 기다리고 있었다.

잠시 후, 남아공 현지 직원이 멀리 보이는 주차장에 차를 세우고 가족과 함께 우리가 있는 레스토랑 방향으로 걸어오는 것이 보였다. 아마 가족과 여행을 와서 점심 식사 할 장소를 찾고 있는 것 같았다. 이때 나는 그가 우리가 있는 곳으로 오지 말고 제발 다른 식당으로 들어가기를 간절히 바랐다. 왜냐하면 그는 지난 일주일간 병가를 내고 회사에 출근하지 않았으며, 바로 3일 전에 콜레라에 걸려서 응급실에 실려간 후 입원했다는 연락을 받았었기 때문이다. 나는 걱정도 되고 빨리 완쾌되기를 바라는 마음에 그에게 꽃도 보내주었다.

혹시라도 그가 나를 보면 당황해할까봐 아는 척하지 않고 조용히 앉아만 있었다. 그런데 주차장에서 걸어오며 우리가 있는 식당 쪽을 둘러보던 그의 아내가 나를 먼저 알아보았다. 이들 부부를 저녁 식사에 몇 차례 초대한 적이 있었던 터라 그녀는 나를 익히 알고 있었다. 그녀는 상황을 잘 모르는 듯, 우리 부부에게 다가와 반갑게 인사했다. 순간 그 직원의 발걸음이 잠시 얼어붙은 듯했고 얼굴에는 당혹스러운 표정이 묻어났다.

나는 반갑게 인사를 한 후, 클래런스의 아름다움에 대한 찬사만 늘어놓을 뿐 그의 건강상태에 대해서는 입도 벙긋하지 않았다. 혹시라도 그가 불편해할지 모른다는 생각에서였다. 그러자 그는 자진해서 오늘 새벽까지 링거를 맞았으며 갑자기 많이 회복되어 기분도 전환할 겸 나들이를 왔다고 둘러댔다. 사실, 어제도 나는 그의 건강이 걱정되어 안부를 묻는 메시지를 보냈었고 아직 상태가 좋지 않다며 다음주까지 병가를 내야 할 것 같다는 답변을 받았었다.

핑계를 대는 그의 모습에 화가 나지는 않았다. 다만 그가 왜 그랬는지 궁금했다. 핑계를 댈 필요 없이 그냥 휴가를 내면 됐을 텐데 말이다. 이후 나는 이 일에 대해 회사 내의 누구에게도 말하지 않았다. 이처럼 이해되지 않는 행동을 했던 그의 업무 태도가 그 후 조금씩 나아지는 것이 눈에 띄었다. 평소에 일이 잘 안 될 때면 이런저런 핑계와 구실을 댔었는데 클래런스에서 마주친 이후에 남 탓하는 일이 훨씬 줄어드는 것이 확연히 느껴졌다.

이 에피소드를 통해서 한 가지 중요한 점을 배웠다. 상대방이 잘못한 점을 꾸짖거나 지적하지 않고 조용히 지나쳤던 것이 오히려 무엇을 가르치려고 한 것보다 더 큰 효과가 있다는 사실이었다. 리더십은 정말 조용히 마음을 사는 일이다.

가족의 마음을 사로잡은
삼성패밀리데이

12월의 어느 날, 야외에 차려진 무대의 MC는 삼성패밀리데이 행사의 시작을 선포하며 첫 순서를 소개했다. 곧이어 아프리카 최신 유행 음악이 무대 위에 울려퍼졌다. 무더운 날씨에도 불구하고 후드 티를 입고 선글라스로 얼굴을 가린 한 남자가 등장했다. 그는 흥겨운 리듬에 맞추어 아프리카 춤을 추기 시작했다. 주변 잔디밭 여기 저기에 가족 단위로 앉아 있던 사람들이 쏜살같이 무대 쪽으로 달려 왔다. 댄서가 누구인지 가까이에서 확인하기 위해서였다.

사람들이 긴가민가 하며 고개를 갸우뚱거렸다. 무대 위에서 날 렵하게 다리를 들면서 아프리카 춤을 추고 있는 저 남자가 설마 자 신들의 보스일까 의심했던 것이다.

나는 삼성패밀리데이 행사를 위해 깜짝 이벤트를 하기로 마음 먹었다. 이를 위해 거의 두 달 동안 주말마다 몰래 아프리카 춤을 배 우러 다녔다. 춤과 음악을 정말 좋아하는 아프리카인들과 좀 더 가 까워질 수 있는 기회다 싶어 더운 날씨에도 아랑곳없이 땀을 뻘뻘 흘리며 나름 열심히 준비했다.

무대 주변으로 몰려든 직원들과 가족들은 나의 서툰 춤동작에 도 함께 즐거워하며 응원해주었다. 이들에게 다가서기 위해 남몰래 쏟은 노력이 결코 헛되지 않았던 것 같았다.

해마다 12월이 되면 많은 기업체들이 연말 행사를 갖는다. 2017년 남아공에 부임한 첫해에 나는 남아공 법인의 송년 모임을 어떻게 하면 좋을지 현지 간부들의 의견을 물어보았다. 이전까지는 임원진과 직원들만 고급 레스토랑에 모여서 저녁 식사를 했다고 전 해들었다. 그러나 이번에는 좀 더 의미있게 송년 모임을 해보고 싶 었다. 미국에서 근무할 때, 1년에 한 번은 직원들과 그 가족을 놀이 동산 같은 곳으로 초대해 가족들의 지원에 감사하는 삼성의 날^{Sam-}

^{sung Day}을 가졌던 사례를 들려주었다.

협의 끝에 남아공에서 최초로 '삼성패밀리데이^{Samsung Family Day}'
를 갖기로 결정했다. 초목이 있는 넓은 야외에서 직원들의 가족을
초대해 푸드트럭을 운영하며 각종 음식도 제공하기로 했다. 전문
MC도 부르고 재미난 프로그램도 준비해 가족들이 함께 즐길 수 있
도록 했다. 특히 참여하는 어린이들에게 줄 선물도 넉넉히 준비했다.

처음으로 실시한 삼성패밀리데이는 그야말로 '대박'을 쳤다. 넓
은 야외에 마련된 행사장 중앙에는 무대가 설치되고 주변에 즐비하
게 늘어선 푸드트럭에서는 일찍부터 맛있는 냄새가 풍겼다. 한쪽으
로는 거대한 에어바운스 미끄럼틀과 같은 놀이시설이 아이들 맞을
준비를 마쳤다.

더운 여름 날씨에 걸맞게 일부 여성들은 어깨가 드러난 멋진 선
드레스를 입고 행사장에 나타났다. 아름다운 아프리카 전통 드레스
를 입은 여성들도 있었다. 직원들과 그 가족들이 물밀듯이 몰려왔다.
나는 처음 보는 직원 가족들과도 인사하며 즐거운 시간을 보냈다.
아이들은 행사 후반부에 시작하는 게임과 댄스 행사에 적극 참여하
며 막바지에 나눠주는 선물을 받고 즐거워했다. 행사가 끝날 때까지
아이들은 아이스크림을 마음껏 먹었으며, 어른들은 얼마든지 맥주
를 마실 수 있었다.

전문 밴드들이 돌아가며 행사의 흥을 돋웠는데, 한 가지 흥미로
웠던 사실은 어떤 밴드가 음악을 연주하는가에 따라 무대 앞에서 춤

을 추는 사람들의 피부색이 달랐다는 점이다. 백인 밴드가 노래를 부르면 주로 백인들이 나가서 춤을 추었고 흑인 밴드가 음악을 연주하면 흑인들이 무대 앞에 더 많이 모여들었다. 1994년 남아공에 흑인 초대 대통령이 집권한 지 수십 년이 흘렀건만 아직도 흑백분리 역사의 상처가 이런 데서 고스란히 드러나는 것 같아 마음이 아팠다.

이듬해에 열린 삼성패밀리데이 행사에서는 밴드를 고용하지 않았기 때문에 다행히 이러한 흑백분리 현상은 일어나지 않았다. 단지 삼성의 내부 인사인 내가 직접 관객의 흥을 돋우기 위해 자원했고 흥행에 성공했던 것이다. 내가 온몸을 불살랐던 것이 도움이 되었는지 점차 삼성패밀리데이는 우리 직원들과 가족들이 하나되는 즐거운 시간으로 자리잡아 나갔다.

다민족 국가를 이해하게 해준 헤리티지데이

남아공은 다민족 국가로 공식 언어만 해도 11가지다. 그들의 애국가도 영어를 포함해 5가지 언어로 번갈아 가면서 부르게 되어 있다. 이들은 다양한 문화를 가지고 있는 것에 대한 자부심이 대단했고 이런 전통을 계속 유지하려고 노력했다. 다양한 문화를 존중하고 그 전통을 기념하고자 넬슨 만델라는 대통령으로 선출된 이듬해인 1995년부터 9월 24일을 헤리티지데이Heritage Day 라는 국경일로 제정했다.

내가 남아공에 부임한 후 처음으로 헤리티지데이를 맞이하게 되었다. 나는 회의를 마치고 사무실 창문 너머 야외 공간에서 진행되는 행사를 바라보았다. 직원들은 아프리카의 부족별로 저마다 다른 형형색색의 복장과 머리 장식을 하고 금요일 오후의 파티를 즐기고 있었다. 내가 행사장으로 가기 위해 사무실을 나가려 하자 비서인 수잔이 나를 멈춰 세웠다. "미스터 윤, 오늘은 양복 대신 남아공식 옷을 입으면 어떨까요? 제가 옷을 미리 준비해두었습니다." 나는 주저없이 그녀가 준비해온 긴 소매의 셔츠를 입었다. 만델라가 즐겨 입던, 아프리카 전통 무늬가 화려하게 프린트된 셔츠였다.

내가 만델라 셔츠를 입고 행사장에 나타나자 직원들이 모두 환호했다. 너댓 명씩 부족별로 모여 있던 직원들이 나를 초대했다. 이런 행사에서 최고의 인기는 뭐니뭐니해도 부족별 전통 음식을 맛볼 수 있다는 점이다. 행사의 클라이맥스는 춤 경연대회였다. 음악에 맞추어 개인별로 아프리카 전통 춤을 추고 잘하는 사람에게 상을 주었다. 일부 직원들이 행사 도중에 나를 무대 위로 초대해 같이 춤을 추자고 했다. 하체 동작이 많은 아프리카 춤을 따라하기는 쉽지 않았다. 나는 다리가 후들거렸다. 법인장이 노력하는 모습이 점수를 얻었는지 나는 많은 박수를 받았다. 함께 어울리는 이런 기회를 통해 남아공 다문화의 전통을 배울 수 있었고 현지 직원들과 벽을 허물며 조금씩 가까워질 수 있었다.

지적 대신 경청을, 비난 대신 대화를

삼성이 제품을 거래선에게 판매하면 거래선은 그 제품을 최종 소비자에게 판매한다. 우리는 첫 번째 단계를 셀인sell-in, 두 번째 단계를 셀아웃sell-out이라고 부른다. 삼성은 이미 전 세계적으로 셀아웃 중심의 판매 정책을 운영해오고 있다. 소비자에게 셀아웃이 이루어져야 셀인이 된다는 간단한 원리에 바탕을 둔 정책이다. 아프리카의 판매 형태는 다소 뒤처져 있었는데 최근 셀인 관행에서 셀아웃으로 전환하는 단계에 있었다. 아프리카에서 나는 기회가 생길 때마다 셀아웃이야말로 진정한 판매라고 계속 강조했다.

2017년, 한 직원이 4분기 판매를 위한 기가 막힌 아이디어가 떠올랐다며 내 사무실에 들어왔다. 내가 그렇게 강조하던 셀아웃 판매 아이디어를 들고 온 영업사원이 대견하여, 나는 커피 한 잔을 직접 따라주었다. 그는 갤럭시 스마트폰 판매 증대를 위해 통신사업자와 협업하여 데이터와 액세서리를 제공하는 몇 가지 셀아웃 방안들을 설명했다.

사실, 그의 제안은 그동안 우리가 해오던 특별 프로모션과 비슷한 점이 있었지만 그로서는 대단한 발상의 전환이었다. 나는 고개를 끄덕이며 공감을 표시했다. 그리고 이런 프로모션을 하면 얼마나 판매할 것으로 예상하는지 그에게 질문했다. 그는 630만 달러 정도 판매할 수 있을 것 같다고 대답했다. 나는 다시 그에게 물었다. "그럼 우리가 프로모션 비용으로 얼마를 지불해야 하나요?" 그는 한동안 대답을 못 하고 있었다. 나는 그에게 시간을 주기 위해 커피를 한 잔 더 만들어주었다. 고민고민하던 그는 마침내 "비용은 600만 달러 정도 들 것 같습니다"라는 다소 황당한 답을 내놓았다.

지난 몇 개월간 아프리카에서 배운 것은 이럴 때 절대 야단치면 안 된다는 점이다. 야단치면 겁먹고 아예 마음을 닫아버리는 경우가 대부분이었다. 오히려 침착하게 하나씩 설명해주어야 그 다음에라도 개선되는 효과를 볼 수 있었다. 그래서 나는 다시 질문을 던졌다. "600만 달러를 그들에게 지불하고 630만 달러어치를 판매하면, 원가도 건지기 힘들겠네요."

그는 당황했는지 땀만 흘렸다. 나는 그에게 투자와 비용 분석을 다시 해보라며 돌려보냈다. 투자 효과를 분석하는 훈련을 받아본 경험이 없었으니 그를 탓할 수만은 없었다. 그 다음날 영업팀 전체와 미팅을 할 때, 투자 효과 분석을 어떻게 하는 것인지 예를 들어가며 모두에게 설명해주었다.

이틀 후, 그 영업사원이 다시 나를 찾아왔다. 이번에는 셀아웃 프로모션 아이디어와 예상 판매 및 비용을 나름대로 분석해 가져왔다. 나는 재무팀 등 관련 부서들과 분석이 제대로 되었는지 확인해보라고 했다. 그리고 내부 결재를 받고 그가 제안한 셀아웃 프로모션을 진행토록 했다. 이후 그 영업사원은 계속 훈련을 쌓아 뛰어난 프로페셔널 영업맨이 되었다. 그 후 나는 그와 단둘이 있을 때 이런 농담을 던졌다. "혹시 지금도 600만 달러 프로모션 비용을 주며 630만 달러를 판매하는 특별 거래를 할 텐가?" 우리는 한바탕 크게 웃었다. 결국 답은 사람에 투자하는 것이다.

공평한 채용으로
'B-BBEE' 1등급의
영광을 안다

B-BBEE가 무엇인가요?

남아공에 부임해서 주요 거래선들과 첫인사를 할 때였다. 한 통신사업자 CEO가 아주 심각한 표정으로 나에게 긴요한 부탁이 있다고 했다. 혹시 가격조정과 같은 비즈니스 요청일 거라 예상했는데, 뜻밖에도 삼성의 'B-BBEE' 등급을 하루빨리 3등급 이상으로 받아달라는 요청이었다. 나는 그가 무슨 말을 하는지 정확히 몰랐지만 "일단, 등급을 올릴 수 있도록 최선을 다해보겠습니다. 그런데 B-BBEE가 무엇이지요?"라고 솔직하게 물어보았다.

그는 난감하다는 듯이 웃으며 간략히 설명해주었다. "우리 통신

사업자들은 정부입찰 사업에 많이 참여하고 있습니다. 만약 우리의 B-BBEE 등급이 낮으면 입찰에 참여하는 것 자체가 제한될 수 있기 때문에 등급을 높게 유지해야만 합니다." 그러면서 "낮은 등급의 공급자들에게 구매하게 되면 우리 통신사업자들의 등급도 구매하는 만큼 떨어지게 되어 있습니다"라고 그들의 고충을 털어놓았다.

그는 계속해서 "다른 공급업체들과 달리 삼성은 남아공에 현지 판매법인을 두고 있기 때문에, B-BBEE 등급을 높게 받아서 우리를 도와줄 수 있는 유일한 파트너입니다"라고 말했다.

나는 삼성의 등급을 신속히 올리도록 추진하겠다고 다시 한 번 약속했다. 그런데 그의 말을 달리 해석해보면, 만약에 우리가 B-BBEE 등급을 높이지 못한다면 우리 제품 구매를 줄일 수밖에 없다는 뜻이기도 했다.

거래선과의 미팅에서 돌아오자마자 이와 관련된 사항을 깊이 있게 연구해보았다. 과거 남아공의 백인 정권은 1948년부터 악명 높은 인종차별 정책인 아파르트헤이트Apartheid를 실시했다. 인종의 등급을 나누어 흑인들의 거주지와 출입지역을 분리하고 흑인들에게 참혹하고 비인간적인 차별을 자행했다. 비록 이 정책은 1990년대 초에 철폐되긴 했으나, 여전히 흑인과 여성들에게는 교육과 고용의 기회가 제한되어 빈곤이 대물림되는 악순환이 이어지고 있었다. 인종갈등은 사회적으로 매우 민감한 문제로 남아 있었다.

이런 문제를 해결하고자 남아공 정부는 2003년 포괄적 흑인경

제육성법Broad-Based Black Economic Empowerment, 즉 B-BBEE을 제정했다. 이 법에 따라 남아공에서 사업을 하는 기업들은 흑인과 여성에게 얼마나 공평한 고용의 기회를 주는지, 흑인 기업에 얼마나 투자를 하는지에 따라 점수와 등급이 매겨진다. 최근 낮은 등급을 받은 기업체를 대상으로 정부나 공공기관에 대한 공개입찰 기회가 제한되면서 기업체 입장에서는 높은 B-BBEE 등급을 받는 것이 더욱 중요한 사안이 되었다.

남아공에서 B-BBEE는 법률만이 아니라 사회적으로도 꼭 필요하다는 것을 이해했다. 곧바로 삼성 내에 태스크포스를 만들어 B-BBEE 등급을 올릴 수 있는 방안을 찾도록 했다. 대외협력 업무에 뛰어난 홀루비를 팀장으로 임명하고, B-BBEE 등급을 당시 7등급에서 최소 3등급 이상으로 올리는 것을 목표로 활동에 들어갔다.

당시 남아공 전체 인구 중 백인의 비중은 9퍼센트도 되지 않았지만, 대부분의 글로벌 기업이나 대기업에는 백인 직원의 비율이 더 높은 편이었다. 현지의 부서장들은 사실 삼성도 흑인 직원의 비중이 낮은 불균형의 문제가 있으며, 이로 인해 흑인 직원들의 불만이 높고 사기도 낮은 편이라고 나에게 귀띔해주었다.

나는 이러한 불균형은 B-BBEE와 무관하게라도 시급히 개선되어야 한다고 판단하고, 삼성 내부적으로 인종 비율에 비례한 균형 잡힌 고용 정책을 즉시 추진했다. 삼성 아프리카의 미래를 위해서도 변화가 필요한 시점이었다. 다양한 피부색을 가진 젊고 패기 넘치는 남녀 인재들을 확보하고 삼성의 축적된 글로벌 경험을 쌓도록 훈련하여 10년 후 미래를 준비할 시점이었다.

하지만 막상 면접에 직접 참여해보니 피부색의 구분 없이 인재를 채용하는 일은 예상보다 어려웠다. 왜냐하면 오래된 인종차별 정책으로 고등교육을 받고 사무직 경력을 쌓은 인력의 대부분이 백인이었기 때문이다. 여전히 흑인과 여성들이 교육과 직장 경험을 가질 기회가 충분히 제공되지 않은 현실의 벽이 있었다. 그래서 채용할 인력들의 경력을 일정 부분 과감히 포기하고 면접자의 태도와 미래 잠재력에 더 집중하기로 했다.

인사부서에 따르면 그동안 현지인 부서장들 중 일부는 바쁘다는 핑계로 사원급의 채용 면접에 참석하지 않았고 무관심했다고 했다. 나는 현지 부서장들에게 간부급뿐만 아니라 사원급 최종 채용 면접에 모두 직접 참여하며 관심을 가지도록 독려했다. 이들은 점차 자신의 부서 외에 다른 관련 부서의 채용 면접에도 자발적으로 참여했다.

머지않아 이들의 면접기술이 눈에 띄게 향상되었다. 삼성이 편견 없이 공정하게 인재를 뽑는다는 소문이 남아공 업계에 점차 퍼지면서 기업 이미지도 향상되었다. 훌륭한 인재들이 줄지어 입사했다.

이렇게 젊고 유능한 흑인과 여성들을 많이 발굴하고 채용한 결과, 우리는 2년 후 남아공 정부가 제시하는 고용 형평성 조건을 충족할 수 있게 되었다. 삼성을 방문하는 외부 인사들은 삼성 직원들의 얼굴이 젊어지고 활기차게 변화한 것을 감지했다. 특히 흑인과 여성 직원의 비중이 늘어난 것에 감탄했다.

새로운 인력을 채용한 이후에도 이들이 회사에 잘 정착할 수 있도록 세심하게 돌봐야 하는 것이 제대로 된 인사관리다. 그렇지 않으면 공들여 뽑아놓은 인재들이 금방 퇴직하는 경우가 허다하다. 새로운 프로세스를 도입하고 직원들이 신뢰할 수 있도록 운영할 필요가 있었다.

먼저, 새로 입사한 직원들과 점심 식사를 같이하면서 신선한 요구사항을 경청하고 반영하도록 노력했다. 우수한 기존 인력들이 신규 입사자들과 매달 소통하고 필요한 도움을 주도록 멘토링 프로그램을 도입했다. 주요 간부들과는 경력관리 협의체를 구성해 이들이 다음 단계에 어떤 업무를 하는 것이 좋을지에 대해 나와 분기별로 협의하도록 했다. 자연스럽게 간부들이 후임자를 키우는 승계계획 succession plan 도 함께 준비했다. 이러한 활동들을 처음 시작할 때는 다들 약간 어색해했지만, 시간이 지날수록 우수 직원들의 만족도가 높아지며 이직률도 낮아졌다. 관심을 보이고 소통할 수 있는 장치를 마련해주니 조직이 안정적으로 운영되는 것을 확인할 수 있었다.

좋은 팀과 예상을 뛰어넘는 성과를 이루다

삼성의 B-BBEE 등급을 올리기 위한 마지막 관문은 우리의 투사 형평성 계획 EEIP, Equity Equivalent Investment Program 을 남아공 정부로부터 승인받는 일이었다. 일단 승인을 받게 되면 3등급 이상을 받는 것도 가능했지만, 언제 최종 승인이 날지는 알 수 없었다.

어느 날 태스크포스의 팀장인 홀루비가 시무룩한 표정으로 내 사무실로 들어왔다. 그는 방금 전 투자 형평성 계획 협의를 위해 남아공 정부의 관련 부처들과 회의를 하고 돌아온 참이었다. 그의 표정을 살핀 나는 "승인이 또 연기되었는가?" 하고 걱정스럽게 물었다.

그는 "미스터 윤, 투자계획은 오전에 승인을 받았습니다. 그리고 조금 전에 B-BBEE 증서도 받아서 왔습니다"라며 미안한 듯한 표정으로 서류 한 장을 나에게 내밀었다. 아마 좋은 등급을 받지 못한 것이라 우려하며 그가 내민 증서를 내려다보았다. 그런데 증서에는 B-BBEE 1등급이라고 적혀 있었다. 그 순간 내 사무실 밖에 있던 태스크포스 팀원들이 박수를 치며 함께 몰려 들어오더니 "서프라이즈!!!"를 외쳤다. 방금 전까지 어둡던 홀루비는 하얀 치아를 활짝 드러내며 거대한 미소를 띠고 있었다.

이제 삼성은 명실공히 남아공 최고 수준의 사회적 기업으로 인정받게 되었다. 삼성 남아공 현지 직원들의 자부심은 하늘을 찌를 듯 높아졌다. 사실 우리의 경쟁사들 중에는 3등급은 고사하고 아무 등급조차 받지 못한 곳도 있었다.

사실 전날까지만 해도 최소 3등급은 되었으면 하는 희망으로 마음을 졸였었다. 그런데 1등급이라니, 우리는 거의 불가능할 것처럼 보이던 일을 해낸 것이다. 나는 담당자들과 함께 이날 저녁 소규모 축하연을 열었다. 마음 고생이 심했던 일부 직원들은 1등급을 받은 감격으로 눈물을 글썽이기도 했다. 투자계획 승인 업무를 담당하며 마음 고생이 특히 심했던 닉은 자기가 먼저 건배 제의를 하겠다고 떨리는 목소리로 말했다. "이제 남아공 정부가 삼성 남아공의 향후 10년간 투자 형평성 계획을 승인해주었으니, 저의 자리도 최소 10년간 안전할 것으로 믿습니다"라고 말해서 폭소를 자아냈다. 닉이 "앞으로 10년for the next 10 years"이라고 선창했고, 나머지는 "자리 보장secured"이라고 세 번 외쳤다. 우리는 남아공산 고급 와인인 러스트앤브레데Rust en Vrede로 즐거운 축배를 들었다. 이날만큼은 조금 비싼 와인을 마실 자격이 충분하다고 생각했다.

이후 나에게 B-BBEE의 중요성을 일깨워주었던 통신사업자 CEO를 다시 만나게 되었다. 삼성의 등급 상향 소식을 전하자 그는 자신의 부탁을 들어주어 고맙다고 했다. 곧이어 삼성이 받은 B-BBEE 승인서를 보여주었더니 화들짝 놀라면서 어떻게 1등급을 받을 수 있었는지 물었다. 아마도 잘해야 3등급 정도 받았겠거니 짐작했던 것 같다. 나는 "좋은 팀들과 함께 일하고, 아프리카를 이해하고 사랑하게 되니 1등급이 저절로 되더군요"라고 답했다. 이건 듣기 좋은 수사가 아닌 나의 진심이었다. 우리는 만족스러운 표정으로 서로를 바라보며 호탕하게 웃었다.

이렇게 편견 없이 직원을 뽑아 사내 갈등과 차별 문제도 해결하고, B-BBEE 1등급도 확보하게 되었다. 그와 동시에 업무 분위기가 점점 더 활기차게 변하고 에너지 넘치는 선순환이 이루어졌다. 현지 직원들이 일하는 태도도 점점 바뀌었다. 직원 스스로 책임감을 갖고 조금씩 주도적으로 바뀌어가는 것이 눈에 띄었다. 정말 큰 보람을 느끼지 않을 수 없었다. 삼성 창업주 고 이병철 회장님께서도 항상 모든 신입사원들의 면접을 직접 보셨다고 한다. 나도 아프리카에 있는 4년 동안 매주 채용 면접에 직접 참석하며 '인재 제일'이라는 그의 깊은 경영철학을 조금이나마 이해할 수 있었다.

댄스 리더십,
온몸으로 보여주는 차별화 전략

삼성 남아공이 B-BBEE 1등급을 받게 되자 미디어로부터 많은 인터뷰 요청을 받았다. 어느 일간지 기자가 인터뷰를 하던 중에 재미있는 이야기를 들려주었다. 며칠 전 중국 업체의 신제품 출시 행사에 다녀왔는데 시작부터 삼성 갤럭시 S10 출시 행사를 베낀 듯 똑같이 진행하는 것을 보았다는 얘기였다. 이날 행사에 초청받은 여러 기자들은 머쓱한 표정으로 서로를 쳐다보며 코미디를 보는 것 같다고 수근거렸다고 했다. 그러면서 기자는 웃음 섞인 목소리로 "중국 업체가 모든 것을 베껴도 삼성 CEO와 마케팅 부서장이 함께 백댄서로 무대에 나와서 청중의 흥을 돋웠던 장면은 도저히 따라하지 못한 것 같습니다"라고 말했다.

바로 한 달 전인 2019년 2월, 삼성 갤럭시 S10이 전 세계에 공개되었다. 당시 글로벌 언팩 행사는 미국 샌프란시스코에서 진행되었는데, 남아공에서는 미국 행사를 실시간으로 생중계하면서 관심과 흥을 돋우고자 했다. 주요 미디어와 통신사업자들뿐만 아니라 남아공의 IOC 위원과 주남아공 한국 대사 등 여러 VIP들도 초대했다. 나의 아내는 신혼 초에 맞췄던 아이보리 실크 원피스를 입고 나왔고 다른 주재원 임원의 부인도 한껏 멋을 내고 행사에 나타났다. 남아공의 거대 보험사인 디스커버리사의 초현대식 사옥 로비에 수많은 테이블이 세팅되어 손님들에게 스테이크와 와인이 제공됐다. 이날 행사는 갤럭시폰이 남아공에서 절대적인 1위로 성장하게 된 것에 대한 축하와 감사의 마음을 담아서 색다르게 준비했다.

먼저 바이올리니스트가 무대와 테이블 사이를 돌아다니며 라이브 연주로 분위기를 잡으면서 행사가 시작되었다. 곧이어 대형 스크린으로 남아공 정부의 고위 인사와 통신사업자 CEO들이 갤럭시 S10의 출시를 축하해주는 영상이 소개되었다.

그 후 남아공에서 최고의 인기를 얻고 있는 힙합 가수 캐스퍼 Cassper Nyovest가 깜짝 등장하여 짧게 공연했다. 캐스퍼는 인스타그램 팔로워가 460만 명에 이를 정도로 남아공에서 매우 영향력 있는 인플루언서다. 그의 인기를 반영하듯 분위기가 점차 무르익어갈 무렵 나는 마케팅 부서장인 케임브리지와 함께 무대 위로 달려나가 캐스퍼의 백댄서로 나서서 잠시 춤을 추었고 청중들로부터 우레와 같은 환호를 받았다. 삼성처럼 큰 회사의 CEO와 CMO가 무게만 잡지 않고 이렇게 함께 어울린다는 것이 신기했는지 미디어들이 연신 사진을 찍었다. 글로벌 언팩 행사가 종료되고 난 후 삼성의 고동진 대표는 남아공 미디어와 VIP들을 위한 감사의 영상 메시지를 라이브로 보내주었다.

아프리카에서는 현지에 특화된 로컬 마케팅을 추진하는 것이 필요하다. 아주 사소한 차이일지라도 특별히 존중받는다는 의미로 받아들이기 때문이다.

언팩 행사가 끝난 지 한 달 후 경쟁사도 신제품을 출시했다. 이들의 출시 행사장에서 바이올리니스트가 연주하는 것을 본 기자는 겨우 웃음을 참았다고 했다. 그러나 삼성이 초대한 힙합가수 캐스퍼의 라이벌 가수가 공연할 때는 여러 참석자들이 탄성과 함께 웃음을 터트릴 수밖에 없었다고 했다.

기자는 경쟁사가 삼성을 따라하는 것에 대해 어떻게 생각하느냐고 물었다. 나는 "출시 행사는 무슨 특허가 있는 것도 아니므로 따라하는 것은 괜찮습니다"라고 대답했다. 그러자 기자는 인터뷰 말미에 다음번 삼성 행사에서 내가 연설할 때 다음과 같이 하면 좋을 거라며 재미있는 제안을 했다. "경쟁사 여러분, 가능하다면 삼성처럼 B-BBEE 1등급이 되는 것을 따라서 남아공을 위해 함께 노력합시다." 나는 후속 제품 출시 행사에 이 기자의 제안대로 해보았다. 그러자 언론들은 이를 '삼성의 B-BBEE 1등급에 도전해라'라는 제목으로 기사를 써주었다.

남아공에서 주재한 기간 동안 지속적으로 현지 상황에 맞추어 매년 사회적 책임을 다하려고 노력한 결과 삼성은 남아공의 최대 일간지인 《선데이타임스》가 선정한 가장 사랑받는 브랜드에 등극했다. 사회·정치·경제적 갈등이 깊은 아프리카에서 사회적 책임을 잘하는 기업으로 인정받는 것이 얼마나 중요한지 실감할 수 있었다.

시장이 원하는 것을
제공한다

강한 첫인상을 남겨라

아프리카 통신사업자와 유통회사들은 미국에 비해 사업 규모는 작을지라도 그 지역에서는 최고 기업이라는 대단한 자부심을 가지고 있었다. 우리 직원들에 따르면, 제 아무리 삼성전자 직원들이라 해도 거래선의 경영진들이나 고위 임원들과 미팅을 해본 적이 거의 없다고 했다. 우리 직원들이 느끼기에 거래선과 삼성이 철저한 상하관계로 이루어져 있는 것 같다고 했다.

내가 남아공에서 가장 먼저 추진한 것은 주요 거래선 경영진들과 미팅을 갖는 것이었다. 이들과 인간적인 신뢰가 먼저 형성되어야 비즈니스도 성장할 수 있다고 믿었다. 다행히 우리 직원들의 우려와 달리 부임 직후 처음 2주 동안 나는 여러 거래선의 경영진과 만날 수 있었다. 내가 오랜 기간 미국의 최대 통신사업자 및 유통회사들과 사업한 경험이 있다고 전해들은 거래선 CEO들이 나의 미팅 요청에 응해주었다. 나는 미국에서 직접 만나 발로 뛰었던 경험을 살려 미팅 준비에 최선을 다했다.

처음 만난 거래선 CEO들은 나와의 미팅에 대해 애초에 큰 기대를 하지 않는 눈치였다. 그런데 내가 출시 예정인 신제품의 장점을 직접 시연까지 해가며 마케팅 전략을 설명하고 함께 잘 판매해보자고 이야기했을 때 이들의 눈빛이 조금씩 바뀌며 관심을 갖는 걸 느낄 수 있었다. 마침내 이들의 태도가 적극적으로 바뀌며 삼성 신제품 출시를 지원해줄 테니 자기네 요구사항도 들어달라며 제안하기 시작했다. 나는 이들의 요청을 듣고 현실적으로 지원이 가능한지 검토 후 알려주겠다고 약속했다.

나는 추가로 이들에게 미국에서 효과를 보았던 마케팅 협력 사례들도 공유해주었다. 이들은 더 많은 관심을 가지며 앞으로 자신들과 주기적으로 미팅을 하자고 제안했다. 성공적인 첫 만남 이후 거의 한 달에 한 번씩 주요 유통업체 및 통신사업자 CEO들과 미팅을 하게 되었다. 거래선 경영진은 물론 실무진들과도 격의 없이 자주 만나며 상하 관계를 한 단계 뛰어넘어 좀 더 전략적인 파트너십으로 바꾸어갔다.

이처럼 거래선 경영진의 변화 과정을 직접 두 눈으로 확인하면서 나는 본사 경영진이 나를 아프리카 대륙으로 보낸 배경이 이해되었다. 거래선들을 직접 만나 그들의 의견을 경청하며 함께 판매 전략을 수립하는 과정을 통해 그들과의 관계가 금세 돈독해졌다.

아프리카 시장이 원하는 것을 주는 로컬 마케팅

"썽, 아프리카는 엔트리 제품이 필요한데 삼성은 언제쯤 도입할 건가요?"

거래선들과 처음 만났을 때 그들의 반응은 거의 한결같았다. "삼성은 아프리카 시장에 정작 필요한 엔트리 제품에는 전혀 관심이 없는 것 같은데요? 시장 규모가 작은 프리미엄 제품만 계속 들여오면 도대체 어쩌자는 겁니까? 엔트리 모델의 도입 없이는 삼성 아프리카 사업이 어려워질 수밖에 없는 점 잘 아시죠?"

이렇게 거의 협박성 설명과 요청이 이어졌다.

남아공의 많은 소비자들은 당시에도 30달러 내외 피처폰이나 80달러 내외 아날로그 TV를 사용했다. 소비자 구매력이 낮다 보니 판매되는 제품의 80퍼센트 이상은 중저가 제품이었다. 점차 스마트폰과 LCD TV로 바뀌는 추세이지만 문제는 가격이었다. 중국 업체 제품은 품질이 떨어지더라도 가격이 낮아 많이 판매되고 있었다.

거래선들은 저소득층 소비자들도 브랜드와 품질을 선호한다며, 삼성 브랜드로 중저가 제품이 도입되면 대박이 날 것이라고 했다. 나는 적극적으로 엔트리 제품을 준비하겠다고 약속했다. 거래선들은 삼성 CEO가 엔트리 모델에 적극적인 모습은 처음 본다며 기대감을 나타냈다.

나는 곧바로 본사에 아프리카에 맞는 가격 경쟁력을 갖춘 신제품 개발을 요청했다. 처음에는 100달러 이하 제품을 개발하면 투자비도 건지기 어렵다는 반응이었다. 사실 당시에 고가의 프리미엄 제품이 서구 선진 시장에서 많이 팔렸지만, 저가 모델은 판매량이 적어서 수익성이 낮은 편이었다. 하지만 나는 기회가 있을 때마다 거래선들의 요청사항과 아프리카 시장조사 결과를 본사에 보고했다. 끈질기게 설득한 결과, 본사 상품 기획과 개발 담당 임원들이 현지로 출장을 나왔다. 이들은 프리미엄 제품만으로 채워나갈 수 없는 아프리카 시장과 중국 업체들의 성장을 보고 엔트리 제품을 개발해 줄 것을 약속했다. 그로부터 1년 후 마침내 아프리카 맞춤형 제품을 생산하여 공급하기 시작했다.

천신만고 끝에 개발된 제품인 만큼 출시와 함께 반드시 성공적인 판매를 통해서 새로운 전기를 마련해야 한다는 심적 부담이 컸다. 이를 위해 처음으로 현지 사정에 맞춘 로컬 마케팅을 추진해보기로 했다. 우리는 스마트폰 광고 모델로 남아공에서 가장 인기가 높은 래퍼 캐스퍼를 발탁했다. 나는 본사와 협의하여 아프리카 시장에 맞는 독자적인 마케팅을 진행할 수 있도록 승인을 받았다. 휴대폰 이름도 파격적으로 '캐스퍼폰'이라는 닉네임을 붙여 출시했다.

이러한 로컬 마케팅 전략은 적중했다. 캐스퍼폰은 출시되자마자 불티나게 팔려나갔다. 캐스퍼폰이 화제를 모으자 TV 방송 프로그램에서 출연해달라는 요청이 쇄도했다. 특정 프로그램에 출연하자 다른 방송국의 경쟁 프로그램에서도 출연 요청이 이어졌고 프리미엄뿐만 아니라 엔트리 모델에서도 삼성 브랜드의 인지도가 높아졌다.

남아공 외에 다른 아프리카 국가들에서도 삼성이 '로컬 지향 브랜드'임을 강조했고 광고를 통해서도 동일한 메시지를 전달했다. 삼성이 로컬 지향 브랜드라고 내세운 슬로건에 어긋나지 않도록, 그리고 아프리카인들을 실망시키지 않기 위해 부단히 노력했다.

로컬 마케팅에서는 제품뿐만 아니라 현지 사정을 고려한 맞춤형 솔루션을 제공하는 것도 아주 중요하다. 2020년 1월, 케냐의 수도 나이로비에서 새로운 전략상품 녹스가드Knox Guard 출시 행사가 있었다. 케냐 통신사업자 사파리콤 고위 임원 실비아와 내가 무대 위에서 미디어와 참석자들에게 발표했다. 그녀는 "이제 케냐 저소득층 소비자들도 사파리콤 4G 통신망을 많이 사용할 수 있게 되었습니다. 이는 삼성 녹스가드 솔루션으로 소비자가 저렴한 가격에 삼성 스마트폰을 할부 구매할 수 있게 되었기 때문입니다. 삼성의 지원과 파트너십에 감사드립니다"라고 발표했다.

나는 "삼성은 현지 사정에 맞는 제품과 솔루션을 제공하는 것을 최우선으로 하고 있습니다. 녹스가드를 1월에 출시할 수 있었던 것은 오랜 기간 신뢰를 쌓아온 사파리콤의 실비아와 문제가 있을 때마다 연락해서 신속히 해결할 수 있었던 덕분입니다. 그리고 지난 6개월 동안 밤낮없이 노력한 사파리콤과 삼성 본사 개발자들 덕분입니다. 이분들께 감사드립니다"라고 짧게 말했다.

케냐의 최대 통신사 사파리콤은 2007년 최초로 엠페사^{Mpesa}라는 모바일 결제·송금 서비스를 도입하고 큰 성공을 거두어 세계적으로도 유명해졌다. 하지만 아주 소수의 소비자들만 4G 통신망을 사용하고 있어 고민이 컸다. 케냐 소비자들의 구매력이 낮아 대부분 30달러 수준의 피처폰을 사용하고 있었던 탓이었다.

2019년 어느 날 나는 실비아로부터 직접 전화를 받았다. 그녀는 케냐 소비자들이 사파리콤 4G 통신망을 더 많이 이용할 수 있도록 하는 프로젝트를 계획 중이라고 했다. 그러기 위해서는 케냐 소비자들이 저렴한 가격으로 구입할 수 있는 스마트폰이 필요하다며 나의 의견을 물었다. 나는 삼성 녹스가드 솔루션을 활용하면 소비자들이 할부로 저가 구매가 가능함을 설명했다. 그녀는 케냐 시장의 물량이 크지 않아 삼성에서 개발 지원이 어렵다는 점을 우려했다. 다행히 본사 녹스가드 책임자가 특별히 지원해주겠다고 했다. 마침내 실비아와 나는 전략적 제휴를 체결하고 2020년 1월 케냐에서 녹스가드를 출시하게 되었다.

더 많은 사람들이 사파리콤 4G 통신망을 사용하게 되었다. 갤럭시폰 판매도 30퍼센트 증가했다. 덕분에 디지털 시대에 케냐 소비자들의 소외감을 조금이라도 줄일 수 있었다. 녹스가드 솔루션은 곧이어 남아공, 나이지리아와 우간다 등 다른 국가까지 확대되었다. 아프리카 현실에 맞추어 새로운 방식으로 스마트폰을 저렴하게 구매할 수 있는 해결책을 지원할 수 있었기 때문이다.

　삼성이 앞으로도 계속 신뢰와 사랑을 받는 브랜드가 되려면 무엇보다 먼저 아프리카 소비자들과 거래선들의 요구에 귀를 기울여야 한다. 그들의 요구사항들을 정확히 파악해서 새로운 솔루션과 신제품을 제공하는 것이 우리가 아프리카 미래에 기여하는 일이라고 믿는다.

　2020년 7월, 남아공에서 세계 최초로 갤럭시 워치를 활용한 '베오센스 VeoSens 앱 솔루션'을 출시했다. 이 앱을 활용하여 보험 가입자들이 건강관리를 하도록 촉진하기 위해 남아공의 한 생명보험사는 자신들의 생명보험에 신규 가입하는 회원에게 갤럭시 워치를 제공했다. 그리고 이들이 갤럭시 워치를 차고 일정량 이상 운동하면 금전적인 인센티브를 제공했다. IT 기술을 활용하여 소비자에게 혜택을 준다는 개념은 간단하지만 여러 회사들이 관련되어 있어 이 앱을 개발하는 데 1년 이상이 소요되었다.

　베오센스 앱을 남아공에서 최초로 출시할 수 있었던 이유는 삼성 본사의 헬스개발팀의 전폭적인 지원도 있었지만, 이 사업에 참여한 생명보험사·재보험사·정보분석사가 모두 남아공에 본부를 두고 있었기 때문이었다. 이러한 새로운 생명보험 생태계와 연계한 갤럭시 워치의 맞춤형 솔루션 도입으로 남아공에서 갤럭시 워치의 판매는 2배 이상 성장할 수 있었다.

위기를 기회로 바꾼 BTS, 블루태그세일

2020년 전 세계적인 코로나19 여파로 남아공은 3월 말부터 봉쇄조치를 실시했다. 전국에서 통행금지가 발효되었고, 쇼핑몰과 매장들도 모두 문을 닫고 생필품 가게만 제한적으로 문을 열었다. 도로를 오가는 차들도 10분에 한 대 꼴로 한산한 데다 총을 든 군인들이 길을 지키고 있어 온 도시가 섬뜩한 느낌마저 들었다.

사무실도 폐쇄되어 재택근무를 하며 화상 통화로 업무를 해야 했는데 과연 효과적일지 걱정이 앞섰다. 남아공에는 인터넷이 없는 가정이 더 많았고, 정전도 거의 매일 발생했기 때문이었다. 나라 전체가 봉쇄되는 모습을 보며 미국에서 배운 위기관리 경영기법 '컨틴전시 플랜'이 번뜩 떠올랐다. 내가 처음 미국에 주재원으로 나가 담당했던 IBM은 삼성과 같은 공급자들에게 위기 발생 시 대처할 컨틴전시 플랜 제출을 요구했다.

아프리카 시장이 코로나19로 인해 봉쇄되는 상황을 맞이하자 우리는 삼성 아프리카 자체적으로 제품별 컨틴전시 플랜을 준비했다. 우선 공급선을 점검했다. 코로나19가 막 발생하여 전 세계로 확산되던 시기였던 만큼 중국으로부터의 공급 사정이 가장 심각한 문제였다. 공급지를 중국에서 다른 나라로 이전할 수 있는지를 본사와 협의해 즉시 변경하도록 했다. 동시에 다른 경쟁사들도 공급이 어려워질 것으로 예상되므로 거래선별로 적정 재고를 유지할 수 있게 준비했다.

많은 사람들이 팬데믹으로 인해 경제가 무너질지 모른다고 우려했다. 일각에서는 불확실한 앞날에 대한 불안감으로 걱정이 가중된 시기에 총괄인 내가 상황 판단을 잘못하는 것이 아닌지 우려하기도 했다. 처음에는 많은 사람이 예상했듯이 재고가 쌓여갔다. 대형 유통업체의 고위 임원인 조나단에게서 전화가 왔다.

"썽, 남아공 환율이 너무 올라서 5월 가격은 너무 높아요. 지난 3월 가격으로 주지 않으면 더 이상 구매를 못 하겠습니다"라고 알려왔다. 나는 "구매를 못 하게 되면 우리는 정말 고통스럽지만, 그렇다고 가격을 깎아줄 수 있는 상황이 아닙니다"라고 대답했다. 그는 어쩔 수 없다며 구매 물량을 대폭 줄였다.

하지만 5월이 되어 봉쇄가 풀리고 휴대폰과 가전제품 매장들이 다시 문을 열자 이른바 '보복 소비'가 일어나며 삼성 제품의 판매율이 그야말로 하늘을 찌를 기세로 수직 상승했다. 현지 유통업체들은 그동안 영업을 하지 못해 발생한 적자를 만회하고자 재고가 있는 삼성 제품을 더욱 적극적으로 판매해주었다.

미국에 주재할 때에도 서브프라임 모기지 위기로 시장의 불확실성이 큰 시기에는 가격이 조금 더 비싸더라도 품질이 보장되는 브랜드가 훨씬 더 많이 팔리는 경험을 했다. 삼성 아프리카는 위기 상황에 대응하여 적절한 컨틴전시 플랜을 시행한 결과 팬데믹 이후 TV와 휴대폰 등의 판매점유율이 70퍼센트를 넘게 되었다. 그때 유통업체의 조나단에게서 다시 전화가 왔다.

"썽, 환율 때문에 구매 가격이 높아지긴 했지만, 이젠 5월 가격으로라도 구매하는 것이 훨씬 좋은 거래가 되었네요. 지금 당장 공급을 좀 더 늘려주면 고맙겠어요."

그와 나는 한 달 전 대화를 떠올리며 한바탕 크게 웃었다. 나는 가능한 최대한의 물량을 확보할 수 있도록 조치했다.

이후에도 코로나19 상황이 계속 이어져 봉쇄조치가 풀렸다 강화되기를 반복했다. 그 결과 아프리카의 거의 모든 유통사들은 매출 부족으로 심각한 경영 위기를 겪고 있었다. 이런 위기 시에 전략적 파트너로서 삼성은 이들을 도와줄 수 있는 마케팅 이벤트를 기획했다. 우리는 8월 말부터 3주 동안 삼성전자 주요 제품을 할인 판매하는 '블루태그세일 Blue Tag Sale'을 실시했다. 이는 최초로 아프리카 대륙 전체에서 일제히 삼성 브랜드만을 할인 판매하는 행사였는데, 유통사들이 자발적으로 적극 협조해주어 거의 블랙프라이데이 수준의 파격적인 할인 판매를 진행할 수 있었다.

삼성은 아프리카에서 TV 광고도 제작하여 각 국가별로 조금씩 수정할 수 있도록 했다. 현지에서 제작된 TV 광고는 주요 시간에 광고하며 대대적으로 홍보한 결과 삼성 브랜드의 인지도와 시장점유율이 급속히 높아졌다. 처음 시도한 BTS의 결과는 대성공이었다.

대형 유통사들과 통신사업자들은 BTS 성공에 고무되었고, 곧바로 BTS2를 한 번 더 진행해달라는 요청이 이어졌다. 우리는 제품 공급과 재고 수준을 검토한 후, 두 번째 삼성 BTS 프로모션을 10월 말부터 실시했다. 이번에도 전체 아프리카 국가에서 실시했는데 모든 유통사들이 더욱 적극적으로 참여해주었다. BTS 프로모션에 익숙해져서인지 두 번째는 더 큰 성공을 기록했다. 우리와 거래선 모두 만족할 만한 성과를 냈고 이후 '블루태그세일'은 하나의 고유한 행사로 자리잡아 정기적으로 진행되며 지금까지도 좋은 실적을 내고 있다.

공급망 관리 혁신은 데이터가 핵심이다

"총괄님, 우리 아프리카 총괄이 글로벌 혁신 우수상을 받았습니다."

2019년 말, 한국에서 걸려온 전화선 너머의 목소리는 흥분으로 떨렸고, 그동안 쏟아부은 눈물과 땀방울이 담겨 있는 듯했다. 판매 예측과 재고관리를 잘못한다고 핀잔만 자주 받아왔던 아프리카 총괄이 이제는 삼성 본사로부터 글로벌 베스트 혁신 사례로 인정받게 된 것이다.

이 순간 남아공에 부임하자마자 첫인사를 건네는 자리에서 벌어진 일이 생생히 떠올랐다. 한 통신사업자의 고위 임원은 나의 인사가 채 끝나기도 전에 "저가 스마트폰인 J1 미니를 즉시 추가 공급해주세요"라고 요청했다. 미팅에 동행한 삼성의 영업사원은 거래선이 현재 7개월분 이상의 많은 재고를 가지고 있어 당장은 추가 공급을 할 수 없다고 답했다.

그때 키가 2미터가량 되어 보이는 거구의 거래선 임원이 갑자기 나에게로 뚜벅뚜벅 걸어오더니 내 얼굴 앞에 바짝 몸을 붙이고 앉았다. 그러고는 잠시 동안 내 눈만 빤히 바라보았다. 잠시 후, "썽, 어떤 모델을 얼마나 구매할지에 대한 결정은 내가 합니다. 당신은 우리 유통 재고가 얼마든 쓸데없는 데 신경 쓰지 말고, 우리가 달라는 대로 공급만 하면 됩니다"라며 으름장을 놓았다.

거래선이 흥분한 경우에는 받아들일 수 있는 제안을 내놓는 것이 중요하다. 그가 관심을 가져야만 협상을 거쳐 합의안을 추진해볼 수 있기 때문이다. 잠시 생각을 정리한 후 나는 차분하게 제안했다.

"삼성의 공급망 관리 정책은 통상 거래선이 해당 모델을 가급적 빨리 판매하여 적정 재고 수준으로 내린 후에 추가 공급을 할 수 있도록 되어 있습니다. 이는 과잉재고로 인해 거래선에게 손실이 생기지 않도록 방지하고 보호하기 위한 것이니 오해 없으시기 바랍니다. 유통 재고가 많으면 본사 시스템에서 자동으로 공급을 제한하므로 추가 공급은 사실상 불가능한 상태입니다." 계속해서 나는 "그러나 거래선 고위 임원인 당신의 특별한 부탁이니 공급이 가능할지 본사에 부탁해보겠습니다"라고 말을 맺었다.

삼성 아프리카 CEO인 내가 직접 '노력해보겠다고 하니, 그도 고개를 끄덕이며 누그러졌다. 바로 이때 그에게 한 가지 요청을 했다. 통신사업자 창고에서 소매 판매점으로 삼성 폰을 배송할 때, 언제 어떤 모델을 어느 매장으로 내보내는지를 공유해달라고 했다. 그는 못할 이유가 없다며 흔쾌히 약속했다.

나는 이 데이터를 받아서 공급망 관리 개선을 위한 중요한 정보로 활용할 요량이었다. 남아공 유통에서 가장 큰 문제는 매장별로 재고 불균형이 너무 심하다는 점이었다. 어떤 매장은 재고가 없는 반면, 어떤 매장은 재고가 지나치게 많았다. 매장별 제품 배송 정보가 있으면, 매장별 판매 정보와 재고 수준 파악이 가능했다. 이러한 정확한 자료를 기초로 거래선이 어떤 매장에 재고를 우선으로 공급하고 어디에 배송을 줄여야 할지 제안해줄 수 있다고 설명했다. 흥분을 가라앉힌 거래선 임원이 나의 제안을 수용하며 최종 합의가 이루어졌다.

합의 결과를 보고받은 본사는 J1 미니를 당분간 제한없이 공급해주겠다고 했다. 매장별 배송 정보를 공유받아야 공급망 관리 개선이 가능함을 잘 알았기 때문이다. 거래선뿐만 아니라 삼성 남아공 직원들도 이런 특별 지원은 처음이라며 무척 놀라는 분위기였다.

반면 거래선 실무자들은 약속했던 매장별 배송 정보 공유를 차일피일 미루고 있었다. 사실 새로운 업무에 대한 실무자들의 저항을 어느 정도 예상했다. 나는 그들이 미루는 이유가 무엇인지 확인해보았다. 새로운 프로세스가 생기면 자기 일자리를 빼앗기지는 않을까 하는 우려도 작용하고 있는 것 같다고 했다. 이런 추측이 사실이든 아니든 실업률이 높은 남아공에서 비즈니스를 할 때 항상 이런 점을 고려해야 한다. 해결책은 그들과 소통을 강화하는 것이었다.

　　실무진 미팅에도 수차례 참석하여 과거 미국 통신사업자들과 진행했던 공급망 협업 프로젝트 경험을 설명했다. 그리고 그들이 우려하는 걱정거리에 대해서도 구체적으로 답변했다.

　　몇 개월 후, 통신사업자 고위 임원과 다음날 아침 9시에 미팅을 하기로 예정되어 있었다. 미팅 바로 전날 밤 10시에 우리는 처음으로 거래선의 매장별 배송 정보를 받아보았다. 거래선 실무자들이 미루고 미루다 임원과의 미팅 직전에 어쩔 수 없이 자료를 공유해준 것이다. 밤 10시에 받은 자료를 밤새워 분석하기는 불가능할 것이라 생각했던 것 같았다. 그러나 우리는 받은 자료를 즉시 한국 본사 혁신팀에 넘겼다. 지구 반대편에 있는 본사 혁신팀은 낮 시간 동안 편안하게 자료를 분석했고, 분석 결과는 다음날 새벽 남아공의 혁신팀에 도달했다.

　　나는 미팅 장소로 향하는 차 뒷좌석에 앉아 본사에서 온 출장자와 함께 노트북을 보며 발표 자료를 마무리했다. 흔들리는 차 안에서 30분 동안 작업을 하다 보니, 속은 울렁대고 식은땀까지 났다. 다행히 사업자 건물에 도착하기 직전 발표 자료가 완성되었다.

거래선과의 미팅은 대성공이었다. 미팅에서 우리는 통신사업자의 정보를 바탕으로 매장별 판매 및 재고 현황을 분석한 그래프를 보여주었다. 이제 통신사업자는 매장별로 언제 어떻게 최종 판매되었고 얼마나 재고가 필요한지를 알 수 있게 되었다. 거래선은 삼성과 함께 윈-윈할 수 있는 중요한 전략의 기반이 되는 자료 분석에 놀라워했다.

마침내 구매 임원의 마음이 움직였음을 알아차렸다. 이번에는 내가 그의 옆자리로 가서 앉았다. 그리고 내 얼굴을 그의 얼굴 앞으로 바짝 가져다 붙이며 말했다. "이제 앞으로는 삼성 공급망 관리의 체계적인 분석을 토대로, 당신네 판매 대리점별로 재고를 함께 관리하도록 합시다. 그렇게 해서 3개월 이하로 재고가 관리되면 우리도 제한 없이 계속 공급해줄 수 있습니다." 나는 거래선 임원과 한바탕 크게 웃으며 하이파이브를 했다.

미팅을 마치고 돌아오는 길에, 한국에서 출장 온 직원 한 명이 눈물을 글썽이는 듯했다. 그동안 엄청나게 고생했던 만큼 기쁨이 남달리 컸을 수도 있다. 아니면 어린 자녀를 둔 엄마로서 이제 더 이상 머나먼 아프리카로 출장을 오지 않아도 된다는 안도감이 밀려왔는지도 모른다.

거래선이 이번 미팅을 통해 삼성 공급망 관리에 대해 충분히 이해하고 신뢰하기 시작하면서 상황은 급진전되었다. 우리가 제공하는 재고 상황 분석표를 기반으로 거래선이 모델별 구매 수량과 배송 수량을 결정했다. 어떤 판매점에 몇 대를 할당하고 공급할지를 우리와 함께 협의하여 매주 결정하는 협력체계가 구축됐다. 삼성 제품의 판매도 자연스럽게 상승됐다. 서로 간에 깊은 신뢰가 있었기에 가능했다. 이후로도 협력이 진전되어, 모든 정보를 EDI로 실시간 공유하는 단계로 발전했다.

그 결과 통신사업자는 10주분 이상의 유통 재고를 쌓아두지 않아도 더 효율적인 판매를 유지할 수 있게 되었다. 그들의 재무팀도 삼성에 점차 호의적으로 변했다. 평소 6개월분 이상 보유하던 재고가 3개월분 이하 수준으로 줄면서도 판매는 증가하니 자기네 운전 자본의 사정이 훨씬 좋아졌기 때문이었다.

3년이라는 짧은 기간에 아프리카 공급망 관리가 이렇게 크게 개선될 수 있었던 것은 본사와 아프리카 현지 혁신팀의 열정과 노력 덕분이었다. 남아공의 유통 구조는 미국과 달라 차이점을 이해하고 이에 맞는 해결 방법을 찾으려고 고민했다. 혁신의 중심에는 항상 우수한 직원들과 팀워크가 있었다. 거래선으로부터 신뢰를 바탕으로 정보 협력을 얻어냈고 혁신팀의 헌신적인 분석과 지원으로 함께 승리할 수 있었던 것이다.

파트너십은 상호존중에서 시작한다

"썽, 우리 실수로 블랙프라이데이가 일주일 빨리 시작하는 것으로 광고 팸플릿이 인쇄되어 버렸어요. 실수로 일어난 일이니 부디 이해해주시면 좋겠습니다."

블랙프라이데이는 원래 미국의 가장 큰 프로모션 행사. 최근 남아공에서도 블랙프라이데이가 도입되어 인기를 얻기 시작했다. 2017년 블랙프라이데이를 몇 주 남겨두고 남아공 최대 유통사의 고위 임원이 사고가 생겼다며 다급히 나에게 전화를 했다. 자기네 실무자의 실수로 행사 일정이 당초 합의된 것보다 일주일 빠른 날짜로 찍혔다는 얘기였다. 이전 같았으면, 우리를 무시하고 연락도 하지 않고 지나갔을 텐데, 자기네 CEO와 내가 한 달에 한 번 만날 정도로 가까운 사이라는 것을 알고 미리 알려줬던 것이다.

"미안하지만 그 광고 팸플릿은 배포할 수 없습니다"라고 나는 단호하게 대답했다. 그는 예상치 못한 반응을 듣고 내 사무실로 다급히 찾아왔다. 인쇄 실수를 되돌릴 수 없으니, 특별히 자기들이 남들보다 일주일 앞서 블랙프라이데이 할인판매를 시작할 수 있도록 양해해달라고 다시 한번 부탁했다. 이미 광고 팸플릿이 100만 부 넘게 인쇄되어 도저히 회수하기 어렵다고 했다.

나는 "다른 유통 파트너들과의 약속을 어길 수가 없습니다. 저희가 못 파는 한이 있더라도 유통 파트너들과의 신뢰가 무너지면 모든 것을 잃게 됩니다"라고 답변했다. 그러면서 필요하다면 회수와 재작업에 드는 비용을 우리도 일부 지원하겠다고 제안했다. 일단 그는 돌아갔다. 오랜 고민 끝에 그들은 인쇄된 광고 팸플릿에서 우리 제품이 인쇄된 페이지만 한 장을 뜯어서 폐기했다. 자신들이 전액 부담하겠다고 했다.

남아공에서 절대 우위에 있는 유통사가 잘못을 스스로 인정하고 수정한 경우는 이번이 처음이라고 했다. 이번 사태를 계기로 공급자와 상하 관계가 아니라 윈-윈 파트너십의 표상이 되었다.

아프리카 유통사들은 자국에서 나름대로 막강한 경제적 위세를 가지고 있다. 그래서인지 삼성과 같은 제품 공급자들을 마치 상하 관계처럼 대하며, 단순 가격인하와 더 많은 마진을 요구하는 사업방식에서 벗어나지 못하고 있었다. 최고경영진 간의 미팅도 거의 없다 보니, 초기에는 서로가 윈-윈하는 전략적 파트너십을 개발하는 것이 매우 어려운 과제였다.

남아공 대형 유통사의 경영진과 처음 만났던 미팅도 이런 단면을 보여준다. 경영진은 소개 인사가 끝나자마자 불만사항들을 쏟아냈다. "내가 가격인하를 요청했는데 한 달 이상 답이 없어요. 어떻게 이럴 수가 있습니까?" 다혈질인 거래선 임원 한 명은 지금 당장 가격인하를 결정하지 않으면, 다음달부터 TV와 냉장고 구매를 중단하겠다며 으름장을 놓았다. 함께 간 우리 담당자는 안절부절못했다. 새로 부임한 자기 보스가 거래선과의 첫 미팅에서 예상치 못한 거센

압박을 받고 있으니 불안했을 것이다.

나는 직원들에게 눈짓으로 먼저 안심을 시켰다. 그리고 거래선들의 불평과 요청을 하나씩 정리했다. "저희가 이미 합의한 사항들은 더 늦지 않게 실천하도록 하겠습니다. 그리고 아직 답을 듣지 못한 사항들은 내일까지 답을 드릴 수 있도록 하겠습니다." 추가로 글로벌 시장상황을 짧게 설명하면서, 우리가 최선을 다해 지원하겠지만 지원하기 힘든 것도 있음을 명확히 했다.

거래선별로 반응은 달랐지만, 대부분 반신반의하는 분위기였다. 삼성 CEO가 이슈별 현황을 구체적으로 정리하고 약속하는 것을 처음 보았다고 했다. 나는 상황이 어려워질수록 내부에서 에너지가 발동하는 스타일이다. 이미 내 머릿속에는 이들이 요청하는 사항들을 어떻게 풀어나갈지 구체적인 해법이 떠올랐다. 그 전에 세 차례 미국에 주재하며 이보다 훨씬 더 부담스럽고 어려운 상황들을 돌파한 경험이 무엇보다 큰 힘이 되었다.

거래선 하나하나가 소중한 파트너로 함께 성장해야 함을 뼈저리게 터득한 나였다. 다행히 이들도 내가 16년간 미국에 주재하며, 세계 최대의 거래선들과 일한 경험을 좋게 평가했다. 무엇보다 약속한 사항은 잘 지키고 매달 또는 매분기 자주 만나면서 신뢰를 쌓아갔다. 특히, 삼성의 여러 신제품들을 소개할 때는 내가 직접 기술 성능도 시연해 보이면서 그들의 질문에 구체적이고 성실하게 답변해 주었다.

그러면 대부분은 마음을 열고 나를 깊이 신뢰하는 것이 느껴졌다. 초기에 뻣뻣했던 거래선의 태도가 시간이 흐르면서 부드러워졌고 한 단계씩 새로운 전략적 파트너십으로 나아갈 수 있었다.

아프리카 거래선의 마음을 움직인 한국 방문

일방적으로 혼자서만 말을 많이 하는 스타일의 나이지리아 거래선이 있었다. 말끝마다 "Are you with me(내 말 무슨 뜻인지 알겠어)?"라고 말하며 상대방을 다소 무시하는 듯한 말투를 즐겨 사용했다. 그러던 그가 "썽, 앞으로 더 이상 그런 식으로 말하지 않을 예정입니다"라고 선언하여 동석자들을 한바탕 웃게 만들었다.

그의 이런 커밍아웃 배경에는 한국 방문이 있었다.

우리는 남아공을 포함한 여러 아프리카 국가의 주요 거래선들을 모두 모아서 매년 한 차례 한국으로 초청했다. 아프리카의 거래선들을 한꺼번에 초청하는 것은 새로운 시도였다. 바빴던 며칠간의 일정을 마치고, 우리는 마지막 날 저녁에 한강 유람선을 전세 내 저녁 식사를 하며 K-팝 공연을 감상했다. 아프리카는 고층 건물이 별로 없어 야경이라고 할 것도 없다 보니, 환상적인 서울 야경을 본 방문자들은 모두 사진을 찍느라 분주했다. 아프리카의 초원에서 머물다가 오랜만에 귀국한 내 눈에도 서울의 밤 풍경은 장관이었다.

나는 테이블을 돌면서 저녁 내내 거래선들과 많은 이야기를 나누었다. 그들은 자국에서 든든한 기반을 가진 나름 엄청난 갑부들이다. 그래서 일부는 자기가 높은 위치에 있음을 은근히 과시하기도 했다. 그랬던 그들이 나이지리아 거래선처럼 태도가 완연히 바뀌고 있었다. 한 거래선은 이날 밤 내 손을 지그시 잡더니 삼성이 대단한 회사라는 것은 알았지만, 이 정도인지는 상상도 못 했다고 했다. 한국 방문을 통해 삼성을 좀 더 많이 이해할 수 있도록 해줘서 고맙다며, 앞으로 돌아가면 삼성과의 파트너십을 더욱 강화하겠다는 말도 잊지 않았다.

오래전 미국을 담당할 때 파트너사들의 한국 방문은 사업부 차원에서 철저히 준비했었다. 그 경험을 살려, 아프리카 거래선들이 한국에 도착하는 날부터 떠나는 날까지 알찬 일정을 가질 수 있도록 삼성 본사와 아프리카 법인이 최선을 다해 준비했다. 사업부별로 준비 중인 미래 제품 외에도, 사물인터넷, 인공지능, 5G 네트워크 기반의 스마트 공장 등의 기술을 데모해주었다. 이런 혁신 기술을 본 거래선들은 삼성은 3~4년 거래할 상대가 아니라, 앞으로 10~20년 이상 믿고 따라가야 할 파트너임을 인정했다.

한국 방문을 통해서 거래선들은 무엇보다도 삼성의 미래 비전을 볼 수 있었고, 국가별로 상황이 조금씩 다르지만 한 단계 업그레이드된 협력방안을 도출했다.

우리가 미팅하고 있는 회의실에 고동진 대표가 들러 "제가 아프리카를 위해 무엇을 해주면 좋겠습니까?"라고 거래선들에게 질문했다. 이들은 이구동성으로 "아프리카 시장에 맞는 저가의 스마트폰을 만들어주면 좋겠습니다"라고 요청했다. 적극적으로 고려하겠다는 삼성 최고경영자의 답을 들은 거래선들은 모두 놀라워했다.

나중에 내가 아프리카에 돌아가서 이들 거래선들의 사무실을 방문했을 때, 그들의 책상 중앙에 고 대표와 찍은 사진이 놓여 있는 것을 보았다. 그들은 한국 방문과 삼성 최고경영진과의 만남을 정말 소중한 추억으로 간직하고 있는 듯했다.

평창 동계올림픽이 아프리카에 특별한 사연

평창 동계올림픽이 코앞으로 다가온 2017년 말, 한국에서는 전국을 돌며 성화봉송 행사가 진행되고 있었다. 삼성은 이 중요한 축제에 참가하기로 결정했고, 전 세계 주요 거래선 중에서 VIP들을 초청했다. 삼성 아프리카는 국제올림픽위원회IOC 샘 람사미Sam Ramsamy 부부와 주요 거래선 CEO 부부를 한국으로 초대하여 충남 아산 구간에서 성화봉송 행사에 참여했다. 행사 기간 동안 삼성 본사의 운영요원들이 체계적으로 준비한 일정들을 차질없이 수행하는 것을 보고, 초청한 인사들이 연일 찬사를 쏟아냈다.

샘 람사미는 남아공의 동남부 해안 도시인 더반 출신으로 남아공이 민주화된 직후인 1995년부터 줄곧 IOC 위원을 맡아오고 있다. 80세가 넘은 고령임에도 남아공 수영연맹 회장 등을 역임하며 활발한 활동을 펼치고 있다. 그의 아내 헬가^{Helga}는 전 동독의 농구 국가대표로서 1961년 북한에서 열린 농구시합에 출전한 경력도 있다고 했다.

샘 람사미 부부는 삼성 남아공이 현지에서 진행하는 주요 행사에도 여러 VIP들과 함께 가끔 초대되었다. 샘은 평창 동계올림픽 유치와 관련하여 자신이 직접 겪은 일화를 전해주었다. 샘은 당시 삼성의 고 이건희 회장님과 함께 식사도 했으며 IOC 총회 기간 중 옆에서 가까이 지켜볼 수 있었다고 했다. 샘은 당시를 회상하며 이렇게 말했다.

"저는 이 회장님의 각별한 노력에 정말 감탄했어요. 같은 IOC 위원으로서 오랫동안 이 회장님을 알고 지냈습니다. 2011년 7월에 IOC 총회가 더반에서 개최되었지요. 이 회장님은 총회가 열리기 전부터 더반에 체류하면서 하루에도 몇 명씩 수많은 IOC 위원들을 만나서 평창이 얼마나 잘 준비된 곳인지 열정적으로 설명하셨습니다. 올림픽 유치를 위해 노력하던 회장님의 모습이 지금도 기억에 선합니다."

이런 과정을 거쳐 확보한 평창 동계올림픽을 적절히 활용하는 것은 우리의 몫이었다. 성화봉송 VIP 행사에 해외 주요 고객들을 초대하게 되어 그들과의 관계가 더욱 끈끈해졌다. 그리고 삼성 브랜드 가치와 위상도 한층 더 올라가게 되었고 제품 판매에도 큰 도움이 되었다.

내일에 투자한다

정기적 소통을 위해
아프리카 대륙을 횡단하다

"삼성 딜러를 한 지 10년 만에 처음 상을 받아봅니다. 그리고 삼성 아프리카 CEO를 이곳 세네갈에서 직접 만나보는 것도 처음입니다. 게다가 그에게서 직접 상까지 받으니 오늘 저의 기분은 정말 최고입니다."

세네갈의 젊고 열정적인 거래선 지리 동고 Djili Ndongo 는 다소 감정이 격해진 듯 이렇게 수상 소감을 발표했다.

아프리카 총괄이 되고 나서, 2018년 1월부터 아프리카 지점을 방문하며 주요 사업 파트너들과 삼성 파트너 서밋Summit 행사를 처음으로 시작했다. 남아공의 사무실에서 편안하게 전화나 화상으로 회의하는 대신 분기별로 케냐·가나·나이지리아·세네갈 지점 등 현장을 방문하며 사업 현황도 점검하고 소통하기 위한 행사였다.

넓은 아프리카 대륙 동서부에 퍼져 있는 지점들을 횡단해야 하는 만큼 시간과 수고가 드는 일이었지만 사업을 위해 중요하다고 판단하여 시작하게 됐다. 서밋 행사에는 지점별로 주요 디스트리뷰터 Distributor와 딜러Dealer 등 핵심 거래선들을 초청했다. 디스트리뷰터는 삼성으로부터 제품을 구매하여 딜러에게 재판매하고 딜러들은 자기들 매장을 통해 소비자에게 최종 판매를 한다.

딜러들은 우리 제품 외에 여러 다른 브랜드도 판매하며 지역 상권의 80퍼센트 이상을 장악하고 있었다. 삼성 아프리카 비즈니스가 성장함에 따라 소비자들에게 제품을 직접 판매하는 주요 딜러들이 더욱 소중했기에 행사에 그들을 처음 초대했다. 서밋 행사를 시작하며 나는 삼성 글로벌 비전과 아프리카 전체 사업 현황을 공유했다. 그리고 그 지역별 현안을 토의하고 현장에서 Q&A를 통해 해결책을 함께 찾고자 했다. 특히, 통상 보안 과제로 공유가 제한되어 있던 출시를 앞둔 삼성 신제품들을 아주 간략하게나마 소개하자 거래선들은 높은 관심과 호응을 나타냈다. 서밋을 마친 후 몇몇 딜러가 따로 찾아와 그들을 믿고 신제품을 소개해준 것에 감동했다며 앞으로는 삼성 제품을 더 많이 팔겠다는 뜻을 내비쳤다.

서밋에서 삼성 지점의 현지 간부들은 향후 6개월간의 프로모션 계획도 발표했다. 아프리카에서는 제품 운송 기간이 비교적 오래 걸리다 보니, 이렇게 미리 프로모션 계획을 확정해주면 거래선들이 판매계획을 짜는 데 큰 도움이 되었다. 프로모션 계획을 너무 늦게 받으면 거래선들이 충분한 재고를 비축할 시간이 부족해진다. 서밋을 통해서 우리가 핵심 거래선을 믿고 비밀스러운 프로모션 정보를 공유하니 그들도 삼성을 신뢰하며 더 많은 예산을 할당해서 삼성 제품을 판매해주는 것으로 화답했다.

서밋 행사의 마지막 순서는 매분기 우수 거래선에 대한 시상이었다. 상장과 함께 삼성 스마트폰, TV 그리고 냉장고 등을 상품으로 주었다.

최고 딜러로서 상을 받고 감격에 찬 연설을 했던 지리는 세네갈에서 삼성 비즈니스에 매우 중요한 역할을 하는 거래선이었다. 언젠가 세네갈을 방문하는 우리 출장자 일행 모두가 지리의 초대를 받은 적이 있다. 자기 집으로 식사하러 오라는 초대였다. 혹시라도 부담을 줄 것 같아 초대에 응할지 말지 고민했지만, 지리는 일요일이 마침 본인의 생일이라며 꼭 초대하고 싶다고 했다. 그의 집에 도착하니 그의 아내와 형제들뿐만 아니라 몇몇 다른 딜러들도 생일을 축하하러 모여 있었다. 세네갈에는 이슬람 교도가 많았고, 그도 마찬가지여서 그의 아내에게는 악수도 청하지 못한 채 그냥 쳐다보는 것으로 인사를 대신했다. 그렇게 부유한 살림살이는 아니었지만, 30대 초반인 그는 세네갈에서는 자수성가한 청년의 표본이었다.

우리가 준비해간 생일 선물을 내놓자 그도 간단한 세네갈 토산품을 우리에게 선물로 주며 말했다. "제 생일에 집으로 와주셔서 감사합니다. 제가 오늘 이렇게 성장할 수 있었던 것은 삼성이 형제처럼 너무 잘 도와주었기 때문입니다." 그는 갑자기 나에게 큰 형님같이 잘해줘서 고맙다는 말과 함께 굵은 눈물을 떨구었다. 모두 숙연한 분위기가 되었다. 나 역시 감정이 북받쳐서 말을 잇기가 힘들었다. 이처럼 사람과 사람 사이에 따뜻한 정이 있었기에 어려운 환경에서도 신나게 일할 수 있었던 것 같다. 그는 내가 아프리카를 떠난 이후에도 2~3주에 한 번씩 나를 그리워한다고 연락해온다. 사업을 떠나 좋은 인연을 맺게 되어서 감사한 마음이다.

아프리카를 순회하며 진행한 서밋은 처음 시도하는 행사이다 보니 예상치 못한 일이 벌어지기도 했다. 케냐에서의 첫 서밋 행사는 순조롭게 진행되었다. 행사 기간 중에 세계적인 통신사인 로이터, 블룸버그와 함께 몇몇 로컬 미디어들이 찾아와 나와 단체 기자회견을 하고 싶다고 요청했다.

인터뷰에서 로이터 기자가 물었다. "삼성 아프리카 CEO와 대표단이 아프리카 파트너 서밋을 한다고 들었습니다. 그 배경이 무엇인지요?" 나는 "아프리카는 지금 성장하는 시장이고 삼성에게도 대단히 중요한 시장입니다. 저희는 아프리카의 미래 가능성을 보고 파트너 서밋을 진행하게 되었습니다"라며 교과서식 답변을 했다.

그런데 기자회견을 마칠 무렵, 낯선 로컬 미디어 기자가 "삼성은 혹시 케냐에 텔레비전이나 휴대폰 공장 같은 투자를 할 계획이 있습니까?"라는 질문을 던졌다. 나는 "삼성은 현재 케냐에 투자할 계획은 없습니다"라고 명확하게 답변했다. 그 기자는 이유를 물었다. 나는 "일반적으로 해외 직접 투자는 시장이 어느 정도 크기가 되어야 고려해볼 수 있는데, 케냐 시장은 현재로서는 너무 작아 공장 가동이 어렵기 때문에 직접 투자할 단계가 아닌 것 같습니다"라고 답변했다. 그리고 "많은 제품들이 해외에서 케냐로 우회적으로 수입되어 들어오기 때문에 현지 생산이 경쟁력을 갖기도 쉽지 않다고 들었습니다"라는 설명을 덧붙였다.

그날 밤, 로이터 등 명망 있는 미디어들은 내가 설명한 대로 왜곡없이 기사를 보도했다. 그런데 그 무명의 로컬 미디어가 자극적인 제목을 달아 인터넷에 올렸다. '삼성이 케냐에 투자하기 위해 정부와 거래하기를 원한다'는 기사의 제목이 황당하기 그지없었다. 2~3일 지나자 파장이 커졌다. 급기야 케냐 정부에서 나와 투자 협상을 하자며 미팅 요청까지 했다. 우리는 정중히 거절하고 전후 사정을 설명하며 오해를 풀었다. 마침 우리 마케팅 담당 직원이 인터뷰 상황을 동영상으로 촬영해두었던 덕분에 다른 오해는 풀 수 있었다. 그 직원은 이 사태를 해명하느라 이틀 정도 진땀을 뺐다.

며칠 지나자 한국의 일부 언론에서도 그 케냐 언론기사를 보고 삼성이 케냐 투자를 검토한다는 식의 기사를 내보냈다. 다행스럽게도 더 이상의 오해와 혼선 없이 해프닝으로 마무리되었다. 그때 얻은 교훈으로 이후에는 서밋을 진행하면서도 기자회견 요청에는 응하지 않았다.

현지 직원이 가슴을 치며 울었던 이유

"삼성 아프리카 총괄 미스터 썽윤이 말했듯이 우리는 세계에서 가장 아름다운 자연을 가지고 있습니다. 그는 세계 여러 나라를 다녀보았는데 남아공의 맑고 푸른 하늘이 가장 아름답다고 합니다. 그는 이곳을 사랑한다고 합니다. 맞는 말입니다. 남아공의 자연처럼 아름다운 곳이 없습니다. 우리의 자연을 사랑합시다."

남아공 대통령 시릴 라마포사Cyril Ramaphosa가 내 이름을 언급하며 연설하고 있었다.

"미스터 윤은 이미 남아공의 환경보호를 위해 전자폐기물 재활용에 투자하고 있습니다. 더 늦기 전에 환경보호를 시작하기 위해 오늘 발대식을 합니다."

라마포사 대통령은 다시 한번 내 이름을 언급했다.

곧 세 번째로 내 이름이 대통령의 입을 통해서 나왔다. "미스터 윤에 따르면 남아공 환경보호 캠페인인 '파키사Phakisa'가 한국말로는 '빨리빨리'라고 합니다. 한국말 빨리빨리를 오늘 처음 들었는데 정말 좋아하게 되었습니다. 우리 환경보호 캠페인인 파키사도 빨리

빨리 합시다." 곳곳에서 폭소와 박수가 터져나왔다.

남아공 대통령이 주관하는 환경보호 캠페인 발대식이 2019년 3월 8일 남부 도시인 이스턴 런던에서 열렸다. 삼성과 코카콜라 등 다수의 글로벌 기업과 남아공 회사들이 참석했다. 대통령이 연설하기 전에 다른 주요 인사들의 연설이 있었다. 먼저 환경부 장관과 대외협력부 장관이 연설한 후, 마침내 내 차례가 되었다. 내 뒤쪽으로는 대통령과 장관들이 앉아 있었고 무대 앞쪽에는 많은 청중과 미디어들이 조명을 비추고 있어 처음에는 다소 긴장이 되었다.

나는 연설을 시작하면서 남아공 대통령을 포함해 참석한 VIP들의 이름을 부르며 고마움을 표시했다. 사전에 수차례 발음 연습을 하며 익힌 그들의 이름을 부를 때마다 청중의 환호가 쏟아졌다.

처음 인사말을 할 때부터 박수를 받기 시작하여 따뜻한 아프리카 사람들의 마음을 느끼며 무사히 연설을 마쳤다. 연단을 내려오니 자리에 앉아 있던 몇몇 삼성 현지 직원들이 눈물을 글썽였다. 함께 출장 간 홀루비는 가슴이 메이는 듯 자신의 가슴을 주먹으로 펑펑 치고 있었다. 나는 홀루비에게 왜 그러냐고 귓속말로 물었다.

그는 "삼성 남아공에서 15년 이상 근무해왔지만, 오늘처럼 대통령과 여러 장관 앞에서 삼성이 대접받는 감격적인 순간은 처음 봅니다"라며 북받쳐오르는 감정을 억누르려고 가슴을 두드리고 있었다고 했다. 대통령의 연설이 끝난 후, 우리는 무대 앞으로 나가 대통령과 대화를 나누며 삼성이 환경보호를 위해 노력할 것을 다시 한번 약속했다.

나는 이때 처음 남아공 대통령을 만났던 인연으로 이후 대통령이 주최하는 주요 경제인 만찬에 몇 차례 초청받았다. 30명 내외의 경제인들 모임에 가보니, 한국인은 나밖에 없었다. 한국 기업인을 초대한 것이 처음이라고 했다. 반면에 중국 투자은행과 기업인들은 다수 보였다.

내가 "삼성은 이미 남동부 항구 도시 더반에 텔레비전 조립 공장도 가지고 있고, B-BBEE 1등급을 받을 정도로 많은 투자를 하고 있습니다"라고 말하자, 참석자들 모두가 깜짝 놀랐다. 삼성이 남아공을 위해 막대한 인력 채용과 투자를 하는지 전혀 모르고 있었던 것이다. 스스로 잘한다고 떠벌리지는 않더라도, 우리가 남아공 지역사회를 위해 노력하는 점들을 제대로 공유할 필요가 있음을 깨달았다.

2020년 7월 남아공이 코로나19로 어려울 때도 삼성은 한국에서 진단키트를 수입하여 기증했다. 삼성의 높아진 위상으로 남아공 대통령에게 직접 기증할 수 있었다. 이런 위기 상황에서 적극적으로 필요한 도움을 주는 과정을 통해 삼성이 남아공 사람들에게 더 친근한 브랜드로 다가서고 있었다.

정성과 관심으로 인재를 키우다

남아공 경제중심지 하우텡 Gauteng 주의 교육부 장관인 판야자

레수피Panyaza Lesufi가 트위터에 나와 함께 찍은 삼성엔지니어링 아카데미 행사 사진을 게시물로 올려서 화제가 되었다. 한 시간도 채 안 되어 트위터 조회수가 급증했다. 삼성은 남아공 6개 지역에서 아카데미를 운영 중이었는데, 이날 그중 한 곳을 이전하며 개소식을 했다. 새로 이사한 곳은 예전보다 교통도 편리하고, 최신 장비를 갖춘 실습실과 강의실이 있어 교육생들이 무척 만족스러워했다.

"쌤, 삼성이 남아공에서 이렇게 훌륭한 일을 하는 걸 오늘에야 처음 알았어요. 정말 고맙습니다." 2018년 8월, 남아공 거래선과 지인들로부터 많은 축하 메시지를 받았다. 직원들도 "미스터 윤, 제가 삼성 직원이라는 것이 너무 자랑스럽습니다"라고 메시지를 보냈다.

삼성엔지니어링 아카데미는 남아공의 젊은 학생이나 미취업자 중 우수 인력을 선발하여, 1년간 무료 교육을 통해 전자제품 수리 기사로 양성하거나 미래 취업 준비를 도와주는 프로그램이다. 교육생들은 삼성의 최신 휴대폰, TV, 냉장고 등을 직접 수리해보면서 한 가지라도 더 배우려는 열정이 넘쳤다. 실제로 이 아카데미의 졸업자 중 우수 인력은 삼성에 취직한 경우도 더러 있고, 관련 기업들에도 다수 취직되었다.

삼성은 이런 아카데미를 운영하기 위해 남아공 교육부와 주정부의 지원을 받았다. 교육부는 취업하고자 하는 고등학교 3학년 학생이나 전문대 졸업 후 미취업자 중에서 우등생을 선발해서 삼성에 알려준다. 선발된 젊은이들은 40주 동안 기초 교육과 제품수리 훈련을 받고 10주 동안의 추가 인턴과정을 마치면 졸업할 수 있다. 삼성 전문 엔지니어들이 수리교육을 직접 가르치기도 한다.

나는 여러 곳에 있는 삼성엔지니어링 아카데미 졸업식에 항상 참석했다. 2019년 2월, 더반 근처의 한 마을에서 열렸던 졸업식이 잊히지 않는다. 그곳은 교육의 기회가 거의 미치지 못하는 시골 오지였다. 그래서인지 이날 졸업식은 마을 잔치 같은 분위기가 느껴졌다. 졸업생들과 가족뿐만 아니라 지역 주민들도 많이 참석했다. 나는 졸업장을 수여하고 축사를 갈음해 나의 개인적인 이야기를 했다.

"제가 태어난 1960년대 초반 한국은 전 세계에서 가장 가난한 나라 중 하나였습니다. 현재의 남아공보다 훨씬 못 살았습니다. 남아공처럼 천연자원을 가지고 있지도 못한 한국이 발전한 이유는 순전히 교육에 대한 열정과 투자 덕분이었습니다. 저희 부모님들은 자녀교육을 위해 많은 희생을 하셨습니다. 결국, 사람에 대한 투자가 지금의 선진국 한국을 만들 수 있었던 원동력이었습니다. 지금 남아공에서 한국의 예전 모습을 그대로 보는 것 같습니다. 여러분의 초롱초롱한 눈빛과 넘치는 에너지를 보면서 저는 남아공의 미래를 보게 됩니다."

마음에 맴돌던 생각을 그대로 말했다. 청중의 호응은 뜨거웠다.

남아공의 전체 실업률은 27퍼센트 수준이고 청년 실업률은 45퍼센트가 넘어 큰 사회적 문제가 되고 있다. 그럼에도 불구하고 시장에서 전자제품을 수리할 수 있는 인력은 절대적으로 부족한 편이다. 따라서 기초적인 전자제품을 수리할 수 있는 자격증은 직업을 구하는 데 큰 무기가 될 수 있었다. 삼성엔지니어링 아카데미는 이러한 아프리카 현실에 맞는 사회교육 프로그램으로 시도되었고 이제 자리를 잡았다.

또한 삼성은 2019년부터 대학생들에게 장학금을 지급하고 있다. 남아공에서 장학금이 제대로 효과를 보려면 아주 세심한 배려가 필요하다. 학생들은 등록금 지원을 받는다 하더라도, 책값과 교통비 등이 부족하여 학업을 중도에 그만두는 경우가 많았다. 나와 친한 넬슨 만델라 재단 CEO 셀로 하탕^{Sello Hatang}도 대학생 시절 집에 갈 차비가 없어 학교 도서관에서 자고, 물로 허기를 채운 적이 많았다고 한다.

장학금이 실질적인 효과를 가지도록 하기 위해 우리는 '미래를 향한 권한부여 empowering tomorrow'라는 프로그램을 개발했다. 이 프로그램은 장학금 지급에서 멈추는 것이 아니고 장학금을 받는 우수한 학생들이 졸업할 때까지 삼성 남아공 내 직원들이 자발적으로 참여하여 분기별로 멘토십을 제공하며 돌봐주는 것이다. 그리고 우수 학생에게는 인턴십의 기회도 주었다.

프로그램 시작 1년 후, 첫 번째 삼성 장학금을 받았던 학생들과 만났다. 졸업반 학생들은 모두 우수한 성적으로 졸업했다. 그리고 재학생들도 좋은 평가를 받아 2020년에도 전원이 장학금을 계속 받을 수 있게 되었다. 졸업생 4명이 간단한 소감을 발표했다.

어려서부터 할머니 손에 자란 학생도 있었고, 최근 부모를 여읜 학생도 있었다. 한 학생은 삼성의 장학금도 소중했지만, 그보다 가족처럼 배려해준 것이 더욱 고맙다고 했다. 그 말에 모두 눈시울을 적셨다. 나도 눈시울이 붉어졌다. 졸업생들은 앞으로 어떻게 자신들의 미래를 펼쳐나갈 것인지를 당당하게 이야기했다.

정말 어려운 환경에서도 열심히 공부한 성실한 학생들이었다. 이들 중에서 남아공의 미래를 이끌어갈 사람이 분명히 나올 것으로 굳게 믿는다.

'우분투' 정신으로 집 짓기 캠페인에 동참

남아프리카공화국에는 오래전부터 내려오는 '우분투Ubuntu' 정신이 있다. '당신이 있기 때문에 나도 존재합니다I'm because you are'라는 뜻으로, 나보다 우리라는 공동체 의식과 인류애의 중요성을 강조하는 말이다. 우분투 정신을 잘 설명해주는 일화가 있다. 서양에서 남아공으로 간 어떤 사람이 아이들과 놀이 시간에 사탕을 가득 담은 바구니를 저 멀리에 두고, 먼저 뛰어가는 사람이 모두 차지할 수 있다고 했다. 그러자 아이들은 다함께 손을 잡고 뛰어가 서로 나누어 먹으며 '우분투'를 외쳤다고 한다.

이런 우분투 정신을 따르고자 삼성전자 남아공도 집 없는 사람들을 도와주는 세계적인 자선단체인 해비탯Habitat for Humanity과 함께 희망의 집짓기 캠페인에 참여했다. 일부 지역에 집을 짓는 캠페인에 비용만 지원하는 것에 그치지 않고 삼성 직원들이 자원봉사로 몇 개월씩 희망의 집짓기 작업에 직접 참여하기도 했다.

2018년 11월, 요하네스버그의 롤리Lawley 지역에서 삼성이 10채의 집을 새로 지어서 어려운 가족들에게 인도하는 행사가 진행되었다. 그날 인도식에서 만나본 가족들 중에는 태어나서 처음으로 자기 집을 가져본다는 80대 초반의 할머니가 있었다. 그 할머니는 자식들을 모두 잃고 혼자서 손주 7명을 키우며 온갖 고생을 한 이야기를 들려주었다. 두 손으로 나를 꼭 잡고 흘리던 굵은 눈물을 잊을 수가 없다. 할머니는 남아공 특유의 신명으로 새집의 이곳저곳을 오가며 노래를 부르고 덩실덩실 춤도 췄다. 참석한 우리 직원들도 할머니를 따라 함께 춤을 추었다. 모두의 눈시울이 뜨거워졌다.

2019년에는 더반에서 새로운 집을 지어 인도했다. 더반이 항구도시이다 보니 큰 태풍으로 홍수 피해도 잦고 사상자와 이재민이 많이 발생한다. 이렇게 어려운 이재민들에게 집을 지어주었다.

삼성이 지역사회를 위해 조용히 도와주는 노력이 서서히 알려지면서 해비탯뿐만 아니라 남아공 주정부도 함께 집 지어주기 사업에 참여하고 있다. 집 없는 타운십 주민들과 당장 거주할 곳이 필요한 이재민들에게 희망의 집짓기 캠페인으로 실질적인 도움을 줄 수있는 봉사활동을 펼치면서 다른 어떤 활동보다 보람을 느꼈다.

남아공 시골에서 이런 행사가 진행되면 시골 사람들이 참석자들에게 항상 그 지역의 음식을 제공한다. 잔칫집에 찾아온 손님에게 음식을 대접하는 우리의 전통처럼, 남아공의 우분투도 손님을 절대 그냥 보내지 않는다. 나는 집짓기 캠페인이나 삼성엔지니어링 아카데미와 같은 지역 행사에 참석할 때면, 그 지역에서 제공하는 음식을 간단히 먹고 돌아왔다. 사실 여름철에는 음식에 파리떼가 몰려들기도 하지만, 이들이 얼마나 정성스럽게 준비한 것인지 너무나 잘 알기에 음식을 거절할 수 없다. 그 바람에 남아공에 있을 때는 매년 구충제를 수차례 복용했다. 그래도 마음만은 우분투 정신으로 항상 뿌듯했다.

남아공 국가대표 럭비팀의
환호를 독차지한 비결

"저는 영업맨이어서 잘 알고 있습니다. 영업은 통계이고 과학입니다. 그리고 제가 학교 다닐 때 럭비를 해봐서 아는데 럭비도 통계이고 과학입니다. 올해 우리 남아공 럭비가 월드컵 챔피언이 될 것을 확신합니다. 남아공은 1995년 그리고 12년이 지난 2007년에 이미 두 차례 챔피언이 되었습니다. 올해 2019년은 2007년으로부터 12년째가 되는 해입니다. 여러분의 팀워크가 매우 좋아 우승할 것으로 믿습니다. 여러분도 믿습니까?"

고릴라처럼 거대한 덩치의 럭비 선수들이 박수와 함께 "예!"라고 함성을 질렀다. 럭비 대표팀 선수 중 일부는 지금이라도 당장 그라운드로 뛰어갈 것 같은 결기에 차 있었다. 이 짧은 연설 덕분에 나는 순식간에 남아공 국가대표 럭비팀 선수들과 아주 격의 없는 사이가 되었다. 그해 초 일찌감치 남아공 대표팀의 우승 가능성이 점쳐졌고 삼성은 이들을 지원하기로 했다. 럭비 월드컵 출정식이 열리던 날 저녁, 우리는 대표팀 선수들에게 갤럭시 노트10을 기증했고, 행사 중에 갑자기 격려사를 해달라는 요청을 받았다. 그래서 얼떨결에 통계와 과학을 들먹이며 연설을 하게 된 것이다.

일본 도쿄 아지노모토 경기장에서 치러진 8강전을 남아공 거래선들과 함께 직접 가서 관람했다. 남아공 럭비팀은 일본과 전반전에서 손에 땀을 쥐게 하는 박빙의 게임을 하다 후반전에서 큰 스코어 차이로 이겼다. 나는 자리에서 일어나 환호하고 응원가를 부르며 아프리카 춤도 함께 따라 추다 보니 앉을 새가 없었다.

월드컵 방송은 남아공 팀이 득점을 할 때마다 열광하는 관중석을 비추었고, 그때마다 매번 내가 카메라에 잡혔다. 남아공 관중석 가운데 동양인이 있으니 특이하게 보였던 모양이다. 경기 중계자가 "TV 화면의 저 사람은 삼성 아프리카 CEO로 미스터 썽윤인데, 럭비 경기를 정말 즐기고 있군요"라고 해설했다고 나중에 삼성의 마케팅 직원들이 전해주었다. 어느새 나는 남아공 사람들 사이에 나름 유명인이 되어 있었던 것이다. 그런 인기는 경기를 진심으로 즐기고 응원하다 보니 저절로 얻어진 보너스였다.

남아공에서 럭비는 국민 스포츠다. 물론 과거 백인정권 시절에는 백인의 전유물이었다. 그러나 1995년 럭비 월드컵에서 약체로 평가되던 남아공이 극적으로 우승해 흑백 구분 없이 전 국민이 하나로 뭉치는 계기가 되면서 럭비는 화합의 상징이자 가장 인기 있는 스포츠가 되었다.

2019년 11월 2일은 럭비 월드컵 최종 결승전이 열리는 날이었다. 나는 긴 출장에서 남아공으로 돌아와 직원과 그 가족이 모여 있는 회사 로비에서 그들과 함께 경기를 지켜보았다. 내가 출정식에서 '과학'적으로 예측한 대로 남아공이 잉글랜드를 꺾고 마침내 럭비 월드컵 챔피언이 되었다. 회사 로비에서는 환호가 터져나왔고, 모두 응원가를 부르고 춤을 추며 승리의 기쁨을 만끽했다.

당시 남아공은 어려운 경제상황으로 다소 침체된 분위기였는데, 럭비 월드컵 우승은 국민들에게 큰 자부심과 우리도 할 수 있다는 희망을 안겨주었다. 남아공 국가대표팀이 남아공으로 돌아오는 날 공항에서부터 대대적인 환영 행사가 있었다.

그 다음날에는 대표팀 스폰서의 환영 행사가 있었다. 스폰서 회사별로 CEO와 주요 마케팅 직원들이 초청되었다. 지원을 많이 한 메인 스폰서일수록 행사장 입구 가까운 곳에서 선수를 맞이하게 되어 있었다. 나는 이들로부터 좀 떨어진 곳에 서 있었다.

마침내 챔피언들이 도착했고, 곧 행사장으로 입장했다. 앞줄에서 기다리고 있던 주요 스폰서의 CEO들은 개선장군들에게 악수를 청하며 손을 내밀었다. 그런데 선수들은 그들을 그냥 지나치더니 곧바로 나에게 성큼성큼 다가와 나를 끌어안았다. 메인 스폰서 CEO들과 먼저 인사를 해야 했지만 이들은 반가운 마음에 떨어져 서 있던 내게 달려온 것이다. 아마도 선수들은 다른 회사의 CEO들은 얼굴을 잘 몰랐을 테고, 그동안 교제가 있던 나에게는 편안함을 느꼈기 때문에 그렇게 했을 것이다.

얼마 후에 친분이 있는 주요 스폰서 CEO가 내게 "썽, 당신은 이미 남아공 셀럽입니다. 그런데 내가 어떻게 경쟁 상대가 되겠습니까?"라고 말해서 한바탕 같이 웃었다.

일개 직원이 아니라 삼성을 대표해서 현지 총괄을 하다 보니 늘 막중한 책임감을 느꼈다. 그것은 기업인으로서의 사명감과 대한민국 국격을 떨어뜨리지 말아야겠다는 의무감 같은 것이었다. 럭비 월드컵에서도 내가 할 수 있는 한 적극 참여하면서 많은 것을 얻었다. 삼성이 남아공 국가대표팀에게 단순히 금전적 지원을 해주는 것에 머물지 않고 내가 직접 경기장 안팎으로 여러 행사에 참여해 어울리다 보니, 남아공 사람들이 나를 그들 중 하나로 받아들여주었다. 감사하게도 그들의 관심과 애정을 받게 되었던 것이다.

그들과 어울리면서 나도 럭비가 남아공에서 화해와 용서의 국민 스포츠가 된 배경과 남아공인들의 희망과 자부심이란 점을 깨달았다. 현지 경험과 배움이 쌓여가면서 서서히 그들을 더 많이 이해하고 사랑하게 되었다.

용서와 화합의
만델라 정신

지금 우리에게도 필요한 가르침

2017년 남아공 주재를 시작하며 주요 거래선을 만나기 위해 케이프타운을 방문했다. 모든 미팅을 마친 후, 함께 출장갔던 홀루비와 나는 로벤섬 ^{Robben Island} 으로 가는 배에 서둘러 올라탔다. 로벤섬은 케이프타운에서 12킬로미터 정도 떨어진 작은 섬이다.

홀루비는 '토쿄 세활레' ^{Tokyo Sexwale} 라는 사람과 함께 로벤섬에 가도록 약속되어 있다고 했다. '토쿄'라는 이름을 듣고 나는 혹시 그가 일본계인가 생각할 정도로 그에 대해 아는 것이 전혀 없었다. 그가 누구인지 묻자, 홀루비가 간단히 설명해주었다.

"토쿄는 청년 시절부터 남아공에서 유명한 흑인 지도자였습니다. 오랜 기간 넬슨 만델라와 함께 로벤섬에 투옥되기도 했고요. 석방된 후에는 만델라 대통령 밑에서 하우텡 주지사와 국토부 장관 등을 역임하기도 했고 지금은 사업가로 활동 중입니다."

홀루비는 평소 잘 알고 지내던 토쿄와 전화 통화를 하던 중, 삼성 아프리카 신임 CEO와 함께 케이프타운에 있다고 말했다고 했다. 마침 토쿄는 자신도 케이프타운을 방문 중이라며 로벤섬에 같이 가서 자기가 겪은 아프리카 역사의 한 부분을 직접 나에게 소개해주겠다고 하여 이런 만남이 이루어진 것이었다.

승선한 후 나는 토쿄의 바로 옆에 앉았다. 토쿄는 "아프리카에 삼성이 있다는 것은 알았지만, 이렇게 삼성 CEO와 만나보는 것은 처음입니다. 저도 정말 아주 오랜만에 로벤섬을 방문하게 되는군요"라고 말했다.

케이프타운에서 출발한 배가 약 40분 후에 로벤섬에 도착했다. 선착장에 내리자 토교가 괴로운 표정으로 말했다.

"우리는 수갑과 족쇄에 묶인 채 바로 여기서 하선했지요. 그리고 도살장에 끌려가는 소처럼 저기 저쪽의 무거운 감옥 철문 쪽으로 걸어 들어갔습니다." 그가 가리킨 곳이 바로 오늘 투어의 목적지인 로벤섬 감옥이었다.

토교는 계속해서 40년 전 자기가 겪었던 일을 들려주었다.

"감옥에 들어가자마자 내 뒤의 큰 철문이 쾅 소리를 내며 닫혀버렸지요, 갑자기 주위는 칠흑 같은 어둠으로 뒤덮였습니다. 아, 나는 죽기 전에는 여기를 벗어날 수 없겠구나 하는 절망감으로 질려버렸습니다. 이곳의 간수들은 우리 같은 정치범들이 감옥에 끌려들어오면 일부러 더 큰 소리가 나도록 철문을 '쾅' 하고 닫고는 깜깜한 복도를 걷게 만들어 우리가 더 큰 좌절감에 빠지도록 연출했습니다. 그러고는 몸 검사를 한다며 알몸으로 운동장에 세워두었는데, 마침 장대비가 쏟아져 비를 맞으며 몇 시간을 추위에 떨어야 했습니다."

이렇게 토코는 넬슨 만델라와 함께 악명 높은 로벤섬에 투옥되었다. 남아공의 아픈 역사를 토코의 생생한 목소리로 들으니 마치 그날 그와 함께 감옥에 갇힌 듯한 느낌이 들었다.

토코는 잠시 옛날 생각에 잠기는 듯하더니 계속해서 설명했다. "우리는 감옥에서도 항상 희망을 잃지 않을 수 있었습니다. 왜냐하면 내 감방 바로 두 칸 건너편에 넬슨 만델라가 수감되어 있었기 때문이었죠. 만델라는 비록 종신형을 선고받았지만 언제나 자유에 대한 열망을 잃지 않고 우리를 지도해주었습니다. 변호사였던 만델라는 감옥 내 부당한 처우에 대항할 수 있도록 준법 투쟁의 방향을 제시했죠. 투옥된 정치범들에 대한 비인간적인 대우에 저항하기 위해 모두 반보 걸음으로 천천히 걸으며 준법 투쟁을 했습니다."

우리는 넬슨 만델라가 투옥되어 있던 감방을 함께 들어가보았다. 만델라는 1.5평이 안 되는 아주 작은 콘크리트 감방에서 18년을 보냈다. 총 27년간의 투옥생활 대부분을 바로 이 로벤섬 감옥에서 보낸 것이다. 그가 지금까지도 전 세계인의 추앙을 받는 이유는 오랜 기간 감옥에 있었기 때문이 아니다. 그것은 바로 그가 감옥을 나온 후에 내린 결정 때문이었다. 만델라는 오랜 세월을 갇혀서 갖은 고초를 겪었음에도 불구하고, 1990년 석방되었을 때 복수와 투쟁이 아닌 화해와 용서를 택했다.

로벤섬 방문 중에 또 다른 역사의 현장이 내 눈앞에서 펼쳐졌다. 이번에 토코와 함께 온 일행 중에 유일한 백인이 있었다. 그는 로벤섬 감옥을 둘러보는 동안 거의 한 마디도 말을 하지 않았으며 가끔 불안한 모습을 보이기도 했다. 토코는 투어가 끝날 무렵에 그를 우리에게 소개했다.

그는 만델라와 토코가 로벤섬에 투옥되어 있을 때 그곳에서 일했던 간수였다. 모든 간수는 백인이었는데 그는 흑인들에게 상대적으로 친절했던 유일한 간수였다고 했다. 토코는 1990년 석방되면서 이 백인 간수와도 헤어졌는데 우연히 연락이 되어 거의 30년 만에 처음으로 오늘 로벤섬에서 다시 만나게 되었다고 했다. 옛 간수는 토코를 소개받자 감정이 격해졌는지 손과 발을 한없이 떨었고 급기야 울먹이며 옛일을 사과했다. 돌아오는 배 위에서 용서를 구하는 사람과 용서를 베푸는 두 사람을 보니 만감이 교차했다.

이날 책으로만 읽었던 만델라의 생애를 직접 보았다. 대학 시절 어렴풋이 듣고 존경했던 만델라의 화해와 용서의 정신을 두 눈으로 확인한 시간이었다. 만델라는 인종차별이라는 불의에 저항한 '죄' 때문에 27년간 투옥되었으면서도 가해자들을 진실로 용서하고 그들과 화해함으로써 분열의 위기에 빠졌던 남아공이 다시 우뚝 설 수 있도록 했다. 만델라 정신을 오늘날 우리도 배우고 본받으면 좋겠다는 생각이 들었다. 그날 밤 남다른 감회로 제대로 잠을 이룰 수가 없었다.

만델라 탄생 100주년 기념
CEO 노숙체험

남아공에 살면서 가장 인상 깊었던 점은 전 국민이 존경하는 지도자가 있다는 점이었다. 흑인은 물론이고 백인까지도 넬슨 만델라를 '마디바'(넬슨 만델라 부족 이름으로 그에 대한 애칭으로 불림)라고 부르며 추모하는 모습에 큰 감동을 받았다.

넬슨 만델라는 아파르트헤이트라는 최악의 인종차별을 당했음에도 불구하고, 분단과 갈등을 뛰어넘어 평화와 화해를 주장하며 '무지개 나라'를 건설하고자 했다. 이는 전 국민에게 여러 피부색의 인종이 어우러진 사회를 건설하자는 정신을 고취하기 위해 사용되는 말이다. 남아공은 그가 태어난 7월 18일을 만델라의 날로 지정했고, 유엔도 이날을 '국제 만델라의 날'로 정해서 매년 기념하고 있다.

2018년은 넬슨 만델라 탄생 100주년으로 남아공 전역에서 뜻깊은 기념 행사들이 준비되었다. 삼성 현지인 간부들은 단순한 성금 기부에서 한 걸음 더 나아가 총괄과 직원들이 자선행사에 직접 참여해보자고 제안했다. 직원들의 사기도 높아질 것이고 삼성이 남아공 사람들에게 더욱 친근한 브랜드로 다가갈 수 있는 좋은 기회라고 했다. 나는 흔쾌히 동의했다.

삼성 마케팅 팀은 여러 특별한 만델라 추모행사 중에서 CEO 노숙체험CEO Sleep Out 과 CEO 트렉4만델라Trek4Mandela 에 내가 참석하면 좋겠다고 제안했다. 나는 구체적인 내용은 몰랐지만, 그들을 믿고 참여하겠다고 덜컥 약속했다. 그런데 나중에 알고 보니 우리 담당자도 어떤 행사인지 자세한 내용은 모르고 제안했다고 고백했다.

2018년 7월 노숙체험을 하는 날이 되었다. 저녁 9시 무렵 나는 요하네스버그 시내의 리보니아Rivonia 라고 불리는 지역에 위치한 백합 농장 기념관Liliesleaf farm and Museum 에 삼성 남아공의 현지인 간부 4명과 함께 도착했다. 행사 요원들이 우리에게 얇고 큰 종이 박스를 하나씩 주었다. 나는 박스 안에 있던 작은 1인용 텐트, 슬리핑백, 두꺼운 외투와 장갑 등을 꺼낸 후 종이 박스를 행사 요원에게 돌려주려 했다. 그러자 행사 요원이 손을 내저으며 나에게 말했다. "미스터 윤, 그 종이 박스를 버리면 안 돼요. 그것은 오늘밤 사용할 매트리스입니다."

"그래요? 음… 그럼 다시 가져갈게요."

나는 종이 매트리스를 다시 챙겨서 오늘밤을 보내게 될 장소로 이동했다. 그런데 안내를 받아 간 곳은 추운 공기에 그대로 노출된 야외였다. 맨 땅바닥에 잔디만 여기저기 듬성듬성 있었다. 우리 모두는 '설마 이 추운 겨울에 여기서 자라는 것인가' 하고 깜짝 놀랐다. 나는 사실 그때까지만 해도 '아무리 야외에서 자겠어? 창고 바닥에서라도 자게 되겠지' 하고 예상했다. 남아공에서 7월은 추운 겨울이다. 그날의 기온은 영하 4도 이하로 내려가 있었다.

노숙체험은 집이 없는 소년소녀들이 겪는 어려움을 직접 체험해보고 지원하자는 취지로 기획된 자선행사였다. 나는 참석한 다른 회사의 CEO 그룹과 함께 모닥불을 피워놓고 토론회도 하고 만델라 관련 영화도 보았다. 우리는 사실 집이 없는 어린 학생들의 어려움을 모르지는 않았다. 문제는 평소에 거의 생각하지 않고 지낸다는 점이었다. 모두 그 점을 스스로 인정하며 오늘 하루 체험으로 모든 것이 바뀌지는 않겠지만, 잊지 않고 기억할 수 있도록 노력하겠다고 다짐했다.

밤 12시가 지나 각자 텐트를 치고 종이 매트리스를 깔고 잠을 청했다. 아마 대부분의 참가자들은 잠을 이룰 수 없었을 것이다. 나는 땅바닥에서 올라오는 냉기를 막으려고 손바닥을 허리 밑에 대보았지만 소용이 없었다. 일괄적으로 제공된 슬리핑백은 키가 큰 참가자의 머리를 채 덮지도 못할 정도로 작았다.

밤새 옆 텐트들에서 기침소리가 들려왔다. 추위와 기침소리에 잠을 설치면서 이런저런 생각을 했다. 이 노숙을 하루가 아니라 매일 해야 하는 사람들이 느끼는 좌절감의 깊이는 어느 정도일까? 아프리카의 어려운 사람들을 어떻게 하면 도와줄 수 있을까? 나를 되돌아보았다. 때로는 미래에 대한 불확실성이 물밀듯이 몰려왔다.

　새벽 6시가 되니 초콜릿 바와 따뜻한 한 잔의 커피가 배급되었다. 행사는 마무리되었다. 모두 추위와 피곤에 지쳤지만 소중한 경험을 가지고 자신들의 따뜻한 집으로 돌아갔다.

　여러 행사에 참여하면서 나는 책과 영화를 통해서만 듣고 어렴풋이 알았던 만델라를 조금 더 이해할 수 있게 된 것 같다. CEO 노숙체험으로 추위에 떨며 하룻밤을 보냈고, CEO 트렉4만델라에 참여하며 만델라에 대해 많이 생각할 기회를 가졌다. 갖은 고초를 겪고도 마지막까지 투쟁한 끝에 남아공 최초의 흑인 대통령에 오른 그는 '잊지는 않지만 용서한다forgive without forgetting'는 원칙을 가지고 흑인들에게 백인들과 함께하자고 제안했다. 나는 그를 보며 조건 없는 진정한 화해가 가능하다는 사실을 깨달았다.

　지금처럼 갈등과 대립이 심한 적이 있었나 싶을 정도로 전 세계에 인종 간, 국가 간, 성별 간, 세대 간 긴장감이 흐른다. 나는 이럴 때일수록 만델라 전 대통령이 보여준 화해와 용서의 리더십이 절실히 필요하다고 느낀다. 나에게 만델라는 더 이상 역사책 속의 머나먼 인물이 아니다. 그는 바로 내 의식의 한가운데 자리잡게 되었다.

6부

킬리만자로에서 얻은 인생 진리

최정상에
오르는 길은
외롭다

만델라 정신을 기리기 위해
킬리만자로에 오르다

나는 여행을 가면 높은 빌딩에 올라가봐야 하고 등산을 하면 정상까지 올라가야만 직성이 풀리는 스타일이다. 승부욕이 강해서라기보다는 앞에 과제가 보이면 일단은 해보는 성격이기 때문이다. 1920년대에 처음으로 에베레스트산을 오른 영국의 산악인 조지 맬러리George Mallory에게 왜 에베레스트를 등반하냐고 물으니, "그게 거기 있으니까because it's there"라고 대답했다고 한다. 나의 킬리만자로 등정도 비슷한 이유로 시작했다. 목표가 주어졌고 그 목표를 달성하기 위해 노력해본 것이다.

킬리만자로 등정은 2018년 넬슨 만델라 탄생 100주년을 기리는 여러 추모행사 중의 하나인 'CEO 트렉4만델라'의 일환이었다. CEO급 인사와 그 가족들이 참가금을 내고 킬리만자로를 등반하고, 모은 돈은 위생용품을 구입할 돈이 없어 학교를 결석해야 하는 남아공 여학생들을 지원하도록 되어 있었다.

우리 직원들이 나에게 이 행사 참여를 권할 때만 해도 단순히 트레킹이라는 말만 듣고 선뜻 참여하겠다고 했다. 조금 먼 길을 걷는 정도겠거니 대수롭지 않게 생각했던 것이다. 나의 결정에 우리 직원들은 환호했다. 그런데 나중에 알고 보니 주요 CEO급 인사들을 모집해서 아프리카의 최고봉인 킬리만자로의 최정상까지 등반한다고 했다. 기대감에 가득 차 있는 직원들을 보니, 이제 와서 못하겠다고 할 수도 없게 되어버렸다.

곧 행사 주최 측으로부터 참여자들 모두 별도의 체력운동을 하라는 안내문을 받았다. 나도 준비하고는 싶었지만 아프리카 총괄과 남아공 법인장을 겸직하다 보니, 잦은 해외 출장과 거래선 미팅으로 체력운동은 못하고 주말 조깅 정도만 하고 있었다.

시간은 계속 흘렀고 마음만 점점 더 무거워졌다. 출발이 두 달 앞으로 다가오자 덜컥 겁이 나기 시작했다. 내가 누구보다 내 몸 상태를 잘 알기 때문이었다.

이 무렵 나의 충직한 운전기사 조엘은 킬리만자로 등반이 얼마나 위험한지 걱정된다며 조심스럽게 나의 아내에게 말했다.

"남아공에 유명한 카레이서이자 챔피언인 구구 줄루^{Gugu Zulu}가 있었습니다. 그가 바로 2년 전에 킬리만자로 정상에 오르다가 고산병으로 죽었어요. 당시 그는 겨우 37세에 불과했는데, 미스터 윤은 나이도 있고 체력훈련을 할 시간도 없잖아요. 그가 킬리만자로를 어떻게 등반할지 정말 걱정스럽습니다. 구구는 함께 등반하던 의사와 가이드들이 베이스캠프에서 상태가 좋아 보이지 않으니 하산할 것을 권유했지만, 자신의 체력을 과신하며 계속 산을 올라갔다고 합니다. 결국 산 정상에 올라가자마자 쓰러졌고, 곧바로 병원으로 이송되었지만 죽었어요."

그렇잖아도 걱정이 컸던 아내의 불안과 우려가 더욱 깊어졌다. 나는 "킬리만자로를 오르는 것은 정신력이 더욱 중요하다고 하니 괜찮을 거야"라고 안심시키려 애썼다. 하지만 속으로는 '진작에 알려주지, 왜 지금에서야 그런 사실을 말해주나' 싶었다. 이젠 기간이 얼마 남지 않아 되돌릴 수도 없는데 말이다.

주사위는 이미 던져졌다. 이를 어떻게 즐기고 성공하는가는 나의 몫이라고 판단하고, 그때부터 강훈련을 시작했다. 새벽에 일어나 조깅으로 하루를 시작했고 회사 일을 마친 후에도 체육관으로 가서 체력훈련을 했다.

두려움과 긴장감을 안고 드디어 출발!

넬슨 만델라 재단 CEO 셀로는 어린 아들 쎄호와 함께 이번 등정에 참여했다. 쎄호는 10세로 남아공 최연소 등반자였다. 미국에 있던 나의 큰아들도 휴가를 내고 아프리카로 날아와 별도의 참가비를 내고 등정에 참가했다. 아빠와 아들 커플이 함께 올라가며 우리는 가족처럼 가까워졌다. 주 남아공 유엔 대사도 아내와 자녀들이 함께 참여했으나 부상으로 중도 하차했다. 결국 이번 등정에 참여한 우리 그룹 총 13명 중 단 9명만이 마지막 베이스캠프인 키보헛 Kibo Hut에 무사히 도착했다.

킬리만자로를 오르기 시작한 지 4일째 되던 날 키보헛으로 올랐다. 키보헛으로 오르는 길은 해발 4천 미터의 고산 사막 지대였다. 나무와 그늘이 전혀 없어 우리는 적도 근처의 강한 햇볕을 고스란히 받을 수밖에 없었다. 간단한 점심 식사 후에 15분간 휴식시간이 주어졌다. 트레킹에 지친 나는 주변에 있는 편평한 바위 위에 두 팔을 벌리고 드러누웠다. 바위는 한낮의 열을 받아 따끈했다. 그러나 달콤한 휴식시간은 그리 오래가지 않았다. 5분 정도 지났을 무렵 포터가 급하게 나에게 달려오더니 걱정스럽게 말했다.

"적도 가까운 고산 지대에서 태양 아래 팔을 벌리고 드러누워 있으면, 반드시 두통을 겪게 됩니다."

그는 전문 포터 자격증 교육에서 가르치는 첫 번째 수칙 중의 하나가 태양 아래 두 팔을 벌려 드러누우면 안 되는 것이라고 알려 주었다. 다행히 누워 있던 시간이 짧았던 나는 괜찮을 거라고 했다. 만약 15분 내내 누워 있었다면 등반을 포기해야 했을 것이라는 그의 말에 약간 겁을 먹기도 했다. 아니나 다를까 서너 시간이 지나면서 갑자기 두통이 시작되었다. 지난 4일 동안 괜찮았는데 말이다. 즉시 가이드에게 내 상황을 알리며 정상까지 갈 수 있을지 걱정스럽다고 문의했다. 가이드가 담담하게 말했다.

"이제는 정신력으로 버틸 수밖에 없습니다. 지금 보기에는 정신력이 충분히 좋아 보이니 괜찮을 겁니다. 혹시라도 안 되겠다 판단되면 하산하라고 따로 알려주겠습니다." 그러면서 그는 2년 전에 카레이서 챔피언인 구구와 함께 등반하다가 사고가 났던 상황을 상세히 설명해주었다. 세상이 참 좁다는 생각이 들었다. 그러는 와중에 두통이 점점 더 심해졌다. 잠시 방심하고 바위에 드러누웠던 것을 이제 와서 후회한들 소용없었다.

우리 일행은 키보헛에 오후 4시 무렵에 도착해서 잠시 휴식을 취할 계획이었다. 그런데 계획보다 늦어져 저녁 8시가 지나서야 비로소 해발 4,703미터의 마지막 베이스캠프인 키보헛에 도착했다. 일행 중 두어 명이 고산병 증상으로 쉬엄쉬엄 걸을 수밖에 없었기 때문이었다. 이곳 마지막 베이스캠프에는 앞서 지나쳐온 캠프들과 달리, 거주하는 사람도 찾아볼 수 없었다. 산소 부족으로 모기와 쥐새끼 한 마리도 살 수 없는 곳이었다. 나는 혼자서 조용필의 노래 '킬리만자로의 표범'을 떠올리며 속으로 웃었다.

키보헛에 무사히 도착한 일행들도 모두 이미 고산병 증세를 겪고 있었다. 나도 이날 오후부터 시작된 두통이 점점 더 심해져갔다. 그러나 우리는 쉴 틈이 없었다. 그날 밤 최고봉을 올라가야 했다. 밤 10시부터 키보헛을 떠날 준비를 시작했다. 밤 11시가 되어서야 우리는 다소 두려움과 긴장된 마음으로 최정상을 향해 출발했다.

"이렇게 춥고 강한 바람이 부는 날은 아주 드물어요. 여러분 지금 당장 가벼운 옷을 하나씩 더 껴입으세요. 바깥은 영하 17도, 풍속 19미터(시속 68킬로미터)입니다. 가만히 서 있는 것도 쉽지 않아요. 이제 우리 모두 정신력으로 이겨내도록 합시다. 여러분은 충분히 할 수 있다고 믿습니다." 베이스캠프 바깥을 잠시 둘러보고 들어온 가이드는 오늘밤은 유달리 날씨가 나쁘니 각오를 단단히 하고 출발해야 한다고 말했다.

수프와 식빵으로 저녁을 간단히 때우고 한 시간도 휴식하지 못한 채 우리는 곧바로 최정상 우후루피크^{Uhuru Peak}를 향해 출발했다. 두통은 점점 더 심각해졌고 불안감도 덩달아 커져갔다. 남아공을 떠날 때, 아내와 삼성 남아공 직원들이 나의 무사귀환을 간절히 기도하는 모습이 떠올랐다. 혹시라도 몸 상태가 좋지 못하면 중간에 포기하고 산을 내려오기로 한 아내와의 약속이 마음을 더욱 무겁게 짓눌렀다. 가이드에게 또다시 계속 등반해도 되는지 물어보았다. 그는 나의 정신력 정도면 충분히 갈 수 있다며 한 번 더 안심시켜주었다.

고산병은 머리가 깨질 듯한 두통에 더부룩함과 현기증 등의 증상으로 나타났는데, 나의 증상은 대부분 경험하는 수준이라고 했다.

거센 바람으로 체감온도는 영하 20도 아래로 떨어졌다. 여러 겹의 옷을 껴입고 머리와 얼굴까지 감싸니 추위는 어느 정도 견딜만 했으나 거센 바람 때문에 걸음을 앞으로 내딛기는 쉽지 않았다. 보온병에 담아온 물을 아껴 마셨지만 세 시간 정도가 지나자 그마저도 바닥이 났다. 게다가 일반 병에 담아온 물은 모두 꽁꽁 얼어붙어 마실 수도 없게 되었다. 칠흑 같은 어둠 속에서 가이드가 랜턴을 들고 앞장섰다. 일행은 머리에 쓴 작은 랜턴과 머리 위에 떠 있는 별빛에 의지해서 화산재와 검은색 자갈 부스러기로 뒤덮인 가파른 산을 지그재그로 타면서 올라갔다.

그런데 이렇게 한밤중에 킬리만자로 정상을 올라가는 이유는 무엇일까? 체력훈련을 도와준 트레이너는 킬리만자로는 경사가 워낙 가파른데 낮에 올라가면 사람들이 아래를 보면서 겁을 먹게 되고, 특히 고소공포증이 있는 사람들은 더 심한 고통을 겪기 때문이라고 설명했었다. 현지 가이드는 밤에는 가파른 비탈길이 얼어붙어서 올라가기가 쉽지만, 햇볕이 뜨거운 낮 시간에는 비탈길의 조그만 자갈들이 녹아버려 마치 모래밭처럼 되는 탓에 한 걸음 올라가면 뒤로 두 걸음 미끄러져 산을 오르기가 더 어렵기 때문이라고 했다. 또 어떤 이는 밤에 올라가야 산 정상에 도착해 새벽의 멋진 일출을 볼 수 있기 때문이라고도 했다. 모두 그럴듯한 이유였다.

아빠의 정신력

정상에 가까워질수록 두통은 더 심해졌다. 고산병 증세가 심해지는 것 같아 곧바로 가이드에게 다시 알렸다. 내심 속으로는 이젠 하산도 고민해야봐야 할 것 같다는 답변을 기대하면서 말이다. 그런데 야속하게도 가이드는 아직은 상대적으로 좋은 상태라며 너무 걱정하지 말라고 했다.

정상이 얼마나 남았는지 가늠하기 힘들었다. 그런 상황에서 가이드는 '조금만' 더 올라가면 정상이라는 말만 되풀이하는 것 같았다. 우리는 여러 겹의 옷을 껴입은 데다 추위와 바람 때문에 휴대폰을 꺼내거나 시계를 볼 여유가 없었다. 그러니 가이드 말만 믿고 사력을 다해 한 걸음 내딛고 한 번 심호흡하고, 또 한 걸음 내딛고 또한 번 심호흡하며 계속 올라갔다.

마침내 일행 중 한 명이 더 이상은 도저히 못 올라가겠다고 털석 주저앉아버렸다. 가이드는 그녀가 앞으로 100미터 정도는 더 올라갈 수 있지만 최정상까지는 어렵겠다는 판정을 내려주었다. 그녀는 깊은 실망감과 아쉬움으로 눈물을 흘리며 하산했다. 우리 모두 그녀를 안아주며 안타까운 작별을 했다. 5천 미터 이상의 고지를 밤새워 계속 오르다 보니 고산병 증세로 머릿속이 멍해지며 집중하기가 쉽지 않았다.

다시 한 시간쯤 더 올라가 한스 동굴Hans Meyer Cave에 다다랐을 때, 또 다른 한 명이 주저앉았다. 가이드가 중단하는 것이 좋을 것 같다는 판단을 내렸다. 그러자 혼자서 돌아가게 할 수는 없다며 그의 가족이 함께 하산하기로 결정했다. 이들이 피곤함과 고산병 증세로 괴로워하는 모습도 딱했지만, 마지막 두어 시간을 남겨두고 돌아선다는 아쉬움에 눈물을 흘리는 모습을 보니 나도 가슴이 먹먹해졌다. 가이드는 통상 같이 등반하는 사람들 중에서 최정상까지 성공하는 경우는 30퍼센트 정도밖에 안 된다고 알려주었다.

남은 일행은 계속해서 등반했다. 그때까지 앞서서 뚜벅뚜벅 잘 걸어가던 나의 아들이 "아빠, 힘들어요!" 하며 풀썩 주저앉았다. 피로감과 탈진 증세가 완연했다. 음식물은 못 먹더라도 물이라도 조금씩 마셔야 했는데, 물통이 죄다 얼어붙어 한 모금의 물도 못 마시고 3시간 정도가 지난 것 같았다. 가이드가 보더니 아직 좀 더 올라갈 수 있겠다고 했다. 나 자신도 거의 한계점에 도달한 느낌이었는데, 아들이 주저앉으니 갑자기 정신이 번쩍 들었다.

해발 200미터도 안 되는 미국 시카고에 살고 있던 아들은 불과 열흘 전에 나의 연락을 받고 갑자기 참가하게 되었다. 이미 해발 1700미터 요하네스버그에 살고 있던 나와는 달리 고지대에 적응할 시간도 없이 이번 등반에 오른 셈이었다. 나는 이처럼 위험한 곳으로 아들을 데리고 왔다는 미안함과 애처로움으로 만감이 교차했다.

아들의 눈을 보며, "창현아 내려갈까, 아니면 좀 더 올라갈 수 있겠어?" 하고 물어보았다. 아들은 한참을 고민하더니 "좀 더 가볼게요"라며 힘들게 일어났다. 아들의 손을 잡고 다시 오르기 시작했다.

그런데 신기하게도 아들이 아프다고 하는 순간부터 나의 고산병 증세가 싹 사라졌다. 그때까지 머리가 부서질 것처럼 아프던 두통이 언제 그랬냐는 듯이 사라졌고 더부룩함과 메스꺼움도 더 이상 느낄 수 없었다. 몸을 가누지 못하고 힘들어하는 아들의 모습을 보니 내 속에 숨어 있던 부성애가 튀어나온 것 같았다. 그것이 정신력이 되었다. 그런데 만약 아들이 이제 그만 가겠다고 했다면, 사실 나도 아들만 혼자 하산시킬 수 없다며 못 이기는 척 함께 따라 내려갔을 것이다.

차가운 머리로 보아야 비로소 보인다

"자, 앞으로 한 시간만 더 걸으면 정상입니다. 모두 조금만 더 힘을 내서 올라갑시다. 이제 정상이 100미터도 안 남았어요. 몇 발자국만 가면 됩니다. 바로 앞입니다."

밤을 새워 킬리만자로 최정상을 올라가며 우리 일행의 캡틴은 2~3시간 전부터 똑같은 말만 되풀이했다. 이미 일행 중에 고산병과 탈진 증세로 3명이 낙오했고, 추위와 강한 바람에 앞으로 한 발짝 걸어나가기도 쉽지 않아 모두 지쳐 있었다. 100미터 올라가는 데 한 시간 이상이 걸릴 만큼 힘들었다.

6시가 가까워지자 새벽 태양이 어슴푸레 떠오르기 시작했다. 30

분 정도가 지나면서 완전히 솟아오른 둥근 불덩이는 우리 아래쪽 산 중턱에 걸린 구름과 어우러져 마치 천지창조 장면을 연출하는 듯했다. 위를 쳐다보니 정상이 바로 눈앞이었다. 정말 얼마 남지 않았다.

아들과 함께 있는 힘을 다해 후들거리는 다리를 끌고 올라갔다. 마침내 정상에 도착했다고 일행이 알려주었다. 그 순간 나는 아들을 껴안고 "창현아, 우리가 해냈다! 고맙다, 미안하다"를 반복해서 말했다. 눈물이 주체할 수 없을 정도로 흘러나왔다. 아들도 눈물을 흘리며 "아빠, 우리가 해냈어요! 괜찮아요, 고마워요"를 되풀이했다.

이번 등반에서 누린 최고의 기쁨은 아들과 많은 시간을 보낸 것이다. 서로 다른 대륙에 살면서 자주 보지도 못하고 지낸 기간이 벌써 7년가량 되었다. 세월이 흘러 이제는 다 자란 아들과 새로운 관계를 만들 수 있게 되어 너무 행복했다.

우리 일행은 서로를 축하해주고 함께 사진도 찍으며 정상에 오른 기쁨을 만끽했다. 이렇게 환호와 환희의 시간이 흐른 후 좀 차분해지자 조금 이상하다는 느낌이 들기 시작했다. 산 아래에서 올려다보았던 정상에는 분명히 눈이 쌓여 있었는데, 여기는 눈이 없었던 것이다. 그제야 가이드가 다가와서 여기는 길만 포인트(해발 5,681미터)로 첫 번째 정상이고, 최정상인 우후루피크는 여기서부터 2킬로미터 정도 더 걸어가야 한다고 했다. 방금 전까지 정상이라고 소리치고 껴안고 울음마저 터뜨리며 껑충껑충 뛰었는데 최정상이 아니라니, 우리는 갑자기 뻘쭘해졌고 그제야 비로소 주위를 둘러보았다.

평상심을 찾은 눈에 저 멀리 하얀 산꼭대기가 들어왔다. 그때까지 기쁨에 도취해서 보이지 않던 것이 머리를 식히고 나니 마침내 시야에 들어왔던 것이다.

최정상을 향해 앞으로 가야 하는 길은 가파르지는 않지만, 쌓인 눈이 빙판을 이루고 있어 반드시 아이젠을 신고 올라야 했다. 나는 고개를 돌려 아들을 보았다. 아들은 다소 난감한 표정을 짓고 잠시 고민하더니 "아빠, 저는 이번에는 첫 번째 정상에 만족하고 하산하겠어요. 다음에 좀 더 준비해서 다시 오도록 하겠어요"라고 말했다.

순간 다른 일행 모두가 나를 빤히 쳐다보았다. 최고 연장자인 내가 "이제 그만 내려갑시다"라고 하면, 모두 못 이기는 척하고 내려갈 태세였다. 일행 모두 하룻밤을 꼬박 새며 24시간 이상을 등반하느라 한 발짝도 더 움직이기 힘들 만큼 지쳐 있었고 물 한 모금도 마시지 못해 탈진한 상태였다.

나는 잠시 고민했다. 그 순간 배낭에 넣어놓은 '노트9, 게임 체인저'라고 적힌 플래카드가 떠올랐다. 2018년 8월 9일은 마침 갤럭시 노트9 스마트폰을 전 세계에 처음 공개하는 날이기도 했다. 삼성 남아공 마케팅 팀은 노트9을 '게임 체인저'라고 부르며, 킬리만자로 최정상에서 아프리카 정서에 맞는 최초의 지역맞춤 행사를 진행해보자는 계획을 세웠었다. 신이 난 마케팅 팀은 플래카드도 만들어놓았다. 내가 최정상에서 플래카드를 펼치며 "노트9, 게임 체인저"를 외치는 동영상을 보내주면, 이를 아프리카 출시 행사의 하이라이트로 사용할 계획이었다. CEO 트렉4만델라 일행들도 '노트9, 게임 체인저' 행사에 기꺼이 참여하기로 사전 약속이 되어 있었다.

심호흡을 크게 한 번 한 후, 단호히 말했다. "우후루피크로 올라갑시다." 내 아들을 제외한 나머지 일행들은 몸을 추스르며 나를 따라나섰다. '정신력' 이외에는 달리 설명할 길이 없었다.

최고봉에 오르려면 함께 가야 한다

마지막까지 남은 5명은 기필코 최정상까지 함께 올라가자는 결의를 다졌다. 최정상으로 가는 길목에 스텔라 포인트(해발 5,756미터)를 지나쳤다. 여기부터는 모든 길이 완전히 눈과 빙판으로 뒤덮여 있었다. 바람은 더욱 강해져 몸을 가누기 힘들었고 발은 눈 속으로 빠져들어 걷는 속도도 점차 느려졌다.

물 한 모금도 못 마시고 7시간 이상 지나자 몸은 극도로 피곤해졌다. 그러나 바로 눈앞에 펼쳐져 있는 고지를 바라보며 우리는 벅차오르는 희망으로, 만년설 위에 꼬불꼬불 난 발자국을 따라 한 걸음 한 걸음 앞만 보고 걸어갔다. 다행스럽고 신기하게도 이 마지막 구간에서는 일행 모두의 고산병 증세가 사라졌다. 나도 갑자기 어디선가 에너지가 솟아나는 것이 느껴졌다. 동행하는 사람들도 모두 비슷한 느낌이 든다고 했다.

드디어 해발 5,895미터에 위치한 최정상 우후루피크에 도착했다. 어디서 그런 힘이 났는지, 우리 일행은 다시 한번 얼싸안고 뛰면서 환호했다. 구름 한 점 없는 파란 하늘에 걸린 태양으로부터 내리쬐는 햇볕은 매우 강했지만, 바람과 추위는 더욱 거세어졌다.

내 백팩에 고이 접어 가져온 플래카드를 꺼낼 순간이 왔다. 우리 일행은 합심하여 거센 바람을 이겨가면서 플래카드를 반듯하게 들었고, 나는 영하 20도의 추운 날씨도 아랑곳없이 사진 촬영을 위해 장갑을 벗고 노트9 휴대폰도 꺼내 들었다. 따로 가져간 갤럭시 노트9을 포터에게 주며 사진을 찍어달라고 부탁했다. 우리는 함께 "노트9, 게임 체인저"를 외쳤고, 포터가 사진과 동영상을 찍었다. 확인해보았더니 어찌된 셈인지 사진이 한 장도 제대로 찍히지 않았다. 나는 스마트폰 카메라 찍는 방법을 다시 설명해주고 자리로 돌아가서 "노트9, 게임 체인저"를 함께 외쳤다. 재차 확인해보니 역시나 제대로 안 찍혔다.

그제야 나는 포터들이 스마트폰을 사용해본 적이 없다는 것을 깨달았다. 마침 노트9에 장착된 S펜의 블루투스 기능을 사용하면 될 것 같았다. 포터의 손에 노트9을 들려주고 내가 S펜을 눌러서 사진 촬영을 마칠 수 있었다. 사진을 찍기 위해 나는 10여 분 동안 장갑도 벗은 채 강추위와 거센 바람을 버텼다. 나의 일행도 매서운 바람을 맞아가며 플래카드를 들고서 나와 같이 대여섯 번 이상 구호를 외쳐주었다. 이들이 함께 있었기에 계획했던 '노트9, 게임 체인저' 장면을 완성할 수 있었다.

오르기는 힘들어도 하산은 빠르다

오전 11시, 하산을 시작했다. 거의 30시간 동안 잠을 자지 못한 상태였다. 그런데 신기하게도 하산길은 전혀 숨이 가쁘지도 않고 발걸음도 가벼워져 빠른 걸음으로 5시간 만에 베이스캠프인 키보헛까지 내려올 수 있었다. 전날 밤 12시간 걸려 올라간 길을 거의 뛰듯이 내려온 셈이었다. 낮에 내려오면서 보니 산은 화산재와 자갈 부스러기로 뒤덮여 있었고 경사도 아주 가팔랐다. 어젯밤에 어떻게 올라갔었는지, 과연 다음에 다시 올라갈 수는 있을지 하는 생각마저 들 정도였다.

키보헛에 도착해서 최정상에서 찍은 사진과 동영상을 남아공에 있는 마케팅 팀에게 전송하려고 했다. 그런데 산이 너무 높아 통신망이 잡히지 않았다. 계속해서 장소를 옮겨다니며 신호를 잡아보려 시도했지만, 사진이나 동영상을 보낼 수가 없었다. 남아공의 노트9 출시 행사 시간에 맞추어 보내기는 어려웠다. 할 수 없이 밤늦게 산밑으로 내려가서야 겨우 전송했다.

비록 애써서 찍은 사진과 동영상을 제시간에 남아공 출시 행사장에서 보여주지는 못했지만, 노트9의 판매는 킬리만자로 사진의 효과를 톡톡히 보았다. 많은 미디어에서 CEO 트렉4만델라를 인용해주었고, '노트9, 게임 체인저' 동영상과 사진을 활용할 수 있었기 때문이었다.

뒤늦게라도 사전 준비를 한 덕분인지 나는 무사히 5,895미터의 킬리만자로 정상에 올랐다. 나와 함께 CEO 트렉4만델라 행사에 참석한 13명 중에서 최종 5명만이 정상 등극에 성공했다. 아프리카에는 '빨리 가려면 혼자 가라, 멀리 가려면 여럿이 함께 가라'는 속담이 있다. 고산병을 극복하며 한 걸음씩 내딛도록 서로 돕고 격려하며 끌어주는 동료와 훌륭한 가이드가 있었기에 가능한 일이었다.

후회 없는 전투, 32년 삼성 생활과 닮은 산행을 마치며

킬리만자로를 등반한 후, 나는 연설을 하다가 기회가 생기면 적절한 순간에 다음과 같은 아재 개그를 가끔 했다. "세상에는 두 부류의 사람이 있습니다. 킬리만자로를 정복해본 사람과 그렇지 못한 사람." 그런데 남아공에는 킬리만자로를 등반해본 사람이 의외로 꽤 많았기 때문에 이렇게 시작하면 청중으로부터 늘 좋은 반응을 받았다. 그리고 여러 사람들과 대화를 시작하거나 분위기를 만드는 화젯거리로도 킬리만자로 등반을 자주 써먹었다. 서양 사람들이 말하는 '자랑할 권리 bragging right'를 얻게 된 것이었다.

영원히 잊을 수 없는 킬리만자로 산행은 나의 지난 32년 삼성 생활과도 닮아 있다. 나는 32년 전 삼성에 입사했을 때 딱 2년만 다니고 경험을 좀 쌓은 후에 개인사업을 할 계획이었다. 성공한 사업가들 어깨너머로 보고 배운 점도 있었고 나름 자신도 있었다. 그런데 2년이 지난 후에도 나는 삼성을 그만둘 수 없었던 것처럼 말이다. 마치 킬리만자로를 등정하기 시작한 순간 그만둘 수 없었던 것처럼 말이다. 그리고 시간이 흘러 어느덧 나의 30대, 40대, 50대를 온전히 한 회사에 바치고 말았다. 한순간도 멈추지 않고 달리는 열차처럼 계속 앞만 보고 질주해온 셈이다.

후회는 전혀 없다. 매순간 새로운 목표를 세우고 이를 달성하기 위해 부족하지만 내가 가진 모든 능력을 쏟아부어 전력투구했다. 힘든 순간들도 많았지만 하루하루 긴장감 속에서 승리를 위해 영업 최일선에서 준비하여 일궈낸 성취감은 그 무엇과도 바꿀 수 없었다. 마치 국가대표 경기에 출전한 것처럼 해외 영업 현장, 세계적인 경쟁사들과의 게임에서 기필코 이겨야 한다는 사명감으로 가득 차 있었던 것 같다. 글로벌 경쟁에서 우리의 승리는 대한민국의 수출과 판매로 직결되기 때문에 절대로 질 수 없는 게임이라 생각했다. 그러다 보니 개인사업 같은 것은 생각해볼 겨를도 없었던 것이다.

미국 3회, 아프리카 1회 등 총 4번의 해외 주재로 매번 새로운 도전과 경험의 기회를 얻을 수 있었던 것은 큰 행운이었다. 첫 번째 주재원 시절, 거래선이자 고객인 IBM의 입장에서 승리할 수 있도록 최선을 다하며 그들이 이기는 것이 삼성에게도 승리가 될 수 있도록 하는 파트너십을 배웠다. 신뢰를 바탕으로 이룬 윈-윈 파트너십은 내가 해외 영업을 할 수 있는 토양이 되었다.

베스트바이와는 함께 성장할 수 있는 핵심 공통분모를 발굴해 나가는 파트너십을 배울 수 있었다. 베스트바이와 같은 미국 최대 유통사와 공동으로 추진했던 시장친화적 프로젝트들은 당시 제품력과 기술력이 향상되어 글로벌 최고 수준으로 올라가던 삼성에게도 날개를 달아주었다. 베스트바이도 유통업계의 최강자가 되었고, 삼성 텔레비전 역시 글로벌 최고의 브랜드가 되었다. 이처럼 파트너십을 통해서 한때 TV의 지존이었던 소니를 꺾었을 때의 기쁨은 영원히 잊을 수 없을 것이다.

　　2012년만 해도 AT&T에는 삼성 갤럭시가 들어갈 틈이 거의 없었다. 애플은 아이폰을 초기 4년간 AT&T에만 독점 공급했기 때문이었다. 마치 호랑이 굴에 들어가는 무모한 도전처럼 보였지만, AT&T와는 삼성 모바일의 신기술과 신제품을 바탕으로 한 스마트 파트너십을 구축해나가는 것을 배울 수 있었다. 아이폰과 대등한 위치로 성장할 수 있었던 것은 거의 기적과도 같은 일이었다.

　　이처럼 IBM·베스트바이·AT&T와의 사업을 통해서 거친 경쟁을 돌파해온 경험을 가지고 나는 마지막 고지인 아프리카에 도착했다. 그리고 그동안 배운 모든 것을 아프리카의 비탈진 언덕에서 삼성의 기치를 높이는 데 마음껏 활용하였다. 아프리카 총괄로서 주재하는 기간 동안 나는 남아공과 전체 아프리카를 마음껏 누비고 다녔다. 나의 여행가방은 언제나 침실 한구석에 늘 떠날 준비태세로 놓여 있었다. 아프리카 현지의 삼성 로컬 리더들과 머리를 맞대고 함께한 4년 동안 그들을 훈련하고 교육하며 혼신을 다했다. 그리고 내가 퇴임하게 되었을 즈음 그들이 스스로 우뚝 서는 모습을 볼 수 있어서 가슴 뿌듯했다.

누구나 정상에 올라가면 언젠가 내려가야 한다. 우후루 최정상에 올랐을 때, 일행은 해냈다는 자부심과 기쁨으로 함께 얼싸안았다. 그러나 시간이 지나면 내려와야 한다. 최선을 다한 등반이었기에 비록 피곤으로 지쳐 있었지만 내려오는 우리의 발걸음은 가벼웠다. 그리고 올라가는 길은 오래 걸렸지만 내려오는 것은 순식간이었다.

내가 젊음과 열정을 바쳐 아프리카 총괄의 지위까지 오르게 되었으나 그 직에서 내려오는 데에는 어느 날 본사로부터 걸려온 전화 한 통만 필요할 뿐이었다. 아쉬움도 있었지만 해볼 만한 싸움에서 이기고 집으로 돌아가는 장수와 같은 느낌이었다. 나는 지난 4년간 아프리카에서 후회 없는 전투를 벌였던 것 같다. 이제는 정상에서 내려와 집으로 돌아갈 시점이었다.

내려가는 길

특별한 퇴직 선물

친구 셀로에게 전화를 걸어 내가 퇴임해서 남아공을 떠나게 되었다고 알려주었다. 셀로는 너무 충격을 받았는지 한동안 말을 잇지 못하며 슬퍼했다. 며칠 후 셀로는 작별인사차 만나자고 나에게 연락을 했다. 나는 아프리카를 떠나기 이틀 전 그가 CEO로 있는 만델라 재단에 들렀다. 그는 나에게 아주 특별한 선물을 건네주며 말했다.

"썽, 전화를 받던 날, 이제 다시 만나기 어렵겠다는 생각에 하루 종일 정신이 없었어요. 이건 언젠가 당신이 남아공을 떠날 때 주려고 생각했던 것인데, 이렇게 빨리 주게 될 줄 몰랐습니다. 만델라가 생전에 사인한 자서전 중에서 내가 소장하고 있는 마지막 한 권입니다."

우리는 헤어짐이 아쉬워 서로를 안고 눈물을 글썽였다.

나는 2018년 넬슨 만델라의 탄생 100주년을 기념하는 킬리만자로 등반을 준비하면서 셀로와 매우 가까워졌다. 둘 다 아들을 동반한 아빠로서 어려움을 겪을 때마다 서로를 의지하며 잘 극복했다. 킬리만자로 등반 이후, 나와 아내는 그의 가족과 함께 종종 저녁 식사를 하면서 가족끼리도 스스럼없이 도와주는 사이가 되었다. 나는 비록 아프리카를 떠나지만 그의 우정을 영원히 잊지 않고 그의 아주 특별한 선물을 오랫동안 소중하게 간직할 것을 다짐했다.

아프리카 직원들의 눈물 젖은 환송

2020년 12월 10일 마지막 밤은 아프리카에 처음 왔을 때 묵었던 팔라쪼 호텔에서 보냈다. 지난 4년 동안 최선을 다해 노력했고 현지인들과 함께 많은 것을 성취할 수 있었다. 아프리카 사업에 실질적인 도움을 주기 위해 부단히 노력한 나날이었다. 남아공 간부들의 리더십도 많이 향상되었고, 나도 총괄과 전무로 승진해 큰 틀의 경영을 해볼 수 있었다.

아프리카의 마지막 날 아침이 밝아왔다. 떠나는 날이 되니 잠이 오지 않아 아침 7시쯤 커피를 마시러 호텔 식당으로 내려갔다. 이른 시간임에도 불구하고 호텔 로비에는 낯익은 현지 임직원 서너 명이 보였다. 반갑게 다가가 인사를 하니 그들은 내가 나오기를 기다리고 있었다고 했다. 이렇게라도 와서 나를 보지 못하면 너무 아쉽고 그리울 것 같다고 했다.

당시 남아공은 코로나19가 심각한 수준이어서 봉쇄 단계의 엄격한 사회적 거리두기를 하고 있었다. 삼성 사무실도 폐쇄된 상태였다. 막막한 상황에서 언제 다시 만난다는 기약도 없었다. 특히 내가 아프리카를 떠남과 동시에 삼성에서 퇴임하게 된 것이 이들의 마음을 더 아프게 했던 것 같다. 이들을 안아주고 괜찮다며 우리는 언젠가 또다시 만날 수 있을 것이라고 위로해주었다.

그 이후로도 현지 임직원들이 하나둘씩 계속해서 호텔로 들어왔다. 한 시간가량 지나자 약 40~50명의 임직원들이 모여들었다. 이들은 남아공을 상징하는 양말, 머그컵, 식탁보, 장식품 등 소소하지만 각자의 따뜻한 마음을 담은 송별 선물을 전달하기 위해 아침부터 호텔로 찾아왔던 것이다. 가장 특별한 선물은 나의 초상화였다. 수백여 명이나 되는 삼성 아프리카 모든 직원의 얼굴사진을 작은 모자이크로 처리해 제작한 것이다. 많은 정성이 담겨 있는 이 선물은 현재 나의 집 거실 벽 한가운데 자랑스럽게 걸려 있다.

아침 9시 내가 공항으로 떠날 때까지 호텔의 넓은 로비와 주차장에서 흩어져 기다리던 직원들은 내가 떠나는 모습을 보며 눈시울을 적셨다. 의연한 모습을 보여야 한다는 책임감으로 눈물을 참고

참으며 그들의 어깨를 두드려주었다. 이들 중 몇몇은 "미스터 윤이 여기 있는 동안, 우리 아프리카가 잘할 수 있었고 글로벌 혁신 우수상까지 받아 베스트 프랙티스도 될 수 있었습니다. 미스터 윤이 진심으로 사랑했던 아프리카를 잊지 말고 책으로 써주면 좋겠어요. 우리 아프리카도 할 수 있다는 사실을요"라고 요청했다. 나는 그렇게 하겠다고 대답하며 다시 만날 때까지 꼭 건강하자고 한 명씩 인사를 했다. 그들을 뒤로하고 공항으로 향하는 차에 오른 뒤 나 역시 흐르는 눈물을 참지 않았다.

지난 시간 도저히 해결이 불가능해 보였던 문제들도 현지 직원들과 함께 잘 풀어왔다. 우리도 해낼 수 있다는 자신감이 생긴 것은 큰 성과였다. 무엇보다 소중한 것은 헤어지는 날 나를 찾아준 그들의 따뜻한 마음이었다. 이들로부터 받은 과분한 사랑을 잊지 않고 간직하리라 다짐했다.

앞으로 어떤 미래가 내 앞에 펼쳐질지 모르지만 이곳에서 도전하고 성취했던 모든 경험이 분명 큰 자산이 되고 힘이 될 것이다.

또 다른 산을
꿈꾼다

퇴직 스트레스는 없다

2020년 말, 나의 보스로부터 전화를 받고 지난 32년간 줄기차게 달려왔던 열차가 멈추었다. 그리고 이제는 인생 2막을 준비하고 있다. 관성의 법칙이 있어 갑작스러운 멈춤에 적응할 시간이 다소 필요하고 앞으로 딱히 정해진 길도 없어 미래에 대한 불안감도 적지 않다. 그러나 자연과 세상사가 봄, 여름, 가을, 겨울이 오고 가듯이 나의 인생도 이제 여름은 훨씬 지나 가을 무렵이나 겨울로 접어들고 있다는 상념에 잠기게 된다. 퇴임은 이런 자연의 섭리처럼 시간이 지나면 누구에게나 닥칠 일이며 거스를 수 없는 현상이다. 이제 다음 단계를 준비해야 한다.

나는 항상 그래왔듯이 앞만 보고 어떤 목표와 전략을 만들어나가는 것이 최선일까를 탐색하고 있다. 이미 지나간 봄과 여름은 아쉬워한다고 돌아올 수 없으며 지금 준비를 잘해두어야 앞으로 남은 30년의 가을과 겨울을 의미 있게 보낼 수 있을 것이다.

퇴임 소식을 듣고 아프리카 지점 직원들과는 화상을 통해 작별 인사를 했다. 그리고 나는 곧바로 아프리카에서 한국으로 귀국했다. 코로나19 방역 지침에 따라 지정된 장소에서 14일간 자가격리 후, 그동안 미뤄두었던 종합 건강검진을 받았다. 코로나19 상황으로 그동안 한국 방문을 할 수 없었기 때문에 1년 반 만에 받게 되는 검진이었다. 검진 항목 중에는 스트레스 테스트라는 것이 있었다. 내가 퇴임을 담담하게 받아들였다고는 하지만, 그래도 큰 변화에 대한 스트레스가 많았을 것으로 생각되었다. 지난 몇 년간 검진 때마다 만났던 그 의사와 다시 상담을 하며 물어보았다.

"선생님, 이번 스트레스 검사에서 저의 스트레스 지수가 조금 올라갔나요?" 나의 질문에 의사는 다소 의아하다는 표정으로 나를 쳐다보았다.

"사실, 제가 며칠 전에 삼성에서 퇴임하게 되었는데, 혹시 이것 때문에 저의 스트레스 반응이 올라갔나 해서요"라고 질문의 배경을 설명했다.

의사의 답변이 걸작이었다. "보통 퇴임은 상당한 스트레스를 주죠. 그런데 윤 선생님은 과거 여러 번의 검사에서 스트레스 적응력이 아주 좋았고, 이번 검사에서도 전혀 변화가 없어요. 아마도 평생 업무 스트레스에 단련이 잘되어 있기 때문인 듯싶어요."

웃음이 나왔지만 그럴듯한 설명이라고 생각되었다. 32년간 스트레스를 벗 삼아 달려온 나에게 퇴임으로 인한 스트레스는 크지 않을 수도 있을 것 같다. 지나간 것에 대한 미련보다는 앞으로 무엇을 어떻게 할 것인가에 대한 희망으로 차 있어서 그런 것이 아닐까 싶었다.

몸을 움직이는 취미를 만들자

"윤 선생님, 다음번 복싱대회에는 꼭 나가보도록 하세요. 어차피 복싱은 체급과 나이별로 대회를 치르니까, 50대 이상 시니어로 65킬로그램 이하 체급으로 한번 나가보시죠?"

복싱 도장의 관장은 복싱대회가 열릴 때마다 나에게 출전해볼 것을 권유했다. 생활체육 차원의 복싱대회는 절대 위험하지도 않다며 내가 가질 막연한 걱정을 덜어주려고 했다.

"네. 관장님, 잘 알겠습니다. 저도 다음번 대회에는 출전할 수 있도록 열심히 운동할게요." 나는 아마추어 복싱대회에 언젠가 한 번쯤 나가보는 것도 좋겠다고 생각했다.

아프리카에서 한국으로 돌아온 다음 달부터 나는 집 근처의 복싱 도장에 나가기 시작했다. 관장은 내 나이에 용기를 내어 등록한 것이 놀랍다고 했다. 그리고 나에게 동기부여를 하려는 듯 복싱이 전신 체력훈련과 다이어트에 좋다고 설명해주었다. 그러나 나는 이미 충분한 동기부여가 되어 있는 상태였다. 아들처럼 나를 잘 따랐던 남아공 가수 캐스퍼와의 약속을 지켜야 하기 때문이었다.

남아공의 인기 래퍼 캐스퍼는 셀리브리티 스포츠의 일환으로 그의 라이벌과 복싱 시합을 할 예정이었다. 그들의 메인 경기 직전에 은퇴한 남아공 흑인 챔피언과 내가 가볍게 스파링 하듯이 사전 경기를 해달라는 그의 부탁에 나는 선뜻 참여하겠다고 약속했다. 아무리 가벼운 사전 게임이라 하더라도 링 위에서 망신을 당하지 않으려면 복싱 기본기 정도는 익혀두는 것이 필요할 것 같았다. 퇴직 후 한국에 돌아오자마자 복싱 도장부터 찾았다.

복싱 도장에서 나는 매일 아침 줄넘기, 원투 스트레이트, 훅, 어퍼컷과 새도복싱을 하면서 먼저 몸을 푼다. 링에 올라 상대방과 겨루는 스파링 대결은 해외 영업과 닮은 점이 많다. 복싱은 기본적인 체력, 스피드, 전략, 순간 판단력, 정신력 등이 모두 어우러져 최종 '한 방'이 있어야 승리로 끝낼 수 있다. 상대보다 간발이라도 빠르면 가벼운 잽만 던져도 상대가 타격을 입는다. 반대로 나의 스피드가 조금만 늦으면 흠씬 두들겨 맞는다. 어쩌다 상대방의 주먹에 제대로 걸려 그대로 꼬꾸라지는 경험도 당해보았다.

항상 긴장 속에서 순간을 다투는 것은 해외 영업도 마찬가지다.

상대를 때리는 것만큼 중요한 것은 상대에게 두들겨 맞지 않는 것이다. 그러려면 머리부터 발끝까지 온몸을 끊임없이 움직여야 한다. 권투 경기에서 이기려면 체력, 기본기와 정신력이 물론 필요하지만, 최종 승리를 위해서는 나만의 '한 방'이 있어야 한다.

해외 영업도 신입사원 시절부터 충분한 훈련과 경험을 통해 내공을 쌓아간다. 경쟁사와는 같은 소비자와 거래선을 두고 항상 긴장 속에 경계 태세를 유지해야 한다. 현장에서 발로 뛰며 경쟁사보다 한 발 빠르게 움직이는 것은 영업의 기본기다. 경쟁사들과 차별화된 독특한 '한 방'을 늘 준비하고 있어야 한다. 그 '한 방'은 때로는 제품이 될 수도 있고 마케팅이 될 수도 있다.

남은 인생에서 또 '한 방'을 날리려면 체력이 뒷받침되어야 한다. 이제부터는 경쟁자와의 싸움이 아닌 나와의 싸움이다. 삼성의 많은 선배님들에게 신입사원 시절부터 들은 최고의 덕담이 있다. "자네는 고래 심줄같이 튼튼한 체력과 정신력을 가졌네"라는 말이다. 이 체력과 정신력 덕분에 삼성에서 32년을 별 탈 없이 달려온 것 같다. 앞으로도 쉽게 지치지 않는 체력과 무엇이든 할 수 있다는 정신력이 나와 함께할 것이라고 믿는다. 복싱이 인생 2막을 위한 기초체력을 키워줄 것으로 믿는다.

글쓰기, 지난날을 정리하고
새 날을 위한 준비

　　인생 2막을 준비하기 위해 체력단련을 하면서 삼성 해외 영업을 통해 얻은 소중한 배움과 경험들을 정리하기로 마음먹었다. 출발점은 내가 아프리카를 떠나던 날이었다. 일부 현지 직원들은 내가 묵었던 호텔 로비와 주차장까지 찾아와 내가 공항으로 가는 차에 오를 때까지 눈물을 글썽이며 부탁했다. 아름다운 아프리카와 지난 4년간 함께 만들어온 변화의 역사를 책으로 담아달라는 것. 그때 그들의 눈빛을 잊을 수가 없다. 나는 그렇게 하겠다고 굳게 약속했고 그 약속을 지켜야 할 의무가 있다.

　　대학 시절 이후로는 바쁘다는 핑계로 일기를 쓰지 않아 참고할 기록물이 거의 없었다. 하지만 신입사원 시절부터 기억을 더듬어가다 보니 지금도 입가에 미소가 지어지는 실수와 에피소드들이 하나씩 떠올랐다. 앞뒤가 막힌 것처럼 어려운 상황에 처했을 때 그것을 돌파했던 기억이 떠오르면 지금도 두 주먹이 불끈 쥐어졌다.

　　이 책에서 정리한 에피소드는 100여 개이다. 독자들과 공유하고 싶었던 부분은 전 세계 여러 부류의 거래선들을 만나 그들과 먼저 신뢰를 쌓으며 친구처럼 지낼 수 있었던 과정과 경험이었다. 영업은 이러한 신뢰가 구축되면 자연스럽게 따라오는 결과물이다.

　　사실, 회사 현안들에 대한 대책이나 전략보고서에만 익숙해져 있던 내가 보고서가 아닌 책을 쓴다는 것은 럭비선수가 야구선수가 되는 것처럼 쉽지 않았다. 그러나 글쓰기도 앞을 바라보고 하루하루 천천히 준비하며 전진해야 하는 또 하나의 도전 과제다. 앞으로 다가올 또 다른 시간을 멋지게 준비하기 위해….

그동안 앞만 보며 질주했던 나를 차분히 돌아볼 수 있는 시간
이었다. 돌아보니 내가 몸을 던져 일궈낸 성과라고 생각했던 것들도
실은 주위의 도움과 희생 덕분이었음을 알게 되었다.

그리고 지독한 일중독에 빠졌던 가장이었지만 늘 곁에서 지켜
준 가족에게 감사드린다. 미국에서 16년간 주재원 생활을 했음에도
막상 미국 비자를 받지 못해 둘째 아들 덕현이의 대학 졸업식에 참
석조차 못 해 너무 가슴 아팠다. 내가 미국의 적성국가인 수단으로
몇 차례 출장을 다녀온 기록 때문에 비자 발급이 지연되었기 때문이
다. 나중에 만난 아들이 내 어깨를 감싸안으며 "아빠, 괜찮아요. 충분
히 이해할 수 있어요"라고 말했다. 어느덧 훌쩍 성장해버린 아들을

보며 만감이 교차했다.

　퇴임 후 한국으로 돌아와 아내와 함께 세종에서 지낸다. 오전에 복싱훈련을 하는 것을 제외하면 거의 두문불출하고 책을 썼다. 대학 교수로 임용되어 바빠진 아내는 매일 저녁과 주말에 내가 쓴 원고를 봐주느라 고생이 많았다. 이 책은 아내와 함께해온 인생의 결과물이다. 사랑하는 아내와 두 아들에게 이 책을 바친다.

　지난 1년 하루하루 기억을 끄집어내어 확인하고 정리하며 최선의 노력을 기울였다. 모든 순간을 다 담을 수는 없었겠지만, 뜻깊었던 추억의 순간들이 제법 많이 떠올랐다. 이렇게 긴 시간을 온전히 나 자신만을 생각하며 보낸 것은 처음인 것 같다. 작년 말 은퇴 후 아프리카에서 한국으로 돌아왔을 때, 아버님께 인사드리며 책을 쓰겠다고 말씀드렸더니 그렇게 좋아하실 수가 없었다. 아버지께서 얼마 전 하늘나라로 가셨지만 1년 안에 책을 출간하겠다고 했던 아버지와의 약속은 지킬 수 있을 것 같다.

　책을 쓸 수 있도록 격려해주신 최지성 부회장님, 윤부근 부회장님, 고동진 대표님, 지완구 부사장님, 최연호 대사님, 최인아 대표님, 제나니 들라미니 대사님, 마이크 모한, 셀로 하탕, 버타 뱅크스

님 외 여러 선배님들께 감사드린다. 그리고 중단없이 책을 마무리하고 출간할 수 있기까지 도와주신 봄빛서원 편집팀과 디자이너 분들, 책 제목에 큰 도움을 주신 이보영 씨, 안민영 씨께도 깊은 감사의 마음을 전한다.